細講中國歷史叢書

捌

【隋唐五代】

燦爛大帝國

李學勤 郭志坤 主編

孫英剛 著

中華書局

敦煌引路菩薩與亡靈　描繪菩薩為亡靈進天國導路場景：1.菩薩居中，兩撇小鬍鬚，右手執香爐，左手執蓮花掛招魂幡，雙腳踏蓮花座。2.左上角為天上宮闕。3.右下角為亡靈女子，她的髮型、衣着等與唐傳世名畫《簪花仕女圖》絕似。4.其間散畫香花、祥雲等。現藏英國不列顛博物館，出自敦煌石窟藏經洞。敦煌石窟，廣義包括莫高窟、西千佛洞、榆林窟、東千佛洞、水峽口下洞子石窟、肅北石窟、玉門昌馬石窟等，經十六國、北朝、隋、唐、五代、西夏、元等朝代開鑿而成。

洛陽龍門石窟盧舍那大佛（局部，《中國宗教藝術大觀》） 開鑿於唐高宗年間，高宗李治發願為其父太宗李世民所建，皇后武則天施兩萬貫脂粉錢贊助。傳言佛頭的原型係武后的容貌。佛有三身，分別是：毗盧遮那佛（法身佛）、盧舍那佛（報身佛）和釋迦牟尼佛（應身佛），「盧舍那」意為智慧廣大、光明普照。

彌勒佛坐像（局部，《中國宗教藝術大觀》）大佛通高 71 米，為中國境內最大的一尊摩崖石刻造像，位於四川樂山岷江、青衣江、大渡河三江匯流處。之前此處常常船毀人亡，海通禪師為鎮妖減殺水勢而化緣募捐塑佛像，歷三代捐助人、約九十年（713—803）完成。原先大佛頭頂有大佛寺遮雨，佛像全身貼金箔。當地流傳 1958—1978 年間，大佛曾多次閉眼流淚云云。

天王送子圖　又名《釋迦降生圖》，吳道子（約680—759）據佛典《瑞應本起經》所繪，藏日本大阪市立美術館。全圖卷分為三個部分，第三段即上圖《釋迦牟尼降生圖》，繪印度淨飯王的兒子出生的故事。此圖寫異域故事，而畫中的人、鬼神、獸等卻完全加以中國化、道教化。

簪花仕女圖（局部） 傳為唐代周昉所繪，藏遼寧省博物館。描繪六位衣着豔麗的貴族女性及其侍女賞花遊園的場景。

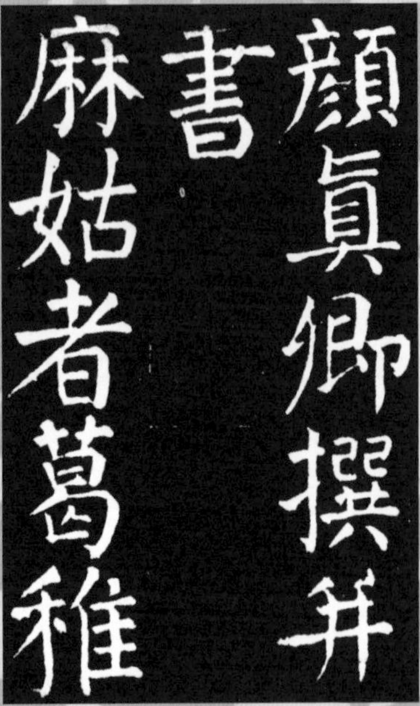

顏真卿撰并

書

麻姑者葛稚

山過吳蔡經

家教其尸解

如蚨蟬也經

楷書《麻姑山仙壇記》 全稱《有唐撫州南城縣麻姑山仙壇記》，顏真卿（709—784）書，臺北故宮藏。唐代除古代詩歌外，書法也是盛世。現在我們常見的漢字字體裏的歐體（歐陽詢）、顏體（顏真卿）、柳體（柳公權），都是唐人所創，而後世書法家則將顏真卿與書聖王羲之並列。中國古代論藝習慣將創作者人格也合論，顏真卿的人格一直為唐代以來的讀書人所推崇，以至於唐書裏的顏真卿傳，只論他的事跡，反而不論他的書法。

他的書法作品和當時盛行的道教（李唐皇室自稱為太上老君李耳後人）有莫大關係，他本身是個性格剛烈的士大夫，也修習道教。他逝後，後人將他奉為仙籍「北極驅邪院左判官」——道教雷部的神靈，負責驅祛人間惡鬼邪魔。另外，道教神仙的原型唐人，有張果老、呂洞賓、韓湘子等。

唐侍女圖　陝西永泰公主墓壁畫。永泰公主名李
仙蕙，唐中宗李顯和韋后的七公主，即唐高宗李
治和武則天的親孫女，她的駙馬則是武則天的親
侄。她的同胞大哥李重潤（懿德太子）和丈夫武
延基，因私議武則天內幃之事，被武則大杖殺，
永泰公主坐罪死，年十七歲。武則天下臺、中宗
李顯復位後，中宗改葬兒子李重潤和女兒李仙蕙
及其駙馬的墳墓，由洛陽遷往乾陵（高宗武后合
葬墓）陪葬，規格與帝王相等。

唐代宮廷香囊

法門寺佛陀指骨舍利及金塔　藏陝西法門寺博物館。法門寺是唐皇李氏皇家佛寺，從太宗開始，差不多每三十年就開啟法門寺地宮，恭迎佛骨，給全民供奉，李唐歷朝共有七次。每次供奉佛指骨，朝野為之驚遏。如唐代儒家代表韓愈，在唐皇室供奉佛塔時，上書著名的《論佛骨表》，反對唐憲宗拜迎佛骨，被皇帝貶到嶺南潮州。

佛陀舍利是佛教信仰的聖物，據傳佛祖釋迦牟尼涅槃，火化後，弟子們從灰爐中得頭頂骨、牙齒、中指骨和大量珠狀舍利，由傳教者分散世界各地。法門寺地宮出土四枚佛陀指骨，其中三枚為玉石製影指骨，一枚是靈骨，影骨與靈骨都是佛教重要信仰聖物。佛陀指骨舍利出土時用八重寶函包裹，這是其中的單簷四門純金塔。

法門寺真身佛指舍利究竟從何處來？或許是玄奘法師去西天取經時，請回佛指骨，並密藏在法門寺。

單膝跪菩薩塑像　美國哈佛大學博物館藏，原藏敦煌莫高窟 328 窟。

番騎圖卷　又名東丹王出行圖，（傳）李贊華繪，藏美國波士頓美術館。這位著名畫家是唐末五代時期遼國契丹人，原名耶律倍（899—937），他是契丹政權建立者遼太祖耶律阿保機的長子，他弟弟是遼太宗耶律德光，後來他兒子耶律阮成為遼世宗。他弟弟耶律德光坐上皇位後，當時他是在渤海地區任契丹國的東丹王，弟弟對他嚴密監控，他被迫逃亡中原地區的後唐政權以求庇護，並被後唐皇帝賜名「李贊華」。這幅畫就是描繪他離開渤海國，前往中原地區的路上。他在後唐，時常給契丹國寄去後唐的軍事情報，協助契丹軍隊和石敬瑭滅掉後唐政權，石敬瑭建立後晉政權，契丹國則從石敬瑭手中得到中原地區的軍事屏障「幽雲十六州」，信仰儒家文化的耶律倍也死於亂軍中，最後由一位過路佛教僧人掩埋。五代之後的宋朝，一直在軍事上的被動，和失去這塊地區有直接關係。不過宋朝皇家畫苑，卻非常推崇作為藝術家的耶律倍，收藏包括他在內的很多遼國畫師的繪畫作品。

（部分彩圖來自各大博物館官網，一併感謝）

江行初雪圖　趙幹繪，藏臺北故宮。卷首由李煜題字：「江行初雪南唐學生趙幹狀。」描繪冬日裏，雪花飄飄的長江沿岸景物、人物。五代時期北方地區戰亂，南方地區相對安穩。當時南唐政權也比較強盛，文化藝術品遺存也較多，比如「千古詞帝」南唐後主李煜寫下的：「春花秋月何時了，往事知多少？小樓昨夜又東風，故國不堪回首月明中！雕欄玉砌應猶在，只是朱顏改。問君能有幾多愁？恰似一江春水向東流。」這首詞是南唐被北宋滅後，他被軟禁在京師開封府時所作。

總序一

　　上海的郭志坤先生是我的多年老友。在十幾年前世紀之交的時候，我同郭先生曾經有過一次非常愉快的合作，就是依照他的提議，共同編寫了一本通俗講述中國古代歷史的圖書，題為《中國古史尋證》，列入上海科技教育出版社「名家與名編 —— 世紀初的對話」叢書出版。當時沒有料到，這本書印行後博得相當不錯的反響，使郭先生和我都覺得所作的一番努力是值得的。

　　以這件事為契機，郭志坤先生同我有不少次機會談起歷史學的通俗化問題。我們都認為，有必要組織編寫一套系統講說中國歷史，將學術界的豐碩成果推廣於大眾的圖書。郭先生精心擬出規劃，並很快約請到多位學養深厚的作者，形成老中青結合的團隊，投入了撰寫的工作，其成果便是現在這套「細講中國歷史叢書」。

　　「細講中國歷史叢書」從夏商周三代寫起，一直到最末的王朝清朝為止，全套共十二冊。這套叢書的編寫，貫穿了兩條原則：就書的性質和對象來說，是「面向大眾」；就書的體裁與風

格而言，是「通俗化」。我認為郭志坤先生的這兩條提得好，也提得及時。

先說「面向大眾」。我近些年在不同場合屢次說過，歷史雖不能吃，也不能穿，似乎與國計民生渺不相關，實際卻是社會大眾的一種不可缺少的精神需求。我們每一個人，不管從事什麼職業，處於何種身份，都會自然而然地對歷史產生一定的興趣，這或許可以說是人的天性使然吧。一個人活在世界上，不但要認識現在，也必須回顧過去，這就涉及了歷史。我從哪裏來，又往哪裏去，是每個人都會意識到的問題，這也離不開歷史。人們不能只想到自己，還總會考慮到我們的國家和民族，這就更應該了解歷史。社會大眾需要歷史，歷史學者自當「面向大眾」。

抗日戰爭時期，歷史學前輩錢穆先生在西南聯大講授《國史大綱》，所撰講義一開頭便標舉：「當相信任何一國之國民，尤其是自稱知識在水平線以上之國民，對其本國已往歷史，應該略有所知」，「否則最多只算一有知識的人，不能算一有知識的國民。」歷史學者的工作任務，不應只限於自身觀察歷史、探索歷史，更有責任把所認識、所了解的歷史，原原本本地告訴廣大的社會大眾，使大家對歷史有應有的認識和必要的了解。

特別是在今天，當我們的國家、民族正在走向偉大復興之際，尤其有必要推動歷史學「面向大眾」。中國有五千多年的文明歷史，我們的先人創造了輝煌而且源遠流長的文化，對人類的發展進步做出過豐富卓越的貢獻。我們有義務把這樣的史實告訴

社會大眾，提升大家建設祖國、走向世界的凝聚力和自信心，從而為今後人類的發展進步做出更多更新的貢獻，這應當成為歷史學者的襟懷和抱負。

再談「通俗化」。「面向大眾」與「通俗化」是結合在一起的，要想真正做到「面向大眾」，歷史著作就必須在語言和結構上力求「通俗化」。

說起「通俗化」，我聯想到我國「二十四史」之首《史記》的作者司馬遷。司馬遷是學究天人的大學者，是「讀萬卷書、行萬里路」的典範，然而他撰著歷史，引經據典，還是在通俗上下了很大功夫。比如他論述唐虞以來古史，自然離不開《尚書》，而他本人曾受學於《尚書》博士孔安國，親得古文《尚書》之學的傳授，然而他在引用《尚書》時，對於古奧費解的字詞，都採用意義相同的字來代替，這應該說是在「通俗化」方面的重要創意。另外，司馬遷還盡力將史事的敘述情節化，使之活現於讀者眼前，無愧於歷史家的大手筆。這都是後人需要學習的。

必須說明，「通俗化」並不意味着降低歷史學著作的學術水平。相反的，編寫「通俗化」的歷史作品，實際是對作者設立更高的要求，絕不是輕易就能夠做到的。在這裏，我還想附帶說一句，即使是專供學術界專業閱讀的論著，其實也應當（而且也能夠）寫得簡明流暢一些。不少著名的前輩學者，例如胡適、郭沫若、馮友蘭等先生，他們的著作不都是這樣的麼？

「細講中國歷史叢書」是「面向大眾」的，並且在「通俗化」

方向上作了很大的努力。郭志坤先生還說過:「通俗,通俗,只有通,然後能俗。」這也很有道理。這十二冊書是一個整體,作者們在上下五千年的一個「通」字上花費了不少精力,對於內容的構架和文字作風也下了一番苦功夫,相信這套書的讀者都會體認到他們的用心。

李學勤

總序二

　　我和李學勤先生在討論歷史學的通俗普及問題的時候，很自然回憶起吳晗先生。20 世紀 50 年代末，吳晗以史學界權威和北京市副市長的身份，向學界提出：「要求各方面的學者、專家也來寫一點通俗文章、通俗讀物，把知識普及給民眾。」吳晗不僅撰文提倡，向史學界遊說，還親自主編影響很大的「中國歷史小叢書」。這段回憶讓我們萌發了組織編纂「細講中國歷史叢書」的打算。

　　當我向李先生提交了編纂方案後，他認為，這對以史鑒今、以史資政、以史勵人是極有意義的事，很值得編纂。隨後，我們又把多年醞釀的編纂構想作了大致的概括：突破「階級鬥爭為綱」和「殘酷戰爭」描寫的局限，注重於階層、民族以及世界各國之間的友好交融和交流的記述；突破「惟帝王將相」和「否帝王將相」兩個極端的局限，注重於客觀反映領袖人物的歷史作用以及「厚生」、「民本」思想的弘揚；突破長期分裂歷史的局限，注重闡述統一始終是主流，分裂無論有多嚴重，最終都會重新走

向統一；突破中原文化中心論的局限，注重全面介紹中華文化形成的多元性和影響力；突破歷朝官方（修史）文獻的局限，注重正、野史兼用，神話傳說等口述歷史與文物文獻並行；突破單一文字表述的局限，注重圖文並茂，以考古文物圖表佐證歷史。

「細講中國歷史叢書」的編纂重在創新、面向大眾和通俗化。李先生認為這一美好的願望和構想，要付諸實施並非容易的事。他特別強調要組織專業隊伍來撰寫，並提出「讓歷史走向民眾是史家們義不容辭的責任」。令我欣喜的是，精心撰寫這部「叢書」的作者本身就是教師。他們中有的是學殖精深、卓有建樹的史學名家，有的是常年立足於三尺講臺的傳道、授業、解惑者，有的還是以「滔滔以言」享譽學界的優秀教育工作者，其中多為年輕的歷史學博士。由這樣一個教師團隊來擔當編寫中國歷史讀物的重任，當得起，也信得過。

我們把編纂的原則性方案統一後，在同作者商議時遇上了某些疑慮：一是認為這類圖書沒有多大市場，二是認為通俗作品是小兒科，進不了學術專著之殿堂。經過一番調查分析後，我們取得了共識，一致認為，昨天的歷史是創造明天的嚮導，從中可以汲取最好的營養，好的歷史通俗讀物是很有市場的，因為青年讀者中普遍存在一種歷史飢餓感。本套「叢書」的作者深感，編寫中國歷史通俗讀物，歷史工作者最有得天獨厚的條件和義不容辭的責任。一些旅外學者得悉我們在編纂這套「叢書」，認為這是很有價值的，也很及時。美國紐約州立大學歷史學博士張德文參

加撰寫並專門來信期待我們早日推出這套叢書。信中說：「在知識大眾化、數字化的年代，歷史學者不應游離在這個歷史進程之外。個人電腦以及智能手機的普及，大大促進了微知識的渴求。在此背景下，歷史學者的通俗表述為微知識的傳播提供了必要的積澱和範本。」行文雖然不長，但一語中的，說清了普及歷史知識的重要性。復旦大學歷史地理研究中心鄒逸麟教授、華東師大歷史系王家範教授等讀了「叢書」的文稿後還專門撰文評說，認為這既是一套通俗的、面向大眾的歷史讀物，又是一套嚴謹而富於科學精神的史著，對於廣大讀者學習和發揚中華民族的愛國傳統、學習和發揚中華民族的奮鬥精神，對於推動中華民族復興的中國夢早日實現很有作用。

這一切，讓我們得到莫大的鼓舞。作者在通俗方面作了極大的努力，他們中的不少人在寫作中進行了刻苦再學習。從史實的查證，到篇章的構架，再到文字的通俗易懂以及圖片的遴選，都花費了他們大量的時間和心血。叢書採用章節結構的敘史形式，目的在於從目錄中就一目了然書中的大概內容。中國歷史悠久，史料浩如煙海，讀史者歷來有「一部二十四史，不知從何讀起」之歎。講史時「以時間為綱」，即可以從紛繁中理出頭緒來，再輔之以「專題為目」，這樣在史料取捨上就更加突出主題、把握中心；細講中注重故事取勝，以真實的歷史故事吸引人、感動人、啟迪人。圖文並茂也是本叢書通俗化的一途。中國歷來重視「右文左圖」，以文注圖，以圖佐文。

　　通俗而雅，也是這套叢書的一大特色。雅者，正也。通俗不是低俗，亦不是庸俗，它是建立在科學和學術的基礎上而展開的。把應該讓讀者知道的歷史現象和歷史觀念用最淺顯明白的方式告訴讀者，這就是我們所需要並強調的通俗。本套叢書的學者們在撰寫時一是力求在語言上的通俗，二是着力於情節中的通俗，繼承和發展了太史公司馬遷那種「以訓詁代經文」的傳統，把詰屈聱牙的古文經典用活了。所以說，深入淺出的通俗化工作更是一種學術活動。

　　為了增加生動性、可讀性，作者儘量選擇對某些有意義的人和事加以細講，如對某些重大的出土文物的介紹評說，對懸而未解的疑問加以釋惑，對後人誤傳誤解的問題予以糾正，對某些典故加以分析，對某些神話傳說進行詮釋。在圖表上儘量做到隨文佐證。在每冊圖書之後增加附錄，旨在增強學術性和通俗性：附錄「大事記」，旨在對本段重大歷史事件有個大致了解；附錄「帝王世系表」，意在對本朝創業、守業和虛位之王的傳承有所知曉；附錄「主要參考書目」，目的在於提供進一步學習本段歷史的索引。

　　意願和努力是如此，最終的結果如何？誠望讀者鑒定。

郭志坤

目

錄

11 思想轉型與世界帝國的終結

導讀

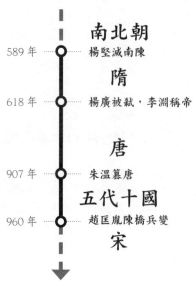

中國歷史進程表（隋唐五代）

經過三百年的分裂，中國在公元 589 年再次南北統一，開啟中國歷史上的隋唐時代。這個時代往往被視為中國文明的黃金時代。從制度創新上說，它開啟的權力制衡的三省六部制、文官考試制度等，在世界文明史上也具有領先性，不但長期影響到中國歷史的走向，更被周邊國家所學習。從國力強盛上說，經過八十多年的戰爭，它奠定東亞長期的政治格局。唐朝先後攻滅東、西突厥，並把中國的影響力拓展到中亞腹地。從宗教信仰上來說，當時東方世界中思想最為複雜繁密的佛教，已經逐步與中國文明不可分割，唐朝已經逐漸成為整個佛教世界的中心，沿着絲綢之路而來的高僧，其奔波而來的目的地往往是東方的佛教中心長安，如日本把佛教引入本國，各大宗派都視長安的某個寺院為自己的祖庭。從文學藝術上說，唐詩令人讚歎；跟佛教有關的俗講推動民間文學的發展；不論音樂、繪畫、雕塑還是舞蹈，由於各種文明元素的融合，均達到前所未有的高度。從精神氣質上說，

盛唐包容、自由、浪漫、積極樂觀的態度，展示出一個大國的氣質。

佛教的傳入，給中國文明帶來許多新的文化元素。不但繪畫、雕塑、音樂、科技等各個領域都受到佛教的影響，而且佛教作為政治意識形態也影響隋唐的政治活動。在傳統的儒家天命學說之外，佛教有關理想君主、彌勒下生等理論和觀念，給中國君主提供可以選擇的理論體系。隋文帝、武則天等隋唐君主，就在政治理念等方面，採用佛教的一些元素，作為論證自己統治合法性的工具。比如隋文帝模仿阿育王分舍利建塔，而武則天更為自己加上「金輪聖神皇帝」的頭銜。

唐朝歷史的轉折點，是突然爆發的安史之亂。這場邊防軍人的叛亂，不但對當時社會的政治、經濟造成沉重的打擊，更對宗教、思想界產生深遠的影響。隨着河隴軍等西北邊防軍的撤退，不但把苦心經營的西域放棄，更把首都長安直接暴露在吐蕃的戰刀之下。此後唐朝一直在平定藩鎮和對抗吐蕃、回紇、南詔等外敵中疲於奔命。安史之亂或明或暗地跟異族認同聯繫在一起，引起唐朝思想界的轉向。唐中期以後，要求回到中國古典文明的呼聲日高，佛教也被視為外來文明因素，韓愈、柳宗元等倡導的文學、思想運動，以及唐武宗以行政暴力迫害佛教的舉動，徹底瓦解了唐朝的佛教僧團體系，更將佛教從主流的意識形態和學術體系中清除出去。思想世界的變遷，改變了中國士人的價值觀，連帶文學格調、社會觀念也發生重要變化。

唐朝政治的一個重要層面，是貴族政治干預皇位繼承。唐代

前期的皇位繼承，幾乎都是以宮廷革命的形式完成。貴族大臣通過投機各個陣營謀取政治利益。玄宗即位之後，徹底改革政治體制，尤其是裁抑了太子、親王的勢力，讓他們成為宦官監視下居住的囚犯。唐代後期的君主即位，幾乎由宦官決定，在帶有人文主義色彩的科舉士大夫階層崛起之前，宦官作為皇權的延伸，在唐代中後期的政治中扮演重要角色。

另外，唐代是一個女性昂揚的時代，湧現一大批積極參與政治的女政治家，包括武則天、太平公主、上官婉兒等。這跟唐代女性地位普遍較高，而且具有很大的社會自由有直接的關係。唐代的女性不知纏足為何物，甚至結社，這與後來受到理學壓制的女性有重要的區別。如果考慮到有一半的人都從身體到心靈受到壓制和毒害，那麼這種區別可以視為唐宋時代發生的最為重大的事件之一。

富庶和安定是大唐盛世的又一大景觀。大詩人杜甫親歷了唐的全盛期，他在一首題為《憶昔》的詩中寫道：「憶昔開元全盛日，小邑猶藏萬家室。稻米流脂粟米白，公私倉廩俱豐實。九州道路無豺虎，遠行不勞吉日出。齊紈魯縞車班班，男耕女桑不相失。」這種富足現象，一方面與發展生產的種種措施有關，也與各族間的和睦相處有關。唐代一直都十分注重善處各兄弟民族之間的關係。唐中宗時把宗室女金城公主嫁給吐番贊普為妻。唐玄宗時期，在邊境設立互市，加強唐與突厥等少數民族之間的經濟交往。唐玄宗還將兩個宗室女嫁給奚和契丹的酋長，實現了「和親」。原先歸附的一些少數民族也進一步鞏固了關係。

　　唐代的強盛在於它是一個開放的社會。唐代有許多國際化的大都會，而作為當時世界上惟一擁有百萬居民的都城長安堪稱「萬國都會」，城中居住着數以十萬計的外國使節、商人、留學生、僧侶。當時，與唐建立使節往來關係的至少有七十多國，其中包括日本、新羅、大食、羅馬、印度、林邑（今越南中部）等。一些外國人來到長安等大都會後，不願回國，在中國購買田宅，娶妻生子，落地生根。新羅的崔致遠、波斯的李密醫、大食的李彥升，還在唐王朝中當了高官呢！有時一年單是來華的使節就有萬人以上，其中不僅有亞洲人，還有歐洲人、非洲人。在長安出土了一尊孩童陶俑，頭髮高度捲曲，嘴唇十分厚實，專家認定是來自非洲的黑種人。

　　唐朝人是大氣而開放的，也是崇尚新奇的。可以説，外來物品滲透唐朝社會的各個階層和日常生活的方方面面，胡服、胡食、胡樂、胡屋，到處可見，真是「胡風」勁吹。唐代著名詩人白居易在長安城中有一套舒適的豪宅，他在後院中蓋了一間「胡」式帳篷，為顯示時髦，他還把寫作的桌椅也搬進了帳篷呢！連唐太宗的兒子承乾太子也背着父親，把自己打扮成突厥可汗的樣子，坐在帳篷的狼頭纛（大旗）下抓食羊肉呢！

　　唐人認可了世界，世界也認同了唐人。在外國人世代相傳的記憶裏，在這塊東方古土上居住和生息着的永遠是唐人，於是，直到現今，世人將海外華人聚居的地方稱之為「唐人街」，唐人成了中國人的一個代名詞。讀隋唐五代史，尤其是讀唐史，會得到許多的啟示和振奮。

01 帝國的統一和隋朝的興衰

隋唐時代可以說是中國歷史上的第二個帝國時期。第一個長期統一的帝國是秦漢，經過三百年的分裂、戰亂以及種族和信仰的衝擊融合，引塞外野蠻精悍之血，注入中原文明，中華文明又實現第二次政治上的統一。中國文明之所以能夠經久不衰，生生不息，最重要的原因在於中國文明的開放性和創造性。就開放性而言，中國文明展開雙臂擁抱外來文化元素，比如佛教，將其變成自身傳統的一部分；就創造性而言，在隋唐時代呈現得非常明顯，制度創造上，中國的三省六部權力制衡的政治體制、文官考試制度等，為周邊民族和國家效仿；中國博大開放的文明吸引了日本、朝鮮等國家的高僧、士人、貴族子弟。這一時期之所以常常被形容為黃金時代，最重要的原因就在於中國文明此時的開放和國際化。而這一黃金時代的開啟，在於隋朝的建立和國家的重新統一。

隋文帝的上臺及改革

316 年，匈奴兵攻入長安，俘虜晉湣帝，西晉至此滅亡。中國的許多精英逃到南方，並在那裏重組，而北方則陷入各民族的長期混戰。匈奴、鮮卑、羯、氐、羌以及留存在北方的漢族先後建立許多大大小小的政權。386 年以後，鮮卑族建立的北魏較長時間地統一北方。北魏政權試圖從自己的部落方式走向一個農業官僚帝國。即便在當時，這通常也被認為是一種漢化的傾向。到了魏孝文帝時期（471─499），這種政策得到有力的推行。魏孝文帝將首都從平城（今山西大同）遷到傳統的中國文化中心洛陽，並且廢除鮮卑族的原始迷信，代之以儒家的信仰和習俗，鼓勵與漢人通婚，採用中原的文官選拔制度，甚至引入漢人的姓氏，種種這類改革，引發激烈的反應。留在北方的鮮卑武士集團，在改革後地位下降，發動「六鎮之亂」──其參與主體是流放在長城一帶的戍卒和鮮卑武士家族。在鮮卑民族主義的推動下，這場爆發於 523 年的叛亂徹底將北魏政權摧毀。北魏於 534 年分裂為東魏和西魏，分別以鄴城（今河北臨漳）和長安（今陝西西安）為中心。很快，東魏和西魏又分別被高氏北齊和宇文氏北周取代。577 年，北周擊敗北齊，統一北方。

長期的分裂和民族的融合，到了隋唐帝國成立之後，仍受到深刻的影響。北周征服北齊，樹立關隴軍事貴族在政治體制中長期的優勢地位。直到唐代，關隴、代北的軍事貴族，仍能講多種語言，其婦女也比傳統中國社會的婦女享有更多的獨立和更高的

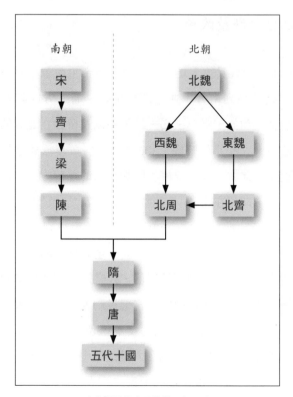

南北朝及隋唐五代的王朝更迭

社會地位，其實後來的武則天也常常自認出身於關隴貴族。北周
執行較有民族歧視的鮮卑主義政策，儘管其皇室僅僅是鮮卑化的
漢人。在幾百年中，留在北方的漢人貴族竭力保持其漢文化繼承
人的地位，甚至拒絕與外族通婚。這種態度到唐代引發中央政府
的一系列打擊。

　　更大的裂痕是北方和南方的分裂。這一分裂長達三百年。在

北方漢人南渡之後，跟南方本土居民混合。最初被稱為僑民的北方精英們念念不忘北伐收復故土，但是隨着時間推移，逐漸發展出不同於北方的文化和生活傳統。南方政權和統治階層始終認為自己是中國的合法繼承人，在文化上高於北方。南方對北方的習俗、文學、學術都不屑一顧，甚至認為北方人的文學作品是驢鳴犬吠。在北方陷入混戰的時期，尤其是 6 世紀上半葉，南方政權相對穩定，政治、軍事、信仰、學術等各個領域都取得很大的成績。到梁武帝（502 — 549）時代，曾經極有可能統一南北。高歡（東魏權臣，北齊奠基人）在 537 年曾評論：

> 江東復有一吳兒老翁蕭衍（梁武帝）者，專事衣冠禮樂，中原士大夫望之以為正朔所在。[1]

在對外戰略中佔據優勢的梁國，卻在一場突如其來的叛亂中徹底崩潰，將統一南北的使命交到北方王朝手中。事緣北方叛將羯人侯景投降梁朝，又很快在 548 年發動叛亂，這場叛亂四年後結束，但是將處於頂峰時代的梁朝摧毀殆盡。梁元帝在江陵（今湖北荊州）重建政權，又遭到西魏軍隊的摧毀。到 557 年，陳霸先建立陳朝。不過陳控制的領土已經大大縮水，而且中央集權也已經瓦解，很多地方豪強並不聽從中央政府的號令。這一切，都讓北方統一南方僅僅成為一個時間問題。

在這種背景下，楊堅（541 — 604）登場。楊堅出身軍事貴

---

1 《資治通鑒》卷第一百五十七。

族，其父楊忠是幫助宇文泰開
創北周基業的功臣，位至柱
國、大司空，封隨國公，被
賜鮮卑姓「普六茹氏」。從北
魏孝文帝改胡姓為漢姓，到宇
文泰改漢姓為鮮卑姓，北周時
期的漢族和鮮卑族關係遠比北
魏、北齊時期融洽。宇文泰模
仿鮮卑舊制，將軍隊分為八
部，各設「柱國大將軍」，稱
為「八柱國」，分別為：宇文
泰、元欣、李虎（唐高祖李淵
祖父）、李弼（李密曾祖父）、

隋文帝楊堅畫像，選自唐初閻立本《歷代
帝王圖》

趙貴、于謹、獨孤信（楊堅岳父，李淵外祖父）、侯莫陳崇。由
此形成關隴軍事貴族集團。此後北周、隋、唐的皇室和大貴族，
很多出身於這一軍事集團。

　　西魏大統七年（541）六月十三日楊堅生於馮翊般若寺，後
襲爵隨國公（一般說是他稱帝後改隨為隋），在攻滅北齊的戰爭
中立有軍功。如果北周武帝宇文邕健康的話，也許統一中國就輪
不到楊堅。不過 578 年夏，在攻滅北齊後不久，宇文邕就去世
了。即位的是楊堅的女婿宇文贇。楊堅曾經對密友郭榮說：

　　吾仰觀天象，俯察人事，周曆已盡，我其代之[1]。

　　大象二年（580），北周宣帝宇文贇去世，他八歲的兒子宇文闡做了皇帝（太后為楊堅女）。於是以楊堅為首的這個政治集團便乘機進行奪取政權的活動。在內史上大夫鄭譯等的策劃下，矯詔引楊堅入總朝政，都督內外諸軍事。同時，以趙王宇文招將嫁女於突厥為名，把北周在外的藩王都徵召到京城，防止他們反抗。這樣，楊堅便以左大丞相的身份迅速掌握了北周的軍政大權。

　　在平定起兵反抗的相州總管尉遲迥、鄖州總管司馬消難、益州總管王謙等之後，楊堅以謀反的罪名，先後殺掉北周宗室畢王宇文賢、趙王宇文招、越王宇文盛、陳王宇文純、代王宇文達、滕王宇文逌等，清除了鮮卑族中的反對力量。

　　581 年，楊堅稱帝，改國號隋，初定都長安，是為文帝。

　　隋文帝在開始掌握北周政權的時候，就一反周宣帝所為，「大崇惠政，法令清簡，躬履節儉，天下悅之」[2]。他做了皇帝以後，更是「勤於為治，每臨朝，或至日昃，五品以上，引坐論事，衛士傳餐而食」[3]。在這樣勵精圖治的情況下，為整頓制度，開創規模，在政治、經濟方面採取許多革新措施，以鞏固和發展新建立的隋政權。

---

1 《隋書》卷五〇《郭榮傳》。
2 《隋書》卷一《高祖本紀》。
3 《資治通鑒》卷一九三。

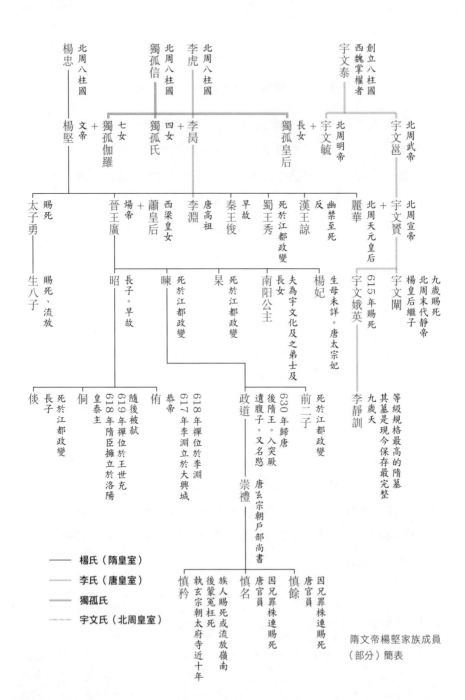

隋文帝楊堅家族成員
（部分）簡表

```
—— 楊氏（隋皇室）
—— 李氏（唐皇室）
—— 獨孤氏
---- 宇文氏（北周皇室）
```

在政治制度建設和創新上，隋文帝（以及後來的煬帝）建立三省六部制的雛形，這一中央政府構造影響深遠，並且影響到周邊國家。

開皇初，隋王朝就南北朝後期的制度加以整理，建立起一整套相當嚴密的統治機構。開皇元年（581），隋置尚書、門下、內史三省，作為最高政權機關。三省長官共同定令立法，參決軍國大政，擔任宰相的職務。在地方上，隋代把原先的「州—郡—縣」三級結構，調整為更為合理的「州—縣」二級結構（隋煬帝大業三年改為「郡—縣」二級結構，僅僅是名號的變遷，實質不變）。在隋文帝改革之前，在三級結構的體制下，到北周大象二年（580），即便已經廢掉很多州郡，全國還有二百十一州、五百零八郡、一千一百二十四縣。地方行政機構的二級結構，不但節省國家開支，而且對中央政府政令下達和控制地方具有重要意義。這種結構在安史之亂後遭到破壞，之後三級結構成為中國地方行政機構的主要模式。三級結構的出現是伴隨着藩鎮割據的出現而出現的。這是中國歷史上的一個重大變化。

與官僚機構改革相配合，隋文帝又取消地方長官自行徵辟屬官的權力。

在開皇三年（583），隋文帝下令，九品以上的地方官都由中央任命，每年由吏部考核。開皇十四年，又進一步規定，州縣僚佐三年一換，不得重任。而且在選官過程中，儘量避免官員在本地當官。在此基礎上，隋朝又取消官吏任用的門第限制，也就廢除了九品中正制，為中國歷史上的一大制度創新 —— 文官考

試制度奠定基礎。這一舉措結束大族豪強地主通過擔任州縣佐官壟斷地方實際權力的局面。隋朝於開皇七年，命各州每年送三人到中央參加秀才、明經兩科考試，正式確立每年舉行的常規選拔考試制度。後來又增加進士科。科舉考試作為選拔官員較為先進的制度，在當時世界各個文明體中都走在前列。一直到明清時代，科舉考試還是領先於歐洲的官員選拔制度。後來西方國家開始實行的文官考試制度，很多方面與中國實行千年的科舉制度非常相似。科舉制度之所以後來被詬病，不是因為考試制度本身，而是考試內容的僵化、樣板化。

在經濟上，隋文帝繼續推行北魏、北周以來的均田制。

農民一夫一婦授田若干畝。全體農戶都獲得國家分給的土地，並向國家上繳賦稅。隋文帝又把北周歲役一月的十二番法，減為歲役二十日；服役年限由北周規定的十八歲至五十九歲，改為二十一歲至五十歲。為增加國家控制的人口，隋王朝又令州、縣官吏檢查隱漏戶口，「大索貌閱」。在此基礎上，根據宰相高潁的建議，實行輸籍之法 —— 中央確定劃分戶等的標準，叫做「輸籍定樣」，頒佈到各州縣，每年一月五日，由縣令派人到鄉村去，以三百家到五百家組為一團，依定樣確定戶等，寫成定簿 —— 這就叫「輸籍之法」。輸籍之法實行後，平民比較願意離開豪強，做國家

隋代女供養人。1952 年 7 月 1 日敦煌壁畫郵票，原圖出自敦煌石窟 390 室

的編民，於是大量隱漏、逃亡的農民成為國家的編戶。對魏、周以來施行的府兵制度，隋文帝也做了重要的改革。開皇十年（590），隋文帝下令：「凡是軍人，可悉屬州縣，墾田籍帳，一與民同；軍府統領，宜依舊式。」[1] 於是府兵寓之於農。這不僅使府兵制的民族意義完全消失，而且使大批的勞動力投入生產，對生產的發展起到積極的作用。

	時間	事件
國防征戰	580 年	五月入總北周朝政，大殺北周宗室敵對勢力； 平定政敵「三方之亂」： 六至八月河北尉遲迥（宇文泰外甥）， 七至八月湖北司馬消難（靜帝岳父）， 十月四川王謙（北周十二將之一王雄之子）。
	581 年	二月受禪讓稱帝建隋，大殺北周宗室； 五月殺北周靜帝； 八月擊破吐谷渾。
	581—582 年	戰突厥，隋敗。
	583—584 年	戰突厥，隋勝，突厥分裂成東、西突厥。
	589 年	正月陷南朝陳首都建康。
	590 年	陳後主致信嶺南聖母冼夫人，後者歸附； 冬，平江蘇、浙江等江南豪族之亂； 冬，隋使臣隨同冼夫人巡降嶺南二十餘州，平番禺豪族之亂。
	600—602 年	戰突厥，隋勝。
	604 年	發兵象國林邑。

---

1 《隋書》卷二《高祖本紀》。

（續上表）

	範圍	措施
制度建設	中央機構	三省六部制
	地方機構	州縣二級制
	選舉制度	開創科舉制
	軍隊制度	完善府兵制
	司法制度	施行《開皇律》
	禮儀制度	重建傳統禮制
	經濟制度	均田制
	宗教制度	分舍利塔

隋文帝主政時期的征戰與制度建設

三百年分裂後的重新統一

從晉室南渡之後，中國南北分裂長達三百年之久。不論是南朝的北伐還是北朝的南征，都沒能將對方消滅而完成統一。這個歷史的使命最後落在隋文帝楊堅的身上。長達三百年的政治宣傳，南方政權認為金陵（今南京）為王氣所在，黃旗紫蓋，本出東南。從東吳時代孫權的即位詔書到孫皓的北伐，都認為自己才是天命所在，所以在魏、蜀滅亡之後，孫皓居然不顧國力衰弱大舉北伐。南北朝時期，南朝如梁武帝蕭衍等統治階層自認是漢文化的繼承人，視北方為戎狄。隨着侯景之亂，南方遭受重創，人們逐漸意識到，金陵王氣將盡，紫蓋黃旗最終將歸於洛陽（北方）[1]。

1　敦煌文書 S.3326 現存卷首的占辭：「呂不韋說：凡近原阜有氣如萬丈竿衝天直豎，黃者，天子之氣也。」

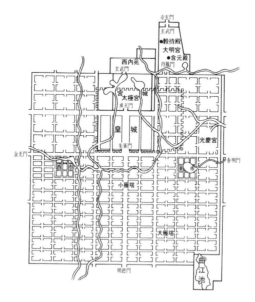

隋唐都長安城平面圖。隋代時叫大興城，唐太宗時開始
修建方城外的大明宮

　　隋文帝即位之初，並沒有立刻發動對南方的攻勢，而專注於
鞏固政權。但是併吞江南已經是隋朝君臣的既定戰略。隋文帝任
用賀若弼為吳州總管，鎮廣陵（今揚州）；韓擒虎為廬州總管，
鎮廬州（今合肥），以伺察陳國的動靜。又用楊素為信州總管，
在永安大造戰艦，以備水戰之用。開皇二年（582），隋文帝命
宇文愷設計修建新的都城——大興城竣工，次年遷入新都，這
就是後來隋唐時期的帝國中心長安城。在隋朝修建大興城的時
候，南北對立的局面還沒有結束，陳朝依然存在，要到七年之後
才被隋朝攻滅。因此，大興城的修建，也滲透對代表南方政權的

東南之氣的厭勝思想 —— 集中體現在大興城東南隅曲江池的開鑿上。宇文愷設計修建的長安城，最大的一個特點就是整齊劃一。它的宮城、皇城居中，左右坊里、郭城的大小、形式，一般都呈對稱分佈。但是在南城部分，西南隅的永陽坊對應的東南隅卻不是坊里，而是一片湖泊，也就是曲江池。這樣的安排或許有人會認為是地形地勢使然，但是在思想意識上正是魘鎮東南的體現。

隋文帝開皇七年（587），蕭琮入朝，後梁（也稱西梁）滅亡。梁宗室蕭巖等奔陳。次年三月，隋文帝下詔伐陳，宣佈陳後主的二十條罪狀，引述天象災異等現象，指出陳朝滅亡符合天意。這份詔書在南方分發了三十萬份，瓦解南方的抵抗，可謂是早期心理戰和宣傳戰的典型戰例。十月，命晉王楊廣、秦王楊俊及清河公楊素為行軍元帥。於是楊廣出六合（今南京六合區），楊俊出襄陽（今湖北襄陽），楊素出信州（今江西上饒），劉仁恩出江陵，王世積出蘄春（今湖北黃岡），韓擒虎出廬江，賀若弼出吳州（今浙江紹興），燕榮出東海（今江蘇東海），合總管九十，兵五十一萬八千，都受楊廣節制。隋文帝親自到定城誓師，以期必勝。

楊素指揮的隋朝水師，在陸軍的配合下，在長江三峽襲擊南陳船隊。陳軍在長江安置鐵鏈，希望能夠攔阻隋軍，但是被隋軍擊敗。之後楊素指揮船隊，沿江東進，直抵漢口。此時秦王楊俊指揮的隋朝軍隊從襄陽也挺進到漢水流域。兩軍因此會師。在長江下游，晉王楊廣和高潁統率的隋軍主力東移壽陽。開皇九年

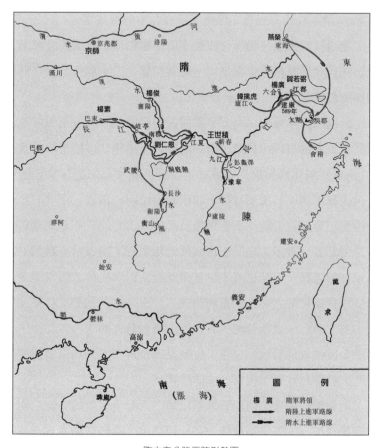

隋文帝八路平陳形勢圖

（589）正月，賀若弼自廣陵渡江，攻下京口。韓擒虎自橫江渡采
石，進拔姑孰。賀、韓兩軍東西夾攻建康。陳將蕭摩訶被俘，任
忠出降。此時建康已經無險可守，而陳後主依然自信，認為「王
氣在此，齊兵三度來，周兵再度至，無不摧沒，虜今來者必自

敗」[1]。隋軍攻入建康後，俘獲了躲在井中的陳後主。

建康被攻陷後，楊廣使陳後主以手書招降上江諸將及嶺南女首領冼氏，於是南方全部平定，隋共接管了三十個州、一百個郡和四百個縣。

經過三百年分裂，南方分離傾向根深蒂固，金陵王氣的説法依然有很大的市場。於是，隋朝將數百年累建起來的繁華的建康（今南京）城徹底毀壞。在此之前，建康城作為宗教、文化的中心，積累了深厚的文明傳統。建康城的城牆、宮殿、寺廟，乃至普通住宅全部被拆毀，土地恢復為農田。南方的貴族和知識精英被帶到北方，許多人經歷了慘痛的流離失所。南方精英雖然失去了地域的憑藉，但是也有不少被刻意吸納到隋唐的統治階層中，比如唐代初期的宰相陳叔達和蕭瑀，分別是陳朝和蕭梁皇室的代表。到了唐代，金陵依然沒有復原，唐朝詩人如李白等創作了大量的金陵懷古的詩歌。金陵，也就是南京再次躍升到全國的政治中心，要等到八百年後朱元璋的時代。

隋朝滅亡南陳，使西晉末年以來二百七十多年的分裂局面，重新獲得統一。不過這種統一仍比較脆弱，隋朝最初在南方推行的強硬政策引發反彈。滅陳以後，江南的地方官由隋王朝派出，大量的州刺史都是北方人。隋王朝又要把在北方實行的政治、經濟措施向江南推行，江南豪族地主受到打擊。特別是要依內州檢責戶籍，更直接威脅到他們的利益。經過三百年分裂，南北發展

1 《南史》卷一〇《陳後主傳》。

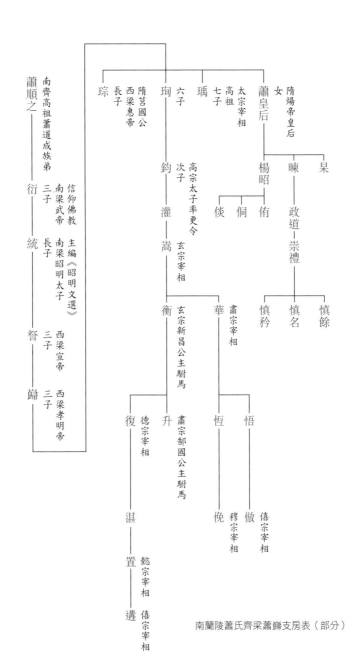

南蘭陵蕭氏齊梁蕭歸支房表（部分）

起來的文化差別極大，甚至語言都不能直接溝通。南方很快就發動叛亂，這場叛亂範圍極廣，隋朝經過軍事鎮壓才穩住了在南方的統治。為了控制南方，江都被賦予重要地位。晉王楊廣被派到江都擔任揚州總管，負責整個東南的軍政事務。楊廣在南方十餘年，圍繞在他身邊形成一個南方士人參與的幕僚集團。楊廣本人也親近南方傳統，他的夫人蕭氏，正是來自蕭梁家族[1]。

從某種意義上說，楊廣能夠從晉王躋身為太子，最後取得皇位，與他在南方集聚的力量起到重要作用不無關係。在隋朝瓦解初期，楊廣並沒有選擇回到長安或者洛陽，而是選擇去他長期擔任總管的江都（今揚州）。最後他的被殺，也是由於到達江都的關隴武士希望回到關中引發的暴動。

楊廣在江都長期任職，與當地的佛教僧團建立了密切的關係 ── 佛教僧團曾在南朝佔據重要的社會地位。楊廣本人廣泛結交南方高僧，比如天台的智者大師（即智顗），並且把許多高僧召到江都和首都大興城。在大興城楊廣資助建立慧日寺等寺院。晉王楊廣逐漸成為南方僧團的重要支持者和施主。除了宗教人士，楊廣也成功地得到了南方士人的支持。為了更好地交際拉攏江南人士，楊廣效法東晉著名宰相王導，「言習吳語」，學會了一口流利的吳方言，並結交了會稽虞綽、吳郡潘徽、丹陽諸葛穎、江左王冑等江南才士。他大量收集、編纂圖書典籍，對文化的發展做出不少貢獻。這一時期，「文選」逐漸發展起來，從南

1　隋煬帝部分妻妾：蕭皇后，西梁明帝蕭巋之女；陳婤，南陳後主之女。

方的一種地方學問，最後成為全國性的知識。南方文人柳顧言、
虞世基、裴蘊等成為他堅定的支持者，並在楊堅即位後擔任重要
的職務。

實際上，楊堅身邊始終圍繞着一個核心的南方士人集團。在
謀奪儲君之位的過程中，楊廣定下的策略就是 ——

> 若所謀事果，自可為
> 皇太子，如其不諧，亦須
> 據淮海，復梁、陳之舊[1]。

也就是說，如果能當上太
子就最好，如果不成功，就佔
據江淮，恢復南朝梁、陳的南
方割據局面。

國清寺隋塔。天台山國清寺建於開皇十八年
（598），時任晉王楊廣按佛教領袖智顗法師
生前所畫圖紙主持營建，初名「天台寺」，
隋煬帝大業元年（605）改名，取「寺若成，
國即清」意。中國佛教天台宗發源地，日
韓等海外天台宗祖庭。隋煬帝有詩云：法輪
天上轉，梵聲天上來。燈樹千光照，花焰七
枝開。月影凝流水，春風含夜梅。幡動黃金
地，鐘發琉璃臺（《正月十五日於通衢建燈
夜升南樓詩》）

---

1 《隋書》卷六一《郭衍傳》。

隋文帝的佛教意識形態

　　佛教在亞洲大陸的興起與傳播，是人類歷史上的一件大事，它並非僅僅是宗教信仰的輸入輸出，而且還帶來了新的政治意識形態。從佛教傳入中國，到隋文帝時代，已經滲透到中國社會生活、思想世界和政治活動的各個角落。不論是在首都還是地方，城市還是鄉村，到處都可以看到寺院、佛堂、石窟、塑像。大興城的天際線，被高高低低的佛塔所裝飾。從皇帝、貴族到普通百姓，都普遍受到佛教信仰的影響。楊堅本人出生於一個佛教信仰濃厚的家族，他本人就出生在佛寺中，被一位他親昵稱為「阿闍梨」的尼姑撫養到十二歲，在這樣的背景下，隋文帝進行政治宣傳和統治的重要理論依據，或者說是意識形態，就混合大量的佛

隋代千佛像壁畫，敦煌第 427 窟（《中國敦煌壁畫全集》）

教的概念和理論元素。

在佛教傳入中國之前，中國傳統政治合法性的論述，主要在天人感應、五德終始學說的框架下進行。統治人民的君主是「天子」，天授符命（mandate）於天子，天子順天命統治人民。君主是否擁有統治人民的符命，有賴於圖讖和祥瑞的解釋；君主受命於天，統治有方，達到天下太平，則可以封禪泰山（或中嶽），向上天報告。在這一體系之中，「天命」可以轉移，若君主所作所為違背天道，則有災異出現示警。若君主不思反省，則天命會被上天剝奪，轉入異姓。闡明統治合法性更需要政治修辭和理論渲染，中古時期，在沒有現代政治學說可以憑藉的背景下，「太平」、「祥瑞」、「災異」、「天命」等等，是主要的政治語言；而「龍圖」、「鳳紀」、「景雲」、「河清」等，則是主要的政治符號。「天命」依然是主要的統治合法性來源，緯學思想依然扮演重要角色。

佛教的傳入，帶來新的意識形態。它改變中國人對宇宙的看法，在新的世界（時間、空間）中，為世俗界的君主們提供將自己統治神聖化的新理論，也為君主權力在世俗和神聖兩界的擴張，提供了條件。而佛教王權觀的核心內容是轉輪王（Cakravartin），考察隋代到唐前期的歷史可以發現，轉輪王觀念始終是僧俗理解世俗王權的主要理論。將君主描述為轉輪王的傳統，貫穿整個隋唐時期，而君主也順應潮流，在中土本有的「天子」意涵之外，又給君主加上佛教「轉輪王」的內容，形成我們可以稱之為「雙重天命」的政治論述。而這種「雙重天命」，幾

乎貫穿隋唐時期。與之相關的「七寶」、「千輪」，成為描述中土帝王之新術語；「灌頂」、「受戒」，成為帝國儀式的重要內容；王銜之變遷、話語之演進、禮儀之革新、空間建築之重置，新舊意識形態之衝突融合，實為當時一大事件。

隋代觀音菩薩立像，藏美國波士頓美術博物館。隋代佛造像慢慢擺脫清瘦苦修的形象，走向安祥豐腴、面相圓潤的形象，承魏晉精髓，啟唐代新風，極具中國本土特色

北周武帝的時代，在境內對佛教進行高壓式的壓制。這也或許是楊堅取代北周之後，一反前朝政策而扶持佛教的某種原因。但是楊堅自身的佛教信仰，以及當時整個的思想和信仰環境，決定了隋文帝可以用佛教作為自己的政治意識形態的重要思想來源。由於持尊崇佛教的立場，對於楊堅護持佛法，民間佛教碑刻往往極盡歌頌之能事，並將其稱為護持正法的轉輪王。比如：

> 值周併齊運，像法沉淪，舊塔崩頹，岁有□跡。大隋握圖受命，出震君臨，屏囂塵而作輪王，救濁世而居天位[1]。

---

1 《寶泰寺碑》。

　　隋皇室跟佛教關係極其密切，皇帝和太子受菩薩戒基本上是一個普遍的現象。不但隋代的文帝、煬帝都受過菩薩戒，而且煬帝的元德太子也接受過菩薩戒。除了君主，很多貴族大臣也是虔誠的佛教徒，比如宰相高熲的家族，就與三階教這一獨特的佛教宗派關係密切，他們家族在長安的住宅跟化度寺比鄰，家族成員也與該寺院保持了長達半個世紀的關係。

　　隋文帝模仿的轉輪王是阿育王，為了仿效阿育王，隋文帝在統一南方後有三次分舍利的行為，並為藏舍利修建佛塔。根據傳說，阿育王修建了八萬四千座塔，楊堅則建塔百餘座。他並點出轉輪王的實質，在於全心全意護持佛教，弘揚佛法，同時又能一統天下，治國安民。

　　隋文帝代周而立，撥亂反正，將佛教從滅佛的危險中拯救出來，在佛教徒眼中是護持正法的君主，楊堅又統一天下，顯然是轉輪聖王的格局。隋文帝敕云：「佛以正法付囑國王，朕是人尊，受佛付囑」、「建軌制度一準育王」。所以在統一全國大功告成之後，並沒有去泰山封禪，而是代之以全國大規模的分舍利建塔。不去封禪，並非擔心浪費，實際上在全國分舍利建塔，可謂當時規模最大的禮制和宣傳活動。封禪是天子所為，而分舍利建塔是轉輪聖王的標誌，這兩種不同的現實政治行為對應的是兩種不同的意識形態。文帝這一舉措具有深刻的政治思想背景。

　　經過北周的滅佛運動，關中佛教受到沉重打擊。隋文帝要推動佛教並利用佛教作為鞏固統治的手段，首先要做的就是將新建的都城大興城 —— 也就是後來的長安城 —— 打造成為帝國的

佛教中心。除了關中本地的曇延僧團之外，隋文帝將被征服的北齊地區的六位高僧及其弟子召到大興城，包括徐州曇遷（禪師）、洛陽慧遠（法師）、魏郡慧藏（法師）、清河僧休（法師）、濟陰寶鎮（律師）、汲郡洪遵（律師）。這是佛教史上的一大事件，比如洪遵的到來改變了佛教戒律的基本面貌，在他的推動下，《四分

隋代護法神王浮雕（《中國圖案大系》）。這兩個天王在鄴城靈泉寺佛教石窟寺廟群（東魏—宋）的隋代大住聖窟（589）門口，上面有刻字：那羅延神王（右）、迦毗羅神王（左）

律》逐漸取代之前的戒律成為主流的佛教戒律。這些僧團共同構成了開皇時期長安城的主要佛教勢力，構成了長安城寺院結構的基本格局。在此基礎上，僧眾不斷分散組合，長安城的佛教寺院也隨之興衰起落。這些發展變化之所以發生，既有佛教自身發展的原因，也有權力和世俗供養干預和引導的原因。在隋唐長安這個中古都市裏，佛教僧侶構成的神聖空間，不可能脫離世俗權力的滲透，神聖空間和世俗空間的彼此影響，構成了這座都市宗教和世俗日常生活乃至精神層面的獨特風景。

　　把關東高僧召到大興城居住，通過行政手段迅速將隋朝的首都變成整個帝國的佛教中心，再利用這些地方高僧往新統一地區分舍利建塔，這既是鞏固統一的舉措，又是隋文帝樹立自己佛

教理想君主轉輪王的必要手段。先將高僧召到京師，然後再由京師而至地方，這些佛教高僧充當了將帝國權威傳播到各州去的使命，從這個邏輯看，召大德立眾和稍後的分舍利建塔，一個是把地方勢力納入中央，一個是把中央權威播種到地方，從目的上來說有一定的一致性。南北雖然分裂超過三百年，但是都接受佛教作為主要的信仰體系。佛教實際上在鞏固隋帝國的過程中扮演重要角色。

隋文帝同時也使用傳統的儒家倫理和統治理念，乃至道教的理念為自己的統治辯護，但是與其他時代的君主相比，他利用佛教元素的情形特別突出，佛教在鞏固統治中的角色也特別重要。在隋文帝的示範效應下，晉王楊廣及其兄弟，比如漢王楊諒，都紛紛充當佛教僧團的贊助者，並且彼此之間還有競爭。

年份	事件
西魏文帝大統七年（541）	六月十三日，生於華州（今陝西大荔），由尼姑智仙撫養於般若寺，至十三歲。
隋文帝開皇元年（581）	下詔境內百姓可自由出家，令計口出錢，迎營造佛教經像。
開皇十五年（595）	二月十五日，致信雙林寺惠則法師，有云：「皇帝敬向惠則法師，如來大慈，矜念群品，救度一切，為世津梁。朕君臨天下，重興法教，欲使三寶永崇，四生蒙福，汝等飯依正覺，宣揚聖道，想勤勤修梵行，殊應勞德。秋暮已寒，道體如宜也。今遣使人指宣往意。」
開皇十六年（596）	《續高僧傳》卷十九《法藏傳》：「十六年，隋祖幸齊州，失豫，王公已下奉造觀音，並勒安濟法供養。」

（續上表）

年份	事件
開皇 十八年 （598）	致信雙林寺惠則法師，有云：「朕受天命，撫育黎元，尊崇三寶，情深救護，望十方世界，一切含靈，蒙茲福業，俱登仁壽，汝等栖身淨土，投志法門，普為群生，宣揚聖教，猶比如來為國行道，重修功德，當甚勞心。汝等弘此慈悲，精勤苦行，廣濟群品，深慰朕懷，既利益宏多，勿辭勞也。」
開皇 二十年 （600）	十二月二十六日，下詔崇敬佛、道二教，於五嶽四鎮、江、河、淮、海建廟立祀，敢有毀壞偷盜佛及天尊像、嶽鎮海瀆神形者，以不道論；沙門壞佛像，道士壞天尊者，以惡逆論。
仁壽元年 （601）	正月十五日，致信雙林寺惠則法師，有云：「皇帝敬向婺州雙林寺慧則法師，朕尊重聖教、重興三寶，欲使一切生靈，咸蒙福力。法師捨離塵俗，投志法門，專用講誦，宣讀妙典，精誠如法，深慰朕懷，既利益群生，當不辭勞也，猶寒道體如宜，今遣使人指宣往意。」 六月十三日，宣佈頒舍利於天下三十州，以慶生日。 十月十五日，各州舉行安置舍利入塔儀式。 十二月二日，在京城舉辦無遮大會。爾後，下詔勸諭官民一體誠心向佛，宣佈再頒舍利與五十三州。
仁壽二年 （602）	分佈五十三州，建立靈塔。正月二十三日，第二批頒舍利使出發，四月八日於各州舉行安放舍利入塔儀式。
仁壽四年 （604）	分佈遠近，皆起靈塔。三十餘州，一時同送。

隋文帝主政時頒佈的興佛詔書及其他（參考《隋文帝傳》）

隋煬帝的急政及隋朝的衰亡

隋煬帝楊廣是隋文帝幾個野心勃勃的兒子中的一個。隋朝統一中國之後，鑒於鞏固統一的考慮，將諸子用半分封的形式派遣

到重要的地區擔任總管，比如蜀王楊秀在蜀地統治長達十餘年，漢王楊諒擁兵於山西河北，秦王楊俊曾鎮守襄陽，晉王楊廣則在江都擔任揚州總管十餘年，負責管理新近被納入隋朝版圖的南方領土。強大的地方勢力集團又跟具有皇室血統的親王連接在一起，彼此之間的傾軋構成了隋朝政壇的重要面貌。最終勝出的是楊廣。支持楊廣的政治集團計劃通過合法手段謀取太子位置，如果失敗，就恢復南朝梁、陳的舊格局，在南方稱王。

因為各種原因，隋文帝和獨孤皇后對太子楊勇逐漸產生嫌隙和忌憚。當時太子的東宮集團勢力強大，冬至的時候，百官都去東宮慶賀。隋文帝為此大發雷霆，甚至在回到京師的時候，以親信衛隊保護自己——或許是懷疑太子的勢力過大威脅到自己的安全。無論如何，當皇帝和太子之間的矛盾展現在大臣和諸王面前，也就給大家釋放一個明顯的信號。儘管楊勇撫軍監國幾近二十年，還是「漢書」學的重要資助人，但是他跟皇帝皇后的矛盾，最終引發自己的倒臺。相反，晉王楊廣在江都的統治大大提高了自己的聲望，開皇二十年（600），西突厥達頭可汗入侵，楊廣又

隋煬帝楊廣畫像，選自唐初閻立本《歷代帝王圖》

為行軍元帥，督率楊素、史萬歲等分道抗擊，再次取得大勝，由此「聲名籍甚，冠於諸王」[1]。也正是在這一年，在大臣楊素、袁充等人的蠱惑下，文帝廢黜楊勇，改立晉王楊廣為太子。這一年的十一月，楊廣攜帶家眷回到京師，跟他一起的還有大批南方的核心幕僚。他在京師的東南方建造慧日寺，邀請高僧入住，其中很多是來自他傳統勢力範圍的江淮地區。604年，文帝去世。官方史書暗示他是遭到楊廣和楊素等人的謀害。隋煬帝正式登上歷史舞臺。不服氣的漢王楊諒在原先的北齊地區舉兵造反，最終被擊敗，隋朝進入隋煬帝時期。

真實的隋煬帝跟一般書本或通俗故事裏提到的隋煬帝實際上是兩個人。他往往被描述成末代昏君，被描述為奢侈、昏庸、沉迷女色、荒淫無道的形象。但是他的一系列做法，包括對高句麗的戰爭、修建運河系統、修建東都等等，實際上被證明是非常重要的舉措，而且也被後來的唐王朝繼承。他的皇后蕭氏是個非常正面的形象，她從未被隋煬帝所拋棄。隋煬帝在文學、佛教等領域的造詣也頗高。隋煬帝的失敗，並不能歸結於他政策方向的錯誤，主要的原因在於他施政的節奏太過猛烈，太過熱切地期望早日重現歷史上漢帝國的光輝，最終將帝國陷入疲憊不堪的地步。他推行的親近南方的做法，也引發原先佔據主導的北方軍事貴族的反對。在他上臺後，楊素、高熲、宇文愷、賀若弼都遭到清除，南方人在核心集團中成為最有權勢的人，比如虞世基、裴蘊

---

1 《資治通鑒》卷第一百七十九。

等人。尤其是西北軍事貴族楊玄感叛亂後，裴蘊等治其餘黨，殘酷地牽連有關貴族和官員，包括薛道衡（隋兩大詩人之一）也因此送命。當帝國陷入危機時，隋煬帝認同的居然是江都，而不是京師或者洛陽。

隋朝的富裕達到一個相當的高度，西京太倉，東都含嘉倉、洛口倉，華州永豐倉，陝州太原倉所儲存的米粟，多的達千萬石，少的也有數百萬石。長安、洛陽和太原府庫所儲存的布帛，也各有幾千萬匹。這些，再加上全國各地的儲積，據史載，可供隋統治者支用五六十年。長安和洛陽是最大的商業城市。長安有二市，為國內外商旅薈萃之所。洛陽有三市，其中豐都市有一百二十行、三千餘肆，市的四壁有邸店四百餘，「重樓延閣，互相臨映，招致商旅，珍奇山積」[1]。隋朝的人口達到五千萬人，這一數量即便唐太宗統治時期還沒有達到。

在最初的統治中，隋煬帝在內政、外交、疆域拓展和文化建設方面都卓有成效，但是後來在強烈野心的驅使下，他大規模推動一系列公共工程，並且不顧一切地連續對高句麗發動戰爭，使得天下疲憊不堪。在專制政權下，若君主欲望太過強烈，不顧現實條件推動他認為正確的事情，也會使百姓陷入悲慘的境地。而且君主的欲望越強烈，造成的禍害越大。

---

1 《舊唐書》卷六七《李勣傳》。

605 年	八月至江都；次年四月歸洛陽
607 年	榆林
608 年	過五原，出長城，至塞外
609 年	張掖
610 年	江都
611—614 年	三次親征高句麗，均敗
615 年	至長城，被突厥困雁門
617 年	江都
618 年	被弒

隋煬帝在位期間遊幸簡表

　　隋煬帝喜歡巡遊，並且認為這是一個君主應該有的優點。但是實際上，這種看似深入民間的做法，給國家財政帶來巨大的壓力。他往返於京師、洛陽、江都之間，每次都攜帶大量隨從，沿途擾民無算。他還常去邊境會見各國酋長、跟突厥談判；發動大規模戰爭，企圖恢復漢帝國的榮光。在這種情況下，隋煬帝對日常的行政運作就會嚴重忽視，行政運作效率也大為下降，從而為懷有野心的地方官員提供千載難得的機會。

　　但是，這些大規模公共工程本身，並不是完全出於隋煬帝對個人私利的考慮，比如營建東都。在他上臺後的第二年，隋煬帝就命宇文愷等營建東都洛陽，並且將富戶遷入重建的洛陽城。洛陽在中國的思想、禮儀體系中地位重要，而且也是帝國控制關東廣袤領土的橋頭堡。關河懸遠，兵不赴急，如果丟掉洛陽，整個帝國都會陷入被動。洛陽還是水陸運輸的中心，唐朝建立之後，唐太宗、高宗和武則天都先後大規模建設洛陽，他們的出發點

跟隋煬帝並無二致。洛陽城建立之後，成為亞洲的一座偉大的城市。日本的京都實際上就是直接受到洛陽城的影響而佈局的。此後的兩百年中，洛陽都是隋唐帝國在關東地區最重要的政治、經濟、文化和宗教信仰的中心，創造了輝煌的文明。

大規模開鑿運河，構建運河體系的原因往往被描述為隋煬帝為了去江都遊玩，實際上絕非如此。帝國統一之後，通過運河系統將南北東西溝通起來，達到鞏固統一的目的，是一個非常自然的選擇。洛陽的營建也是作為運河體系的樞紐工程。運河體系也支持隋煬帝對東北地區的戰爭。而且，修建運河並非出自隋煬帝的想法，從他的父親隋文帝起就已經開始建造了。早在大興城建成後，隋文帝就讓宇文愷設計廣通渠，溝通京師到潼關的水系。到了一百多年後，唐玄宗也基於同樣的目的再次鑿通關東到關內的運輸管道。隋煬帝把他父親的工程擴展到了全國，試圖構建全國性的水運體系。這一水運體系以洛陽為中心，往北抵達今天的北京，往南抵達今天的杭州，長達四五千里，是世界上偉大的工程之一。大運河是南北交通的大動脈。它適應南北經濟交流的需要，加強了南北的聯繫，此後南北對峙的局面基本不能長久。而且這一運河系統對於經濟文化的發展也起到重要作用，舉例來說，運河大大促進了杭州的發展，使它從一個邊境前哨地一躍而為繁榮的商業城市。大運河澤被後世，直到今天。

隋煬帝希望在自己統治期間就完成如此眾多的政治、經濟、軍事目標的做法，把繁榮強盛的隋帝國陷入萬劫不復的地步。

隋帝國的瓦解，可以說是毀滅於急政。616 年夏，隋煬帝看

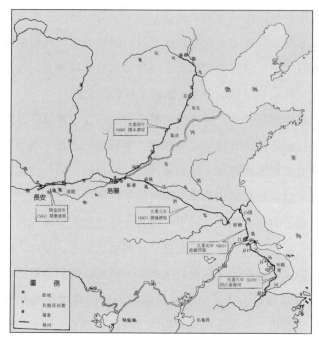

隋朝運河示意圖。一條：一條貫穿南北的大運河；二長：二千多公里；三點：三個中心；四段：分為四段；五河：貫穿五大水系

到北方已經陷入亂局，乘船抵達江都，將整個帝國拋棄在背後。兩年後，大業十四年（唐武德元年，618），隋王朝的禁軍將領宇文化及等利用關中士兵思歸的情緒，發動兵變，殺掉隋煬帝，脅迫隋煬帝在江都召募的江淮軍隊和關中禁軍一同北上，隋朝徹底滅亡。不過隋朝的一系列政策、做法，為後續的唐帝國奠定了基礎。之後的三百年，中國文明獨領風騷於東亞世界，這一結構一直到 10 世紀才結束。

李唐興起與帝國的鞏固

就如秦漢帝國是先經過秦始皇統一六國，建立短暫的秦朝，之後又引起反覆，最終由劉邦建立的漢朝完成帝國的最終鞏固一樣，隋唐帝國也經歷相似歷程：隋朝雖然結束了長達三百年的分裂，完成中國的再次統一，但是最終，這個統一帝國的鞏固由李唐皇室完成。隋煬帝執行過於富有野心的內外政策 —— 實際上這些政策也為後來的李唐所延續 —— 導致剛剛統一的國家陷入內戰之中。一般認為，內戰的導火索是因為對高句麗曠日持久的戰爭，山東的王薄、左君行等首先起義於長白山，揭開隋朝瓦解的序幕。不過內戰中的群雄往往並不能簡單地用農民起義領袖來概括，實際上很多人本就是統治集團的成員，比如瓦崗軍的領袖李密和建立李唐的李淵，都是西北軍事貴族家族出身。唐朝建立之初，眾多的文武大臣實際上也是楊隋的舊臣，從某種程度上說，李唐是對楊隋的延續和鞏固，只不過皇室發生了變化。建立李唐的李淵和隋朝的亡國君主隋煬帝楊廣，他們的母親是親姐妹。隋朝大臣中率先造反的楊玄感，是隋朝宰相楊素的兒子，也是隋朝皇室的親戚。

隋末群雄逐鹿的知識和信仰背景

「逐鹿説」與「天命説」是傳統中國對統治權的兩種主要的解釋方式。在中古時代，天命説在塑造統治合法性當中佔據主導的地位，對其構成挑戰的主要就是實力説 ── 即「逐鹿説」。不過「逐鹿説」基本上是被統治階級所排斥和打壓的，被視為是亂臣賊子頻出的根源。比如東漢時割據一方的隗囂認為西漢的建立，是「昔秦失其鹿，劉季逐而掎之」。班彪寫下《王命論》，極力為劉氏的天命辯護，而否認「逐鹿説」，認為劉邦建漢是早有徵祥，是天命所在，不是力所能致[1]。沈約撰《宋書》之所以立符瑞志，目的也是為「欲使逐鹿弭謀，窺覦不作」[2]。隋朝李德林因為梁士彥及元諧等人頻有逆意，抗衡隋朝，仿照班彪作《天命論》，極力攻擊逐鹿之説[3]。這跟《舊唐書》描述隋末群雄的態度是一樣的，《舊唐書》史臣曰：

> 有隋季年，皇圖板蕩，荒主輝燎原之焰，群盜發逐鹿之機，殄暴無厭，橫流靡救。高祖審獨夫之運去，知新主之勃興，密運雄圖。[4]

當然，《舊唐書》是後來編纂的，在描述隋末群雄時，自然極力

1　《漢書》卷一〇〇《敍傳》。
2　《宋書》卷一一《律志序》。
3　《隋書》卷四二《李德林傳》。
4　《舊唐書》卷一《高祖本紀》。

否認李唐的統治權來自於群雄逐鹿，而是強調高祖的興起是天命早著，不是光靠力爭得到的。在天命說佔據政治思想史主流的隋代和唐代中前期，儘管逐鹿中原的群雄以智謀、強力奪取政權，但是在論述自己統治合法性時，卻自然而然地求助於天命學說，將自己說成是接受上天的天命來統治人民。隋末群雄中，不但李淵、李密如此，竇建德、蕭銑也不例外。

常陽太尊石像。唐開元七年（717）雕，太上老君造像，藏山西博物館。道教至尊太上老君即老子（李耳）。李淵起兵晉陽時追奉李耳為先祖，後來高宗規定百官皆要習誦《道德經》，並作為考選官員的科目之一。玄宗規定全國每戶必備一部《道德經》，李唐一代的公主很多出家做女道士

　　隋朝崩潰來得非常迅速，而隋煬帝卻選擇偏居東南的江都作為自己最後的據點，將西京大興城（唐之長安城）和東都洛陽拋棄在群雄逐鹿的汪洋大海中，這不得不說是一個很大的失誤。在隋煬帝退居江都後，群雄蜂起，主要的勢力最後形成李密、竇建德、王世充和李淵集團，隋朝徹底失去對局勢的控制。

　　在隋末群雄的競逐中，有一個顯著的現象，就是假天命而號令天下者李、劉二氏，李淵以「李氏將興」為號召，認為自己就是讖謠中的「桃李子」；而發端竇建德集團的劉黑闥等，則打着

「劉氏當王」的大旗，與李家的讖言相對抗。其實，「李氏將興」和「劉氏當王」並非簡單的謠讖，而是有着深厚的政治思想和宗教信仰的根基。唐朝之前，漢朝是惟一一個綿延數百年的統一王朝，讖緯之學從興起就與今文經學結合在一起，宣揚劉氏才具有天命，比如《春秋演孔圖》說：「卯金刀，名為『劉』，赤帝後，次代周。」光武帝劉秀製造「劉氏復起，李氏為輔」、「劉秀發兵捕不道，卯金修德為天子」的讖語。王莽末年開始流傳的「劉氏復起」的讖記，東漢王朝覆滅之後再度出現，成為「漢祚復興」、劉氏「繫（繼）統先基」，爆發了張昌、劉尼、劉根、王彌，以及劉茫蕩、劉黎、劉靈助的起義或起兵，甚至三國時期劉備建立蜀漢、匈奴貴族劉淵的反晉戰爭，同樣是在「漢祚復興」這個讖記號召之下發動的。在這樣的政治環境中，「卯金刀」就成了統治者敏感和警惕的符號。

劉秀起兵復興東漢時，「宛人李通等以圖讖說光武云『劉氏復起，李氏為輔』」[1]。從東漢末年起圍繞着道教《太平經》的「太平世」歷史觀深深影響了魏晉南北朝的政治與社會，那時代社會上彌漫着「末世將至，大劫輪迴之期已到」的觀念。這與其說是政治家營造利用讖諱去迷惑民眾，不如說是政治家順從當時普遍的「末世之劫、救世主下凡」的信仰。於是「劉氏」讖語就與道

---

1 《後漢書》卷一《光武帝本紀》。

教的類彌賽亞信仰結合起來，宣揚「劉氏當復興」。[1]但是同時，「李弘」作為老君的化身出世拯救世人之說，越來越被大眾所認知。「李弘」或者老君出世，是道教終末論和類彌賽亞信仰不斷發展的產物，在中古政治和社會運動中扮演着非常重要的角色[2]。李淵建立唐朝，就是在這樣的思想和信仰的背景下完成的。李密宣揚的一套說辭，實際上跟李淵基本一樣，他們都將自己視為拯救世人、建立新朝的救世主。

早在隋唐之前，以「李弘」、「劉舉」為號召的政治事件就貫穿了整個魏晉南北朝。而這些政治藍圖往往跟宗教信仰緊密相關，道教的李弘、佛教的彌勒都被用來作政治性的解釋。比如：

> 至甲午之年，劉氏還住中國，長安開霸，秦川大樂。六夷賓服，悉居山藪，不在中川。道法盛矣。「木子」、「弓口」（合為孖，弘的一種字形），當復起焉。[3]

預言李弘會在劉氏「繼統先基」之後「復起」。「木子」、「弓口」就是「李弘」，而李弘實際上就是道教塑造的理想君主，他於將來會來到世間，建立理想國度。從北魏到唐朝，很多的起兵造反

---

1 敦煌兩件《洞淵神咒經》抄本 P.3233、P.2444，末題「麟德元年七月廿一日奉敕為皇太子於靈應觀寫」。《洞淵神咒經》預測李弘出世，真君降臨，其文多有劉氏復興、李弘繼立的政治性預言，比如「至甲午之年，劉氏還住中國，長安開霸，秦川大樂。六夷賓服，悉居山藪，不在中川。道法盛矣。『木子』、『弓口』，當復起焉」之類。敕寫此經，可能正是為了表示李弘是應讖當王，合乎天意。

2 北魏道士寇謙之《老君音誦誡經》云：「但言老君當治，李弘應出，天下縱橫，反逆者眾，稱名李弘，歲歲有之」，「稱劉舉者甚眾，稱李弘者亦復不少」。

3 《太上洞淵神咒經》卷一《誓魔品》。

都打着「李弘」和「劉舉」的旗號。北魏寇謙之曾藉老君之口，批評藉助李弘、劉舉起事的行為：

> 世間詐偽，攻錯經道，惑亂愚民。但言老君當治，李弘應出，天下縱橫返逆者眾。稱名李弘，歲歲有之，其中精感鬼神，白日人見，惑亂萬民，稱鬼神語，愚民信之，誑詐萬端，稱官設號，蟻聚人眾，壞亂土地。稱劉舉者甚多，稱李弘者亦復不少。[1]

史書中記載的「劉舉」起兵很多，比如北魏時期，就有好幾次。

年代類別	內容	解釋
隋末童謠《桃李子歌》	桃李子，皇后繞揚州，宛轉花園裏。勿浪語，誰道許。	桃李子，李氏子；皇與后，君主；繞、宛轉，無還日，將填溝壑
隋末童謠《桃李子歌》	桃李子，鴻鵠繞陽山，宛轉花林裏。莫浪語，誰道許。	類上
隋末山西晉陽俗謠	桃李子，莫浪語，黃鵠繞山飛，宛轉花園裏。	李，國姓；桃，陶唐，晉地；宛轉，旌幡
東晉以降圖讖	老君當治，李弘應出。	「木子」合為「李」，「弓口」合為「弘」（弘），謂李弘王治天下，天下將太平，人民享大樂

---

1 《老君音誦誡經》，《正統道藏》第 30 冊。

（續上表）

年代類別	內容	解釋
隋末圖讖	老君度世，李氏當王。	
唐初語錄	李氏將興，天祚有應。	高祖語

隋末唐初與老君李耳有關的一些圖讖語錄（《讖緯論略》、《資治通鑒》）

這些救世主的宗教信仰和政治理想，對北朝到隋唐的政治產生巨大的影響。隋朝建立之初，隋文帝面臨的第一場嚴重的謀叛即與此有關。他誅殺頗有野心的大臣劉昉，鞏固自己的權力。劉昉「常云姓是『卯金刀』，名是『一萬日』，劉氏應王，為萬日天子」。在誅殺劉昉的詔書中，隋文帝嚴厲駁斥所謂「劉氏應王」的讖言，強調天命在己。

唐朝建立之後，劉姓大臣屢屢被猜忌貶斥，比如唐初的重要將領劉師立被人揭發「姓在符讖欲反」[1]；另一位將領劉蘭成因為「劉將軍當為天下主」的預言被殺[2]；貞觀十九年（645），又有劉道安蠱惑人心，煽動造反；等等。武則天時代，「劉氏當王」的觀念也對政治產生重要影響。萬歲通天二年（697），劉思禮謀叛被殺，也跟此有關[3]。武則天上臺之後，有「伐武者劉」的讖言，引發武則天的激烈反應[4]。睿宗時代，長安有劉誠之謀反事件的發生。玄宗的開元年間，大量的造反都跟劉氏有關，比如開元

1 《新唐書》卷八八《劉師立傳》。
2 《新唐書》卷九四《劉蘭成傳》。
3 《新唐書》卷八八《劉義節傳》。
4 《資治通鑒》卷二〇五。

十三年（725）的洛陽劉定高、開元二十三年（735）的洛陽劉普會、開元二十四年（736）的長安劉志誠等等。玄宗對「卯金刀」非常敏感，以至於他將楊釗的名字改為「楊國忠」，「國忠本名釗，以圖讖有『卯金刀』，當位御史中丞時，帝為改今名」[1]。

李淵起兵，大力宣揚自己名符圖讖，也要放在這種宗教信仰背景下才能得到理解。一直到唐高宗時代，高宗還給自己的兒子取名「李弘」。敦煌兩件《洞淵神咒經》抄本末均題：「麟德元年七月廿一日奉敕為皇太子於靈應觀寫。」[2]《洞淵神咒經》預測李弘出世，真君降臨，其文多有劉氏復興、李弘繼立的政治性預言，可能就是李弘的父母（高宗和武則天）強調自己的兒子李弘是應讖當王，合乎天意。

從隋朝瓦解之後的情形看，諸雄逐鹿中原，絕大多數以「李」、「劉」為號召。天下不是姓「劉」，就是姓「李」，似乎已經成各種政治勢力的共識。當時有童謠云：

> 白楊樹下一池水，決之則是劉（流），不決則為李（瀝）。

意思就是隋楊滅亡之後，要麼是劉姓、要麼是李姓當皇帝。所以在唐朝建立之初，大臣李孝常和劉德裕就謀叛推翻唐朝建立新的劉姓王朝，劉德裕對這首童謠的解釋是，「李在未決之前，劉居

---

1 《新唐書》卷二〇六《楊國忠傳》。
2 敦煌《洞淵神咒經》抄本 P.3233、P.2444。

已決之後。明知李氏以後，天下當歸我家。當決之，順天之命耳」——意思是說，池水在決堤流（劉）出之前，必有水瀦（李）入地下。但是最後還是要決堤流（劉）出。在這一新的解釋中，李唐王朝變成過渡政權，李唐王朝會在將來被劉氏取代[1]。

從北朝到唐朝，「李氏將興」和「劉氏當王」的讖語，其背後的深厚宗教信仰和知識背景，在很長的歷史時期，對政治產生重要的影響。李淵正是在這種背景下建立了唐朝，從某種意義上說，唐朝的建立，也是宣揚建立理想國度的救世主思想的產物。

朝代	人物	事件
政權政策		
秦	秦始皇	訪仙人；命徐福入海求不死藥；東巡封禪，祠名山大川。
西漢	呂后、文帝、景帝	信黃老之術，行休養生息之政。
西漢	漢武帝	尤敬鬼神之祀；行封禪大典；「罷黜百家，獨尊儒術」，逐步確立儒家宗天神學的統治地位。
東漢	光武帝	以李通「劉氏復起，李氏為輔」為號起兵並稱帝；泰山封禪，圖讖於天下，宣揚皇權神授。
東漢	張陵	客蜀地，創立「五斗米教」，子衡、孫魯傳其業。

---

1 《冊府元龜》卷九二二《總錄部・妖妄》。

（續上表）

朝代	人物	事件
東漢	桓帝	尊老子李耳為道家鼻祖，在其誕生地苦縣立廟祭祀；親祠黃老於濯龍宮。
東漢	張魯	五斗米教主，割據漢中。
東漢	曹操	收編黃巾軍及男女信徒百餘萬；降張魯，北遷漢中五斗米信徒民眾至中原。
三國魏	明帝	張魯歿後，其祭酒信徒自發立治傳教。
西晉		帛家道活動於北方民間，東晉南渡後為士族接受。
北魏	太武帝	親至道壇受符籙，自後北魏諸帝皆如此。
北周		承魏崇道，每帝即位皆先登壇受道籙。
東晉	天師道豪族世家	琅邪王氏、高平郗氏、陳郡謝氏、會稽孔氏、吳郡杜氏、義興周氏、吳興沈氏、丹陽葛氏等。
隋	文、煬帝	禁毀道佛寺廟、像；巡狩五嶽；封四鎮。
地方起事		
東漢	張角	創太平道，信徒達數十萬，以「蒼天已死，黃天當立，歲在甲子，天下大吉」為號統黃巾軍起事，天下響應。
西晉	李特、李雄	領導與五斗米教有關的流民起事，克成都，自稱成都王，國號大成，拜道教首領為相。
東晉至南北朝	李弘「應讖當王」	魏晉時期的道書稱李弘是太上老君降世的化名；《晉書》、《魏書》、《宋書》、《南史》記有多次李弘起事。
隋	四十六路地方割據集團	道士為這些割據集團製讖作符以為宣傳。

（續上表）

朝代	人物	事件
皇室暴動		
西晉	趙王司馬倫	八王之亂，謀主孫秀以道教鬼神助之。
東晉	東晉部分皇室、孫恩	五斗米教孫恩之亂。
劉宋	劉劭	劉劭弒父篡位，女巫嚴道育助之。
道教內部		
東漢	魏伯陽	著「丹經王」《周易參同契》。
東漢		《老子河上公注》成書，《老子》由道家學說向道教理論過渡的重要標誌。
東漢	張道陵	著《老子想爾注》，一說為其孫張魯著。
西晉	魏華存	著《黃庭內景經》。
北魏	寇謙之	北天師道領袖；稱太上老君授其天師之位，令其「清整道教，除去三張偽法」；太上老君玄孫命其執道書「輔佐北方太平真君」。
東晉	葛洪	著《抱朴子》等，將道教理論與儒家綱常相聯繫。
東晉		《度人經》成書，列後世《正統道藏》卷一。
劉宋	陸修靜	於天印山大敞法門；著《陸先生道門科略》；編《三洞經書目錄》；入宮講道；改革道教體制。
北朝		《皇帝陰符經》成書。
南朝	陶弘景	著《真誥》，建立道教神團體系。

唐前道教部分重要事件和人物（《中國道教史》「大事記」、陳寅恪《天師道與濱海地域之關係》）

李唐及其競爭對手

　　隋朝瓦解後，除了最主要的李密、竇建德和王世充外，還有眾多的與李唐爭奪天下的群雄，包括縱橫江淮的杜伏威、輔公祐，以及在江陵地區重新樹起蕭梁大旗的蕭銑等等。隋朝短暫的統一在困局中解體，帝國陷入四分五裂之中。不過，這次的分裂只是短暫的，一個統一而持久穩定的帝國即將到來。

　　李密（582—618），京兆長安人。父親李寬為隋上柱國、蒲山公，「驍勇善戰，幹略過人」，號為名將。開皇中，李密襲父爵為蒲山公。大業初，以蔭為左親衛府大都督、東宮千牛備身。李密多籌算，才兼文武，志氣雄遠，常以濟物為己任，與楊素的兒子楊玄感為刎頸之交。

　　大業九年（613），隋煬帝再伐高句麗，徵兵調糧，海內騷然，人心思亂。在黎陽督運軍糧的楊玄感起兵反隋，以李密為謀主。密獻三計：上策是揮師入薊，截住隋煬帝的歸路，可以不戰而擒；中計是西入長安，據險自固，必克萬全之勢；下計是就近進攻東都，陳兵堅城之下，勝負未知。楊玄感卻以李密的下計為上策，結果久攻東都不下。隋煬帝回師攻打楊玄感，楊玄感敗死。李密在逃亡中被捕，在解送途中用計逃脫。

　　大業十二年（616）各地起義軍有了很大的發展。韋城法曹翟讓據有瓦崗寨，李密遂走投翟讓。他為翟讓畫策，擊敗了隋朝大將張須陀。之後李密別立蒲山公營，又襲取興洛倉，打開倉

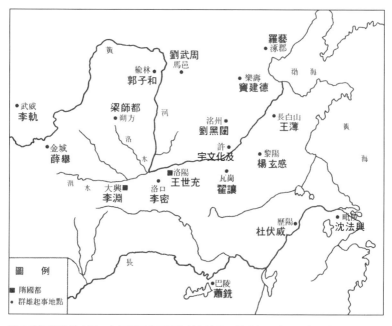

隋末唐初群雄勢力圖。底層義軍主要聚集於永濟渠、通濟渠一線，分為瓦崗、江淮、河北三大軍，其他則被地方軍閥割據勢力所佔據，諸如李淵、蕭銑、薛舉等

庫，「恣人所取，老弱繈負，道路不絕，眾至數十萬」[1]。興洛倉為東都糧食取給之所，李密勢力由此大振。李密手下更是匯聚了大批人才，這些人甚至到了唐朝仍在政治、軍事領域中扮演重要的角色，比如徐世勣（李勣）、魏徵、秦叔寶（秦瓊）、程知節（程咬金）、郭孝恪等等。

---

1 《舊唐書》卷五三《李密傳》。

隨着軍事上的不斷勝利，李密「為海內豪傑共推為盟主」[1]。各方豪傑包括孟讓、郝孝德、王德仁、房獻伯、王君廓、李士才、魏六兒、李德謙、張遷、李文相等，紛紛歸附。時竇建德、朱粲等也遣使附密。甚至包括後來建立唐朝的李淵，也不得不「卑辭答李密之書」──實際上也如竇建德一樣，恭維李密為盟主。不過唐朝建立之後，這一段不光彩的歷史被遮蔽起來。

大業十三年（617）二月庚子，李密在鞏縣南設壇即位，稱魏公，仿照北周時期無年號紀年，只稱元年，開始建立政權機構。其文書行下，稱行軍元帥魏公府，置三司、六衛，元帥府置長史以下官屬。李密移檄四方，聲討隋煬帝十大罪狀，試圖取而代之。但是正因為李密的張揚，成為隋軍攻擊的主要對象。隋江都通守王世充率領江淮勁卒，增援東都，合軍十餘萬，跟李密在東都堅城之下互擊。在這種情況下，李密既不能攻克東都洛陽，又不能斷然揮軍入關中佔領長安，時間一長，錯失戰略機會，最終在群雄逐鹿的競爭中敗下陣去，把江山送給同出關隴軍事貴族的李淵家族。

大業十二年（617），李密誅殺翟讓，雖然穩住內部局勢，但是大將徐世勣等人都開始心懷疑懼──後來李密戰敗後不敢投奔徐世勣，只好西行入關投降李淵。大業十四年（618），隋右屯衛將軍宇文化及在江都發動兵變，殺死隋煬帝，引兵十餘萬西進，因李密佔據鞏、洛，便取東郡，攻黎陽。李密只好率軍與

---

1 《資治通鑑》卷一八三。

宇文化及作戰。本來宇文化及是隋朝的敵人，其率軍西進，最擔心的是洛陽的隋軍，結果最後接戰的是李密。從戰略上說，李密、東都王世充和江都來的宇文化及是三方對立的形勢，任意兩方對決，第三方都會坐收漁翁之利。東都越王侗勢力通過封賞李密為太尉、尚書令、東南道大行臺行軍元帥、魏國公等虛銜，使李密討伐宇文化及。結果李密戰勝了宇文化及，但自身軍力也遭受重創。大戰剛結束，東都的王世充已經奪取實權，率軍攻擊李密的疲憊之師，李密大敗。李密之前誅殺翟讓引發的後遺症此時顯現出來。李密戰敗之時，守衛洛口倉的邴元真暗引王世充軍入城，單雄信坐視不救，投降王世充。而李密又不敢投奔鎮守黎陽的徐世勣，結果一敗塗地，從最有希望爭奪天下的地位迅速滑落，只好西行投奔李唐。降唐後李密試圖再起，事泄被殺，年僅三十七歲。後世史家評論李密時說：

> 心斷機謀，身臨陣敵，據鞏、洛之口，號百萬之師，竇建德輩皆效樂推，唐公給以欣戴，不亦偉哉！及偃師失律，猶存麾下數萬眾，苟去猜忌，疾趨黎陽，任世勣為將臣，信魏徵為謀主，成敗之勢，或未可知。[1]

竇建德（573—621）佔據河北，大業十三年（617）建都樂壽，稱長樂王。通過擴張勢力，到 618 年，竇建德改元五鳳，並且改國號為夏。在李密擊敗宇文化及之後，宇文化及北上在今

---

1 《舊唐書》卷五十三《李密傳》。

天河北大名附近稱帝。竇建德打着為隋朝報仇的旗號進攻宇文化及，最後將其擒殺。竇建德其時人才濟濟，手下的文臣武將比如張玄素、裴矩、崔君肅、虞世南、歐陽詢等在後來的唐朝仍然是重要的學者和大臣，崔君肅、虞世南等後來投靠秦王府，是秦王李世民的重要僚佐。消滅宇文化及之後，隋煬帝的蕭皇后也落在竇建德手中，後被和親突厥的隋義成公主接到突厥。

在竇建德於河北擴張勢力的同時，河南的王世充擊敗李密，篡奪了隋朝的皇權，建立鄭國，稱帝。在關內，李淵已經稱帝，建立唐朝，並且擊敗了關內的薛舉、李軌等勢力，開始銳意經營關東。唐軍取代李密軍隊成為圍困和攻打洛陽的主要勢力。武德三年（620），秦王李世民逐漸掃蕩了河南郡縣，將洛陽團團圍住。竇建德採取坐山觀虎鬥的策略，不理睬王世充的求援。後來在謀士的建議下，親率十餘萬大軍救援王世充。李世民率軍與其在虎牢關大戰，由於李世民的突然襲擊，竇建德被唐軍所俘。王世充見援軍無望，也棄城投降。不過，竇建德的失敗太過突然，其在河北多有德政，在河北大名縣有「竇王廟」，父老群祭，歷久不衰，直到唐中後期仍然存在。河北地區也並未完全臣服李唐，之後竇建德部將劉黑闥再次造反，前後經過李世民和李建成兩次討伐才最終平定。作為與李唐爭奪天下最大的競爭對手，李密、竇建德和王世充的敗亡，最終為李唐統一天下、確立其三百年的統治奠定基礎。

唐高祖（566—635）李淵，出身北周系軍事貴族。祖父李

虎在西魏時賜姓大野氏，拜柱國大將軍，與宇文泰、獨孤信等為著名的「八柱國」——李密的曾祖父李弼也是其中之一——北周時追封為唐國公。父李昺，北周安州總管、柱國大將軍，襲唐國公爵。李淵母獨孤氏與隋文帝的皇后獨孤氏都是獨孤信的女兒，從親戚關係上說，李淵和隋煬帝是表兄弟，他們的母親是親姐妹。李淵妻子竇氏的母親是北周武帝的姐姐襄陽長公主。隋初李淵為千牛備身，得到姨媽獨孤皇后的關愛，累轉譙、岐、隴三州刺史。李淵的祖上世系頗不清楚。儘管唐朝官方的說法是他們出自著名的隴西李氏，但這很可能是精心編造的謊言。從其先祖中的兩個人——李初古拔和李買得——的名字可以看出，這兩個人要麼是襲用漢族的李氏姓，要麼就是被賜姓李，而他們的名則依然故我，也許是鮮卑族的。若從血統上論，唐高祖和唐太宗的皇后竇氏和長孫皇后都是漢化鮮卑人，唐朝後來的皇帝漢人血統的成分並不佔據優勢。不過唐代是一個開放的世界性的文明，文化之認同比血緣之認同要重要得多。

大業十二年（616），當隋朝陷入動盪之際，李淵得到機會任太原留守。李淵在太原留守任上，已經確立反隋自立的野心。楊玄感兵變之後，隋煬帝越來越猜忌文武大臣，以郕國公李渾名應「李氏當為天子」的讖語，殺了他一家，使得人人自危。李淵為山西、河東撫慰使時，副使夏侯端就對他說：「天下方亂，能安之者，其在明公。」並且指出煬帝「切忌諸李，強者先誅，金才（即李渾）既死，明公豈非其次？若早為計，則應天福，不然

者，則誅矣」[1]。

李淵為人「素懷濟世之略，有經綸天下之心。接待人倫，不限貴賤，一面相遇，十數年不忘。山川衝要，一覽便憶」[2]。他是一個胸有成竹、老謀深算的政治家。李淵派劉文靜出使突厥，自為手啟（書札），卑辭厚禮，對始畢可汗說：

> 欲舉義兵，遠迎主上，復與突厥和親，如開皇之時。若能與我俱南，願勿侵暴百姓；若但和親，坐受寶貨，亦惟可汗所擇。

李淵力排顧問們的意見，用了下對上行文的「啟」字，辭氣甚恭。這表示，他和其餘某些叛亂比如劉武周一樣，在名義上成為突厥人的藩屬。突厥可汗覆書說，如李淵自為天子，願以兵馬相助。於是李淵於大業十三年（617）七月在太原起兵，向關中進發。李淵的軍事行動得到突厥的支持，始畢可汗派人送馬千匹，駐在樓煩的突厥阿史那大奈也率兵相助。

唐兵最初遇到隋軍的強烈抵抗，並且在通向潼關要塞的汾河流域途中被夏季的大雨所阻，李淵下令軍隊暫停前進。此時他又接到已經雄霸關東的李密的書信，李淵為拖住李密不干涉他進軍關中，寫了一封卑辭的書信，假勸李密自己取天下：

---

1 《舊唐書》卷一九三《夏侯端傳》。
2 《大唐創業起居注》卷一。

天生蒸民，必有司牧：當今司牧，非子而誰！

李密因此應允李淵向隋都進發而不加阻攔；這個決定使李密後來後悔莫及[1]。李淵進軍的同時，其在關中的親屬也紛紛起兵響應，到了十一月，就攻陷了大興城，也就是後來的長安。

昭陵六駿之颯露紫（《淺說昭陵六駿原始石拓本》，李松如拓製），原件藏美國賓夕法尼亞大學博物館。六駿為太宗在征戰年代的愛騎，分別名為「拳毛騧」、「什伐赤」、「白蹄烏」、「特勒驃」、「青騅」、「颯露紫」，陪葬唐太宗昭陵。「颯露紫」是太宗東征洛陽、鏟平王世充勢力時的騎馬，前胸中一箭。一次太宗身陷重圍，颯露紫又為流矢射中，隨身大將丘行恭將自己的坐騎讓予主公，一面徒步衝殺，一面牽颯露紫，保護太宗突圍。回到唐營後，丘行恭為颯露紫拔出胸前箭矢，颯露紫長鳴，轟倒絕氣

佔領首都後，李淵遙尊在江都的隋煬帝為太上皇，改立年幼的代王楊侑為帝，改元義寧。到第二年（618）三月，隋煬帝在江都被殺。李淵於五月廢黜楊侑，建立唐朝，改元武德。李淵從晉陽起兵到長安稱帝，只用了一年的時間。

李淵稱帝時，群雄紛爭：北方邊境有李軌、薛舉、梁師都、郭子和、劉武周、高開道；黃河流域有王世充、李密、竇建德、孟海公、徐圓朗；江淮之間，有杜伏威、李子通、陳稜；江南一帶，有沈法興、林士弘、蕭銑。

---

1 《資治通鑒》卷一八四。

面對這一形勢，李唐的戰略方針是，首先鞏固關中根據地，然後進軍關東，逐步統一全國。到武德七年（624），李勣（即原來的徐世勣，被李淵賜姓李，後避李世民諱改名李勣）討平徐圓朗，至此，唐朝基本消滅了割據的群雄，實現全國統一。

需要指出的是，官方史書將李淵描述為一個平庸的人，而將建立李唐的功勞大部分都歸在李世民的名下，這也是一個精心編造的故事。很多重要的情節都是在唐太宗統治時期，因太宗本人的堅持而編造出來的。好在唐高祖的幕僚溫大雅所著《大唐創業起居注》（其實是一本私人日記）倖存下來，讓我們更真切地了解到李唐建立過程中的真實情形。

根據溫大雅的記載，策劃起兵的就是李淵本人，也是李淵自己帶領軍隊攻佔了隋都大興城。在溫大雅筆下，李淵是一位勇敢的領袖、剛烈的對手和足智多謀的戰略家。早在起兵之前，李淵就認為自己是天命所歸。他是唐國公，被派到傳說中唐堯的故地太原，當唐公李淵接受新任命時，他認為他的爵銜與職務的巧合簡直是天降吉祥。而且他對李世民說：「唐固吾國，太原即其地焉。今我來斯，是為天與。與而不取，禍將斯及。」《大唐創業起居注》還提到民謠《桃李子歌》及關於「李氏將興」的讖言，李淵的反應是：「吾當一舉千里，以符冥讖！」而李世民在《大唐創業起居注》的記載中，並沒有特別突出表現，甚至比起他的哥哥李建成來說也並不突出。最先攻入大興城的，是李建成的部隊。

政權	主公	事跡	職位	年月
秦瓊（？—638），字叔寶，齊州歷城（今山東濟南境）人。曾祖孝達，北魏廣年縣令；祖父方太，北齊廣寧王府記室；父愛，北齊成陽王錄事參軍，周武平齊，告歸鄉里，大業十年終於齊州歷城縣懷智里宅。				
隋	來護兒	來護兒評叔寶：此人勇悍，加有志節，必當自取富貴。	帳內	
隋	張須陀	擊破盧明月、孫宣雅，先登城。	建節尉	大業十年（614）
隋	裴仁基	進擊李密，張須陀戰死，投裴仁基。		十二年（616）
西魏（瓦崗軍）	李密	隨裴仁基投李密。	帳內驃騎	十三年（617）
西魏（瓦崗軍）	李密	戰宇文化及，救李密，大敗宇文化及。		十四年（618）七月
鄭	王世充	王世充擊敗瓦崗軍，歸降洛陽王世充。	龍驤大將軍	618年九月
唐	李世民	見王世充妖詐，與程咬金等投李唐。	李世民秦王府馬軍總管	武德二年（619）二月
唐	李世民	擊破劉武周大將宋金剛，功最居多。	秦王右三統軍、上柱國	三年（620）
唐	李世民	平王世充、竇建德，每為先鋒。	翼國公	三至四年
唐	李世民	從平竇建德部將劉黑闥。		五年（622）
唐	李世民	參與玄武門事變。	左武衛大將軍、封邑七百戶	九年（626）

（續上表）

政權	主公	事跡	職位	年月
唐	李世民	病逝。生前曾説：吾少長戎馬間，歷二百餘戰，數重創，出血且數斛，安得不病乎？	追贈徐州都督，陪葬昭陵，墓在今咸陽禮泉袁家村	貞觀十二年（638）
唐	李世民		改封胡國公	十三年（639）
唐	李世民		圖像於凌煙閣	十七年（640）

隋末唐初秦瓊（叔寶）大事年表（參考《舊唐書》、《秦愛墓誌銘》）

玄武門之變與權力傳承

唐高祖的形象淹沒在他的兒子太宗的光輝裏。太宗歷來被認為是明君的代表人物，而與他競爭皇位的李建成和李元吉則被描述為嫉賢妒能、道德敗壞的平庸之輩，甚至官方史書還暗示他們跟自己父親的妃嬪有不正當關係——實際上李世民自己在男女關係上反而更加惡劣，至少更加明顯，比如他搶了自己弟弟的媳婦和族人的老婆。然而，從史料的蛛絲馬跡來看，李建成絕非平庸之輩，至少很多圍繞在他身邊的人物，比如忠誠於他的魏徵、王珪等，後來成為貞觀朝的重要大臣。如果李建成真的是個不堪的人物，就令人難以理解了。不管如何，武德九年（626）六月四日發生的政變，把李世民扶上了皇帝的寶座。

這種通過競爭乃至宮廷革命的方式奪取皇位的做法，給太宗

的子孫們留下深刻的印象，從太宗到肅宗，長達一百多年，皇位幾乎沒有在和平之中傳承過，幾乎每一次的皇位繼承都伴隨着競爭、陰謀和屠殺。在這種模式下，預立的儲君無一能和平繼承皇位，如隱太子建成、恆山王承乾、燕王忠、孝敬皇帝弘、懿德太子重潤、節湣太子重俊，不是被廢黜便是被殺害，真正繼承皇位的都是依靠「宮廷革命」上臺的，如太宗、中宗、睿宗、玄宗、肅宗。

唐代前期的貴族制社會也給這種宮廷革命創造了條件。貴族大臣們通過政治投機，保持自己對政治的影響力，實際上是貴族政治的重要表象。傳統皇位傳承以嫡長子繼承為常態，非嫡長子繼承為特例。而唐朝前期近一百年的皇位繼承，不但不是嫡長子繼承（繼承皇位的沒有一個嫡長子），等到武周代唐以後，連武、韋等具有特殊地位的貴族都能作為皇位繼承人選。繼承人之間互相競爭，大臣貴族各擁其主，從內廷到外朝，由中央而地方，形成龐大的政治集團。以宮廷革命為奪權手段，以實力左右皇位傳承。在李世民的奪權中已是如此。

李世民在大業九年（613），就娶了實力顯赫的長孫家族的女兒為妻，岳父是隋朝大將長孫晟，小舅子就是後來高宗的輔政大臣長孫無忌。長孫無忌在高祖時代並沒有特別突出的表現，官位也不高，但是在太宗即位後，立即被擢升為宰相，凌煙閣圖像也位列第一。他之所以被拔擢，不是因為他在內戰中為李唐的建立立下過多少汗馬功勞，而是因為他是李世民玄武門政變的主要支持者。他不是高祖的功臣，而是太宗的功臣。長孫氏和長孫無

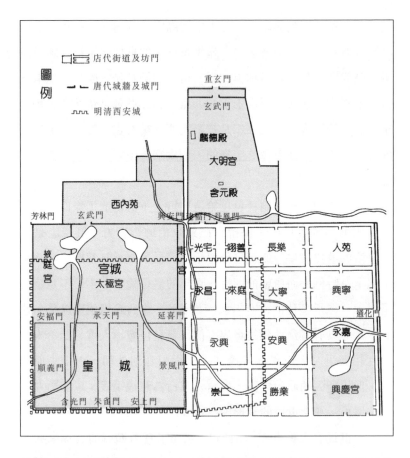

兩個玄武門示意圖。西內太極宮、東內大明宮、南內興慶宮合稱「三內」。李世民政變的玄武門是長安皇城太極宮的正宮門；另一個玄武門是大明宮北面中門，大明宮始建於太宗貞觀年間，建成於高宗龍朔年間。唐代另有三次發生在「玄武門」（大明宮）的宮廷政變：705年「神龍政變」，武則天下臺，李顯復位；707年太子李重俊「景龍政變」殺掉武三思父子，後亦被殺；710年李隆基和太平公主的「唐隆政變」，誅韋后集團，李旦復位

忌在玄武門之變中扮演重要角色，長孫氏親自鼓舞秦王府兵的士氣，而長孫無忌不但出謀劃策，而且親臨現場。長孫無忌和長孫氏從小被舅舅高士廉撫養長大。高士廉出身渤海大族，從北魏到隋都是高官，屬於世家大族。高士廉也因此全力支持自己外甥女婿李世民的政變。在玄武門政變時，高士廉擔任雍州治中，負責首都的司法事務，在政變當天，他釋放囚徒，發以兵器，伏於芳林門。芳林門（在玄武門之西）進可攻擊玄武門之敵，退可守秦王府，再次可自此門退往洛陽，是李世民政變中的重要組成部分[1]。

　　貴族政治干預皇位繼承的主要機構，是貴族子弟參與皇位競爭者的幕府。隋代和唐朝前期，皇室子弟封王開府，有一套龐大的幕僚班子，而且親王在經濟上的實力也很強，這奠定了他們爭奪皇位的基礎。何況，李世民在唐朝建立過程中，尤其是對竇建德和王世充的戰爭中積累了巨大的名望，也從隋末群雄的各個陣營收編大批的文人武將，這些人也攀龍附鳳，希望自己的府主能夠登上皇位。種種的條件，造成李世民以武力奪取政權，並且奠定一種通過宮廷革命完成權力傳承的模式，對此後一百多年都有深遠的影響。直到貴族政治漸漸衰微，加上玄宗上臺後對東宮王府機構的大力改革，皇位繼承的模式才發生變化——從宮廷革命轉換為宦官擁立。

　　從太原起兵開始，李世民、李建成、李元吉在軍事鬥爭中逐

---

1 《舊唐書》卷六五《高士廉傳》。

漸形成自己的一股勢力。武德年間，他們都擁有自己的機構和組織，比如李世民的天策上將府、秦王府、左右護軍府、左右親事帳內府、陝東道大行臺、文學館；太子的東宮；齊王的齊王府、左右護軍府、左右親事帳內府等。他們的命令跟高祖的命令混雜在一起，都具有權威：

> 太子令，秦、齊王教與詔敕並行，有司莫知所從，惟據得之先後為定。[1]

連政府機構都不知道該聽誰的，以至於誰的命令先到，就按誰說的辦。

在地方上，他們也有各自的勢力範圍，李世民以洛陽為中心經營山東，陝東道大行臺官員基本上聽命於他。李建成則以河北幽州為勢力範圍，可以在東宮和幽州地方之間自由進行官吏流動，甚至密使右虞候率可達志從燕王李藝（原名羅藝）處發幽州突騎三百，置宮東諸坊，欲補東宮長上。玄武門之變後，幽州和燕王李藝很快便反，足以說明他們是擁護建成的。而率軍猛攻玄武門者，就是從幽州調來的薛萬徹。李元吉則一向擔任并州地方長官。他們在用人上，也有各自的選擇。李世民所選拔的洛陽官吏如屈突通、溫大雅、張亮、淮陽王道玄等，後來證明都是李世民的私人陣營。而李建成征劉黑闥後，以自己的親信盧江王李瑗守幽州，而將親信原幽州守將燕王李藝調入長安任左翊衛大將

---

1 《資治通鑑》卷一九○。

軍，薛萬徹調入東宮任副護軍。他們各自有自己的私人軍隊，整個武德年間，可以說唐朝還沒有最終完成軍隊國家化，李世民、李建成和李元吉都有自己的私人衛隊和忠誠於自己的嫡系部隊，比如李建成私自招募「四方驍勇，並募長安惡少年二千餘人，畜為宮甲，分屯左、右長林門，號為長林兵」[1]。李世民在玄武門政變中的主力也是他的秦王府勇士八百人。

玄武門政變之前，李世民實際上是處於下風，可以說是危在旦夕，這也是他不得不冒險一擊的原因。

李建成並無大過 —— 很多是後來李世民編造的 —— 而且為人寬厚有幹才，輔助高祖處理政務，穩定後方，支援前線，起過重要的作用。他的謀臣太子中允王珪、洗馬魏徵等很早就提醒他防備野心勃勃的弟弟李世民。李建成也在地方和中央深耕廣播，勢力雄厚。就首都長安的力量而言，東宮兵和齊王府兵的軍力遠遠超過秦王府的兵力。如果不是李世民偷襲成功，後果很難預料。實際上即使李世民殺死李建成、李元吉後，聞訊趕到的東宮、齊王府兵也讓秦王府的勢力感到巨大的壓力，其「兵鋒甚盛」，擊潰了屯守在玄武門外的屯營兵，殺死了屯營將軍敬君弘和中郎將呂世衡，秦王府的兵將只好緊閉玄武門。在政變之前，李世民已經做好了最壞的打算 —— 如果政變失敗，就率領眾人逃出長安，退守自己的大本營洛陽，在此之前，他已經派出大批人馬去洛陽安置了。

---

1 《舊唐書》卷六四《隱太子建成傳》。

　　李世民政變的主要武裝力量，是秦王府勇士八百餘，以及長
孫王妃的舅舅高士廉的囚徒兵。他的主要目標是兩個，一是挾持
高祖，二是消滅另外兩個繼承人。此次政變成功的關鍵，在於李
世民能同時實現兩個目標。

　　武德九年（626）六月四日凌晨，李世民帶領秦王府兵將進

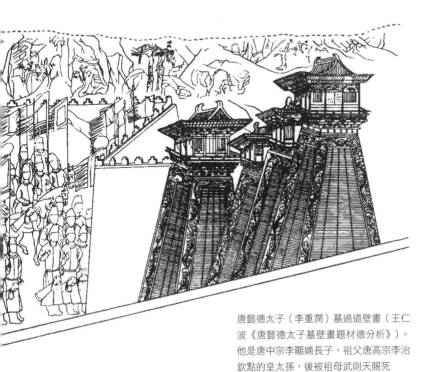

唐懿德太子（李重潤）墓過道壁畫（王仁波《唐懿德太子墓壁畫題材德分析》）。他是唐中宗李顯嫡長子，祖父唐高宗李治欽點的皇太孫，後被祖母武則天賜死

入玄武門埋伏。他之所以能夠做到這一點，是提前收買了當天值班的將領常何。常何本是太子李建成的親信，結果被李世民所收買。這樣一個小小的細節，可能改變了整個歷史的走向。正因為是常何當天值班，所以李建成並不懷疑有什麼問題。結果當李建成、李元吉進入玄武門後，就遭到李世民率領的秦王府勢力的狙擊。李世民首先射死太子，接着尉遲敬德殺死齊王。雖然東宮和齊王府兵也趕到玄武門，但是無法進入。而此時，尉遲敬德帶兵挾持唐高祖，並且將太子、齊王的人頭出示給東宮、齊王府的將

領們看，示意此時再戰無益，於是「宮、府兵遂潰」。控制局勢的李世民派遣原李建成的舊屬裴矩到東宮安撫，並用高祖的名義下令停止在長安城內各處的亂戰，大勢遂定。

太宗用殘酷的手段對付自己的親兄弟子住，將李建成和李元吉的兒子全部誅殺。不過太宗通過自己的例子為以後的皇子們樹立了一個典範，他們沒有人指摘太宗得天下的手段毒辣，全都景仰太宗是對內對外的成功者。他們認為奪嫡不只是可通之路，而且是成功的必要手段。他們認為太宗是奪嫡成功最好的榜樣，希望成為太宗第二。到了太宗晚年，他將面對同樣的局面，魏王泰完全仿效太宗秦王時的作風，企圖挑戰太子李承乾的地位，最終釀成貞觀政局的巨大變動，最為強勢的太子李承乾被殺、魏王李泰被廢，皇位落入本來毫無希望做皇帝的李治手中。李治自身的局限性，最終又將李唐的江山送到武則天手中，李唐經過三代就中衰，皇位落入異姓之手。歷史的連環性，通過活生生的人的表現，生動地呈現出來。

而對於高祖而言，在太宗政變之後，就退隱成為太上皇，除偶爾參加宮廷禮儀活動，基本退出歷史舞臺。關於此後高祖和太宗的關係如何，我們知之甚少。公元 632 年，監察御史馬周上疏，指責太宗不去探望自己的父親，而且年邁的高祖當時已經被遷到狹窄的大安宮居住，條件似乎不是很好。馬周還指責太宗在炎熱的夏天自己去避暑，卻不帶上高祖。高祖於 635 年去世。很有意思的是，太宗為父親修建的陵墓，明顯地小於他為自己和妻子長孫皇后修建的陵墓。

姓名	凌煙閣二十四功臣排位	《舊唐書》	後續論賞
長孫無忌（趙國公）	1	武德九年，隱太子建成、齊王元吉謀，將害太宗，無忌請太宗先發誅之。於是奉旨密召房玄齡、杜如晦等共為籌略。六月四日，無忌與尉遲敬德、侯君集、張公謹、劉師立、公孫武達、獨孤彥雲、杜君綽、鄭仁泰、李孟嘗等九人，入玄武門討建成、元吉，平之。	七月初六，任吏部尚書。
杜如晦（萊國公）	3	預密謀。隱太子深忌之……因譖之於高祖，乃與玄齡同被斥逐。後又潛入畫策。	七月初六，任兵部尚書。
房玄齡（梁國公）	5	預密謀。隱太子將有變也，太宗令長孫無忌召玄齡及如晦，令衣道士服，潛引入閣計事。	七月初六，任中書令。
高士廉（申國公）	6	預密謀，士廉率吏卒釋繫囚，授以兵甲，馳至芳林門，備與太宗合勢。	七月初六，任侍中。
尉遲恭（鄂國公）	7	拒收買，救秦王，殺齊王元吉，退東宮兵，海池逼宮李淵。	七月初三，任右武候大將軍。
蕭瑀（宋國公）	9	海池逼宮時勸高祖禪讓給秦王。	七月初六，任左僕射。
段志玄（褒國公）	10	拒絕收買，直接參與行動。	七月初七，任驍衛將軍。

（續上表）

姓名	凌煙閣二十四功臣排位	《舊唐書》	後續論賞
屈突通（蔣國公）	12	太宗率屈突通等於玄武門誅之。	同日（六月初四）調陝東道行臺左僕射，鎮守東都洛陽。
長孫順德（邳國公）	15	與秦叔寶等討建成餘黨於玄武門。	
侯君集（陳國公）	17	預密謀。直接參與。	七月初七，任左衛將軍。
張公謹（郯國公）	18	獨閉關以拒之。	七月初七，任右武候將軍。
程咬金（盧國公）	19	從誅建成、元吉。	七月初三，任右衛大將軍。
秦叔寶（胡國公）	24	從誅建成、元吉。	七月初三，任左衛大將軍。

玄武門之變秦王府陣營重要人員。貞觀十七年（643），唐太宗晚年將他的二十四位臣子的全身像掛入凌煙閣，時常前往懷舊。此後「凌煙閣功臣」成為唐代豪傑從軍報國功成名就的標誌

貞觀之治

李世民的即位，揭開歷史上有名的貞觀之治的序幕，一般認為，貞觀時代奠定了李唐政權的基本格局。

中央體制方面，唐初沿用隋制，設立中書、門下、尚書三省，三省長官中書令、侍中、尚書令共議國政。因為太宗沒當皇帝時曾擔任尚書令，所以在他即位後不常設置，以左、右僕射為尚書省長官，與中書令、侍中號為宰相。不過，其他官員

通過加「同中書門下三品」、「參知政事」、「平章軍國重事」等頭銜參與決策，也是當然的宰相。三省各有分工，中書出詔令，門下掌封駁，尚書管執行。實際的運作上，宰相常於門下省議事，謂之政事堂。太宗貞觀年間，政事堂議事的模式已經成熟。政事堂本來在門下省，但是到唐高宗永淳年間，權力較大的裴炎擔任中書令，就把政事堂挪到中書省。政事堂最終朝着政府機構的方向演變，在開元十一年（723），中書令張説奏改政事堂為中書門下，分列吏、樞機、兵、戶、刑禮五房。從此，中書門下正式成為宰相的

唐太宗立像，唐初閻立本繪、宋人摹，藏臺北故宮。身着黃袍，雙手握着腰帶而立，英氣逼人

辦事機構，依據習慣，仍然被稱做「政事堂」。按慣例，僕射為正宰相，制度上並未規定僕射必須加同三品才是宰相。中宗神龍初（705），豆盧欽望為僕射，不帶同中書門下三品，由於他跟相王（中宗的弟弟）有複雜的關聯，竟然不敢參議政事。政治事件對政治制度的反作用，在這件事上體現得非常明顯。

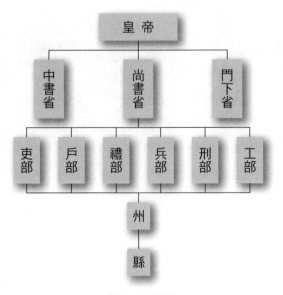

唐代三省六部制

地方制度上，分為州、縣兩級，設刺史和縣令為州、縣長官。這種健康的結構在安史之亂後被破壞，中國地方制度進入三級結構，不但糜費行政資源，而且影響行政效率。安史之亂前的刺史備受重視，政治地位較高。很多大臣乃至宰相外放，也不過擔任重要州的刺史。而且太宗非常重視刺史是否稱職，認為自己委任的都督、刺史，是治亂的關鍵。他經常把都督、刺史的姓名寫在屏風上，將他們治績的好壞分別列於名下，以便考察。因而使唐初吏治出現「法平政成」的局面。

唐朝之前，地方政治體制主要是封建和郡縣兩種模式，都是二級結構。太宗即位後，希望國祚長久，對到底是實行封建還是郡縣制，展開一次大範圍的討論和徵求意見。封建制的代表人物

《周易正義》：(魏) 王弼、(晉) 韓康伯注，(唐) 孔穎達等正義
《尚書正義》：(漢) 孔安國傳，(唐) 孔穎達等正義
《毛詩正義》：(漢) 毛亨傳，(漢) 鄭玄箋，(唐) 孔穎達等正義
《禮記正義》：(漢) 鄭玄注，(唐) 孔穎達等正義
《春秋左傳正義》：(晉) 杜預注，(唐) 孔穎達等正義

《五經正義》，唐孔穎達主編，經學義疏的結集，唐太宗貞觀十六年（642）編成，唐高宗永徽四年（653）頒行，歷時近三十年而修成刊行，唐初至宋初，明經取士，以此為準。經學是儒家文化的核心，而《五經正義》是唐初以降權威性的的經學經典叢書

蕭瑀認為應該恢復使夏、商、周三代國祚長久的封建制。雖然一開始這種意見就遭到李百藥、魏徵等人的強烈反對，但是太宗在 631 年還是出臺一個「世襲刺史」的規劃，派遣皇室子弟和功臣勳貴到地理位置關鍵的州去擔任世襲刺史。到了 637 年，太宗堅持實現第一部分，將二十一個皇室子弟分封為世襲都督、刺史，主要位於關東被征服地區的形勝之地，作為中央的屏障。但是在推行十四位功臣勳貴擔任世襲刺史時，遭到激烈的反對，長孫無忌和房玄齡以辭職相威脅，最終使太宗放棄世襲刺史制度。儘管太宗一直到去世都嚮往封建制，但最終沒能夠實際推行。

在法律方面，太宗命長孫無忌、房玄齡等，本着「意在寬平」的精神，重新制定《貞觀律》。這種與民休息的方針也體現在經濟方面，太宗大力推行均田制，勸課農桑，建設水利，促進農業生產的恢復和發展。

教育方面，太宗尊崇儒學，祭祀孔子，興辦國子學、太學、四門學、書學、算學、律學等；命國子祭酒孔穎達撰定「五經」義疏，貞觀十六年（642）書成，凡一百八十卷，名曰《五經正

義》；史學在此時也得到極大的發展，不管是官修還是私修，都有重要的作品完成，包括《晉書》、《周書》、《北齊書》、《梁書》、《陳書》、《隋書》、《北史》、《南史》等，不過在修撰唐朝本國國史時，太宗要求自己查看，破壞國史編纂的客觀性原則。

太宗在歷史上以納諫著稱。魏徵（580—643）是重要的諫言者。魏徵曾在李密帳下擔任記室參軍，後李密戰敗，跟隨入關投降李唐。他勸說據守黎陽的徐世勣投降了唐朝。但是不久竇建德攻陷黎陽，俘虜了魏徵，魏徵又在竇建德那裏擔任起居舍人。到武德四年（621），秦王李世民擒獲竇建德，魏徵再次歸順唐朝，為太子李建成所信任，引其擔任東宮的太子洗馬，是李建成的核心幕僚。玄武門之變後，李世民赦免了魏徵，魏徵則承擔前往關東安撫李建成和李元吉舊部的重任。魏徵前後轉換了五次陣營，為不同的雇主服務，但是並沒有遭到當時輿論的譴責，沒有人認為他不忠，這不是因為他個人的魅力，而是當時的思想氛圍並不強調為君主盡忠而死。唐初的文臣武將大多都有多次轉換陣營的經歷。著名的軍事統帥比如李勣等，也有全軍覆沒和被俘的經歷，但是回來之後依然被任用，並繼續擔任軍事統帥，這是大唐的風度所在。

魏徵以極言進諫的形象留存在《貞觀政要》中。據《貞觀政要》記載統計，魏徵向太宗面陳諫議有五十次，呈送太宗的奏疏十一件，一生的諫諍多達「數十餘萬言」[1]。魏徵對唐太宗常常是

---

1 《新唐書》卷九七《魏徵傳》。

面折廷諍，有時弄得他面紅耳赤，甚至下不了臺。一次罷朝後，太宗曾餘怒未息地說：「會須殺此田舍翁。」又說魏徵「每廷辱我」[1]。整體而言，魏徵的政治態度以靜為本，與民休息，這正好符合李唐剛剛建立初期的政治、經濟形勢，對國家的復蘇起到重要的作用。不過他極力反對唐朝發動對高句麗、高昌軍事行動的意見，後來隨着唐朝國力的增長而被放棄。

晚年的魏徵捲入儲位之爭，作為太子李承乾的老師，他生前極力維護太子的地位，他死後，李承乾謀叛，很多參與的人都是原先經過他推薦的，比如侯君集。結果太宗震怒，不但毀棄了將公主許給魏徵之子的諾言，而且派人將魏徵墳墓所立的石碑推倒。不過，太宗征伐高句麗失敗後，又想起魏徵的好處，派人祭祀，重建了墓碑。

整體而言，太宗統治的貞觀年間，政治清明（太宗對腐敗懲治較為嚴厲）、與民休息，經濟得到恢復，官員隊伍不大且比較有效率，治安也得到保障，文化教育事業也得到發展，經過長時期戰亂的中國，進入一個較好的時代，為李唐帝國的對外拓展和文明的發展奠定基礎。

魏徵畫像。宋佚名《八相圖卷》（節選），藏北京故宮

---

1 《資治通鑒》卷一九四。

03 崇佛的武則天

　　貞觀二十三年（649）五月，太宗突然去世，根據史料判斷，很可能是因服食丹藥中毒而亡。在此前一年，王玄策借吐蕃兵大破中印度帝那伏國之後回到長安，其所攜俘虜中有一個叫那羅邇娑婆寐（或叫那騾爾裟寐，Narayamavamin）的婆羅門僧，自稱兩百歲，可造長生藥。於是太宗讓他為自己造延年之藥，吃過之後未見奇效，反而加劇病情，最終病死。高宗時代，也請胡僧盧伽阿溢多合長年藥，但是在高宗服食之前被宰相郝處俊阻止，郝處俊即援引太宗被長年藥毒死之事勸誡高宗。太宗服食婆羅門僧所合之藥而死，此係醜聞，所以唐廷也未追究。[1] 不過王玄策則因為推薦那羅邇娑婆寐導致皇帝死亡而受到牽連，儘管他出使天竺建立巨大的功勳，但是終其一生，仕途一直蹣跚不前。太宗、高宗等中土君主持續派人往天竺取長生藥，構成古代中印文明交流的一道獨特風景。高僧玄照西行求法路上，在北印度就撞見唐

---

1 《舊唐書》卷八十八《郝處俊傳》。

朝使臣引印度術士前往唐朝。[1] 所謂「盧伽阿溢多」，是路伽耶陀
（Lokayata）的異譯，應該是順世論的信徒，跟密宗有密切關係，
後來密宗流行中國，其來有自。

　　唐太宗去世後，高宗即位，複雜的政治鬥爭最終卻將一位女
人推上皇位，佔據政治舞臺的中心位置，這就是武則天。

太宗後期的權力角逐

　　太宗用自身的例子為兒子們樹立一個皇位可以力爭得到的榜
樣。魏王李泰能力出眾又野心勃勃，太子李承乾本人也不像官方
史書描述的那麼不堪。到貞觀中後期，圍繞着皇位繼承權，在李
泰和李承乾的周圍形成兩個政治陣營，互相傾軋，這構成了貞觀
後期政治的主線。

　　李承乾在官方史書中，被描述為親近胡人，喜歡突厥衣服、
語言和生活習慣，舉止乖張的一個人。官方史書甚至暗示他是一
個同性戀。不過這些記載都要打上問號。連最基本的細節，《舊
唐書》都不一定靠得住。比如貞觀十七年（643）李承乾政變失
敗後，按照《舊唐書》的說法，他被流放，到貞觀十九年才在流
放地去世。但是後來出土的《李承乾墓誌》明確記載李承乾在政
變當年也就是貞觀十七年就被處死。《舊唐書》之所以將李承乾
去世的時間往後推遲兩年，主要目的應該還是為了掩飾太宗殺子

1　義淨《西域求法高僧傳》。

之惡。李承乾親近突厥貴族，並沒有什麼奇怪。在太宗擊敗東、西突厥後，大量的突厥貴族家庭移居長安，數量達到一萬戶，數以百計的突厥貴族被授予五品以上的官職。在皇位爭奪中取得突厥貴族的支持，對李承乾來說是非常重要的。甚至有突厥史學者認為，如果是李承乾繼承皇位的話，可能就不會出現 680 年突厥發動叛亂建立第二帝國了，那麼整個東亞和北亞的政治局勢又將不同。

李承乾身邊圍繞了大量的學者，比如孔穎達，是李承乾的重要幕僚和宮臣，在李承乾資助下，孔穎達修撰《孝經義疏》；同樣的，顏師古也在李承乾支持下完成《漢書》注，在唐代，關於《漢書》的研究是非常重要的一門學問。作為與之對抗的手段，魏王李泰則資助著名的《括地志》。《括地志》以《貞觀十三年大簿》劃分的政區為綱，全面敍述十道、三百六十個州（包括四十一個都督府）、一千五百五十七個縣的建置沿革，以及山嶽形勝、河流溝渠、風俗物產、往古遺跡和人物故實。李泰為修撰完成這部著作，動用大量的政治力量和人力資源。這裏面除了真心推動學術的成分，也包含李泰與太子李承乾在文化領域競爭的意圖。這種太子諸王資助學術的模式，在唐代非常普遍，乃至成為知識和學術發展的重要途徑。比如章懷太子李賢資助的《後漢書》注、蔣王李暉資助的《兔園冊府》等。

李承乾還跟佛教僧團保持密切的關係。他資助建立的普光寺，一度成為長安的佛教中心，大量的高僧被引進到該寺居住，普光寺在十餘年中基本上處在他的壟斷之下，從延攬高僧、任命

僧職、主持辯論、安排僧喪，無一不管。因為跟政治的關係太過密切，在李承乾倒臺之後，普光寺作為佛教中心的地位迅速下降。這也是政治影響信仰世界的一個典型例子。

在這一時期，唐朝前期諸王用度非常之大，魏王李泰的用度甚至超過太子李承乾。由於李泰在各方面表現優異，太宗一度想將李泰移居到太極宮的武德殿。慣例，除皇太子外，再尊崇的皇子也只能居住在宮外。在魏徵的堅決反對下，魏王泰沒有獲得這個殊榮。在當時的政治傳統中，府主與僚佐比較容易緊密地結合在一起，對政治產生影響。魏王泰因為要奪取皇位，所以折節下士以求聲譽。他的僚佐黃門侍郎韋挺、工部侍郎杜楚客都私底下為李泰連結大臣，希望能夠扶持魏王泰上臺。杜楚客就是貞觀名相杜如晦的弟弟。李泰失敗後，李泰魏王府的大批僚佐被流放到嶺南，杜楚客也被廢為庶人。

據史料記載，李承乾是跛足，不管如何，最後魏王泰越來越得到太宗的賞識，給李承乾造成巨大的壓力。特別是 636 年當諸王被封為世襲都督、刺史時，魏王泰卻被太宗留在了長安，而且還給他成立一個文學館。這個文學館，實際上就是模仿太宗沒有當皇帝時在秦王府成立的文學館。這種強烈的政治暗示讓很多大臣自然傾向於李泰，而李承乾則有了強烈的不安全感。李泰周圍聚集起來的大臣和貴族子弟，比如房玄齡的兒子房遺愛、杜如晦的弟弟杜楚客等，而李承乾周圍則有攻滅高昌的將軍侯君集、杜如晦的兒子杜荷、太宗的弟弟漢王李元昌等。

在日益緊張的氣氛中，李承乾決定效仿自己的父親，也發動

一場宮廷政變來奪取皇位。不幸的是，他的一個親信紇干承基被捕後供出了他的圖謀。貞觀十七年（643），李承乾被迅速逮捕，支持他的大臣和貴族子弟被流放、處死。但是魏王泰也沒有從中獲取好處，在長孫無忌等元老大臣支持下，李泰也被趕出長安，十五歲的晉王李治被立為太子。太宗於是在 643 年陰曆四月正式立李治為太子。儘管太宗對李治並不滿意，但是也沒有其他的選擇。太宗死後，作為新皇帝舅舅的長孫無忌成為左右政權的重要人物。

時代	姓名	結局
高祖	建成	玄武門政變中被殺
	世民	繼位為太宗
太宗	承乾	廢為庶民
	治	繼位為高宗
高宗	忠	廢後賜死
	弘	卒
	賢	廢後逼令自殺
	顯	繼位為中宗
中宗	重潤	被武后杖殺
	重俊	景龍政變失敗後被部下殺死
睿宗	隆基	繼位為玄宗
玄宗	瑛	廢後賜死
	亨	繼位為肅宗
肅宗	豫	繼位為代宗
代宗	适	繼位為德宗
德宗	誦	繼位為順宗

（續上表）

時代	姓名	結局
順宗	純	繼位為憲宗
憲宗	憲	卒
	恆	繼位為穆宗
穆宗	湛	繼位為敬宗
文宗	承	暴卒
	成美	被殺
宣宗	漼	繼位為懿宗
懿宗	儇	繼位為僖宗
僖宗	曄	繼位為昭宗
昭宗	裕	廢後被朱全忠（溫）所害

唐朝太子的結局（參考王壽南《隋唐史》）

武周政權的登場

中古時代，天文星占是一門重要的學問，它主要並不是為農業生產服務，而是為了預測國家命脈和軍國大事的起伏。一事（天象）一占（占卜）一驗（現實中發生的事件），是史書解釋歷史的一種重要模式。武則天的上臺，在官方史書比如《舊唐書》中，就是遵照這樣的模式加以描述的。648 年，金星多次白天出現，加上當時流傳的讖言「當有女武王者」，太宗為此誅殺了左武衛將軍李君羨。但是最終也並未阻止日後武則天的上臺。

武則天是武士彠的女兒，武士彠出身山西地方豪族，在李唐建立的過程中很早就投身其中，在攻佔隋朝都城的過程中發揮過

高宗武后合葬墓乾陵前的石獅、翼馬

重要作用，後擔任過工部尚書的職務。武士彠的第二位妻子來自
隋朝的皇室楊氏家族，武則天就是這位妻子的女兒，因此武則天
從血緣上跟隋楊相連。武則天也並不像很多研究者認為的那樣，
是代表山東地區的利益，實際上她強烈地認同自己西北貴族尤其
是隋楊皇室的出身。武則天大約出生在 627 年，十幾歲就進宮，
為李世民的才人。傳統史書一般暗示她跟高宗在太宗健在的時候
已經私通。太宗死後（649），武則天短暫出家為尼，之後很快
就回到宮廷 —— 她的第一個兒子是 652 年出生的，而司馬光認
為她 654 年才回到宮廷。武則天最初是被王皇后作為分寵淑妃之
寵的工具召回宮廷，她卑辭屈體以事王皇后，不久就拜為昭儀，
位列九嬪之首，僅次於正一品的淑妃、德妃、賢妃。武則天顯然
深受比她小四歲的高宗的喜愛，高宗的十二個子女中有四男二女

都是武則天所生。

武則天能夠掌握大權，要放在高宗初期的政治權力結構中來理解。太宗去世之前，將後事正式託付給長孫無忌和褚遂良。太宗晚年，健在的開國元勳已紛紛凋零，而長孫無忌以權臣和貴戚雙重身份幾乎壟斷了朝政。高宗初年，長孫無忌又通過房遺愛謀反案，將唐太宗第三子即深有威望的吳王李恪、江夏王李道宗等迫害而死。吳王李恪的家族最後在武則天上臺後堅定地站在武則天一邊，他的兒子成王李千里是少數沒有被武則天誅殺的皇室子弟。高宗在其親舅長孫無忌等人的裹挾下，根本無法發揮自己的影響力和作為君主的權威，幾乎所有的大事都要經過這些顧命大臣的同意。包括立誰為太子，也是長孫無忌等人「固請」，高宗沒有辦法才接受的。

在這種情形下，高宗能夠依賴的只有自己做晉王和太子時的舊僚佐們。他們基本上都堅定地擁護高宗的決定。而武則天的崛起，正好為這兩大政治勢力決戰提供一個契機。以往的研究往往把長孫無忌等人視為所謂「關隴集團」的代表，而與之對立的李勣則被描述為所謂「山東豪傑」。但是實際上，李勣最重要的身份是唐高宗沒當皇帝時的僚佐長。他不但是晉王李治的王府長史，在李治當上太子之後更擔任太子詹事兼左衛率的職務，是李治的頭號家臣，在任命時太宗對他說：「我兒新登儲位，卿舊長史，今以宮事相委，故有此授。」[1]除了李勣，反對長孫無忌的李

---

1 《舊唐書》卷六七《李勣傳》。

義府也是李治的晉王府和東宮舊部。李義府在李治為晉王時就侍奉其左右，在李治當太子之後，立刻擢升為太子舍人加崇賢館直學士。與其說他們反對長孫無忌、支持武則天，不如說他們實際上是支持自己的府主李治。

武則天的崛起，正是在這樣的政治背景下發生的。高宗想封自己喜歡而又有才幹的武則天為皇后，但是這類大事沒有長孫無忌的同意無法做成。為了討好長孫無忌，高宗甚至攜武則天親自登門拜訪，尋求支持，但是都遭到拒絕。武則天的母親、隋楊宗室的楊氏登門拜訪也沒能打動同為西北軍事貴族的長孫無忌。永徽六年（655）九月的一次爭執，令高宗和顧命大臣長孫無忌、褚遂良、韓瑗等人的矛盾激化了。在這種情況下，其舊部、深具威望的李勣對高宗說：「此陛下家事，何必更問外人！」在李勣等舊部支持下，李治強硬地立武則天為皇后，並且將褚遂良貶逐。永徽六年，隨着武則天被樹立為皇后，歷史的走向發生巨大的轉折。

王皇后被廢，武則天的兒子李弘被立為皇太子。李治的舊部李義府等人被任命為宰相。而長孫無忌等權臣集團被排斥出政治統治集團。此後，武則天的地位不斷膨脹，尤其是隨着高宗失去工作能力，她漸次奪取了唐帝國的最高權力。高宗惟一一次試圖罷黜武則天發生在麟德元年（664），獲得了其舊僚佐、當時的宰相上官儀的支持，不過最終失敗。上官儀的支持和李勣的支持實際上並無不同，他們都是高宗的舊臣，是高宗最為信任的人，所以兩次廢后雖然對象不同，其運作方式都是一樣的。上官儀成

為替罪羊後，其孫女上官婉兒（武后的巾幗宰相）被沒入宮中，憑藉自己的才能，在此後的政治生活中，尤其是後武則天時代的中宗時代，扮演重要的角色。

其後，高宗深受痛風之苦，百官奏事時就讓武則天裁決。而武則天性格明敏，涉獵文史，處事都讓高宗滿意，於是在顯慶五年（660）開始，高宗分權給她，使武則天的權力達到幾乎與君主權威相等的高度。麟德元年（664）以後，高宗每次會見大臣討論政事，武則天就垂簾於後，政無大小都能參與。天下大權悉歸中宮，黜置生殺決於一人之口，高宗只是拱手而已，中外謂之二聖。上元元年（674），高宗和武皇后稱「天皇」和「天后」，進入二聖並治階段。

第二年（675），皇太子李弘突然死於洛州合璧宮。章懷太子李賢成為新的儲君。李賢是當時《漢書》學和《文選》學的主要贊助者，對學術的發展起到重要作用。但是到調露二年（680），李賢也被廢黜，新的太子是他的弟弟李哲（改名顯）。高宗死後，李顯即位，但是不到兩個月，武則天就在李顯弟弟相王李旦的僚佐王德真、劉禕之等人支持下廢黜了中宗，將李旦扶上皇位，之後她再誅除了李旦的王府舊臣們，王、劉等人都被流放處死。在借口殺劉禕之時，後者說出了「不經鳳閣鸞臺（三省主官），何名為敕」的話，被很多學者用來描述唐代前期三省六部制的有效性。

武則天進行了一系列改制，包括改東都為神都、改三省及諸司官稱等，在先後鎮壓徐敬業和李唐諸王的起事之後，她已經基

本上掃除通向皇位的障礙。

在武則天上臺過程中，她的政治宣傳令人眼花繚亂，藉助許多政治理論和宗教信仰的符號、概念。比如她大量製造祥瑞，利用天人感應的祥瑞思想為自己上臺製造證據。垂拱四年（688），武則天的侄子武承嗣指使一個叫唐同泰的人獻上刻有「聖母臨人，永昌帝業」的瑞石，號稱得自於洛水——這是中國傳統的河圖洛書的政治傳統——於是武則天將這塊瑞石命名為「寶圖」，並親拜洛水，加尊號「聖母神皇」，跨出登基稱帝的重要一步。在她登上皇位的過程中及其以後，還不斷製造祥瑞鞏固自己的統治，敦煌文獻《沙洲都督府圖經》中就記載不少當地向武周中央政府上報祥瑞的事件。

在鞏固政權過程中，武則天實行了恐怖的酷吏政治，來剪除忠於李唐的宗室和大臣。這些酷吏中的來俊臣甚至專門編寫了一本《告密羅織經》。武則天登基之前在位的宰相，大部分都遭到屠殺。永昌元年（689）十一月，武則天改用周曆，以永昌元年十一月為載初元年正月、十二月為臘月、夏曆正月為一月。同時，改造「照、天、地、日、月、星、君、臣、人、載、年、正」十二個新字。使用周正（以子月為歲首）取代唐朝的寅月為歲首，這就是改正朔，標誌着天命從唐朝轉移到武則天的周朝。她建立的新朝也稱「周」，是將自己視為周代政治遺產的繼承人，相對應的，武則天採用的曆法、官名等政治裝飾帶有濃重的復古周代的色彩。

武則天上臺，彰顯當時女性張揚的社會背景。唐代往往被稱

武周新字。先有十二字，後經學者整理武周時碑刻得十八字

為中國古代的黃金時代，至少對女性而言，這是一個相對寬容的時代。遊牧民族的傳統滲透在李唐女子的血液中，她們積極地參與到社會活動中，甚至出現了女子結社。

男女地位相對也比較平等，從敦煌出土的一則《放妻書》（離婚協議）可見，在雙方離婚之時，還祝願彼此「解怨釋結，更莫相憎。一別兩寬，更生歡喜」。另一則《放妻書》中男方還提出「三年衣糧，便獻柔儀，伏願娘子千秋萬歲」，離婚後還負擔女方三年衣糧，而且是一次付清。

唐代女子女扮男裝也是常見的情景，甚至屢屢反映在唐代的壁畫中。

女子可以騎馬馳騁，甚至參與政治和軍事鬥爭。

女性地位的高昂對唐代社會的健康發展有重要的意義，佔人口一半的女性獲得了更多的主動性，也增添了唐代作為輝煌帝國的成色。唐宋之際，就女性而言，最大的變化就是女性地位的下降。最明顯的例子是唐代女子不纏足，而宋代開始，女子被局限於門戶之內。從某種程度上講，儘管纏足是一種審美觀變化的產

物，但是從實際上使得一個社會一半的人口退出了大部分的社會活動。

武則天能夠登上至高無上的皇帝寶座，除了這個時代女性地位的高揚之外，此時處於鼎盛時期的佛教也扮演了重要的角色。畢竟中國傳統政治道德不允許女子干涉政治，更不用說當皇帝了。但是佛教為武則天提供了新的政治理論，化解了她面臨的道德和理論困

唐代男裝仕女騎馬圖。選自《虢國夫人遊春圖》，唐代張萱繪，藏遼寧省博物館。這幅畫繪楊貴妃的三姊虢國夫人穿男裝，騎三鬃馬帶其眷從盛裝出遊的場景

境。正因為佛教在這一時代處於鼎盛時代，不論貴族還是社會的邊緣人群，其心靈都在佛教教義的影響之下。佛教因為武則天的提倡而繁榮，但是也因為跟政治太過密切而在武則天倒臺後遭到抑制，最終從政治和學術的核心領域退卻。無論如何，武則天將佛教作為當時社會的重要意識形態之一的做法，呈現了一幅五彩斑斕的歷史畫面。

佛教政治意識形態：衝突與融合

佛教的傳入，帶來新的意識形態。它改變中國人對宇宙的看法，在新的世界（時間、空間）中，為世俗界的君主們提供將自

己統治神聖化的新理論，也為君主權力在世俗和神聖兩界的擴張提供了條件。而佛教王權觀的核心內容是轉輪王（Cakravartin），考察隋代到唐前期的歷史可以發現，轉輪王觀念始終是僧俗理解世俗王權的主要理論。將君主描述為轉輪王的傳統，貫穿整個隋唐時期，而君主也順應潮流，在中土本有的「天子」意涵之外，又給君主加上佛教「轉輪王」的內容，形成我們可以稱之為「雙重天命」的政治論述。而這種「雙重天命」，幾乎貫穿隋唐時期。與之相關的「七寶」、「千輪」，成為描述中土帝王之新術語；「灌頂」、「受戒」，成為帝國儀式的重要內容；王銜之變遷、話語之演進、禮儀之革新、空間建築之重置、舊意識形態之衝突融合，實為當時一大事件。武則天的主要政治論述依然是轉輪王，以金輪皇帝面目示人，這並非她的獨創，而是當時佛教轉輪王觀念影響世俗王權演進過程中的一環，需要在整個隋唐政治思想演進的背景下理解。

武則天是惟一一個將「轉輪王」號加入自己的帝王號中的君主。詳見如下：

長壽元年（692）秋九月，她加尊號「金輪聖神皇帝」，大赦天下，大酺七日；

延載元年（694）五月，加尊號「越古金輪聖神皇帝」，大赦天下，大酺七日；

證聖元年（695）春一月，加尊號「慈氏越古金輪聖神皇帝」，大赦天下，大酺七日；

證聖元年（695）春二月，去「慈氏越古」尊號，保留「金

輪聖神皇帝」號;

　　證聖元年秋七月,加尊號「天冊金輪聖神皇帝」,親享南郊,合祭天地,大赦天下,大酺九日;

　　久視元年(700)五月,停金輪等尊號,大赦天下,大酺五日。

　　「金輪聖神皇帝」稱號從 692 年到 700 年,前後使用八年之久。中間雖然增加或者去除其他尊號,但「金輪聖神皇帝」始終未變。《舊唐書・經籍下》還著錄有武則天撰《金輪集》十卷。可見武則天以金輪自稱,對此尊號極為重視。武則天的這些尊號顯然是雜糅不同政治傳統的產品。比如「慈氏越古金輪聖神皇帝」,「慈氏」指代彌勒(Maitreya),「金輪」指轉輪王(Cakravartin),「皇帝」則是中原傳統帝號。

　　不但在尊號上下功夫,武則天還在禮儀性建築和禮器上做文章。比如她在自稱「金輪聖神皇帝」之後,設置「七寶」,也就是金輪寶、白象寶、女寶、馬寶、珠寶、主兵臣寶、主藏臣寶,在重要的政治集會時,就拿出來展示,「率大朝會則陳之」[1]。這七寶實

洛陽龍門石窟盧舍那大佛(局部),傳為武后容貌

1 《新唐書》卷七六《則天武皇后傳》。

際上就是佛教轉輪王的標誌。就像中國的皇帝有九鼎一樣，佛教的轉輪王有七寶作為自己的身份標誌。[1]「七寶」其實在武則天之前就已廣泛地出現在中土的政治修辭中。一直到唐肅宗平安史之亂時，高僧不空還應肅宗要求，為他實行「七寶灌頂」的儀式，進而為肅宗加上佛教轉輪王的位階[2]。

武則天在洛陽修建了明堂和天堂。明堂是傳統的儒家禮儀建築，但是武則天的明堂規制不同，號「萬象神宮」。武周取代李唐的大典就是在明堂舉行，這裏不但是武周政權的政治中心，還是祭祀之所。691 年正月，武則天親祀明堂，合祭天地，以周文王及武氏先考、先妣配，百神從祀，並於壇位次第佈席以祀之。學者富安敦（A. Forte）指出，武則天的明堂實際上是雜糅了中國傳統政治禮儀與來自印度的佛教宗教儀式的產物。在這個明堂裏，武則天舉行了盛大的無遮法會，並且縱民人觀看。開元二十六年（738），唐玄宗以其「體式乖宜，違經紊亂」為由，遣人往東都將明堂毀掉。而在明堂以北十七米處建立的天堂，則是明顯的佛教建築。天堂實際上是為了儲放彌勒大像而建造的。這也體現了在武周政權之初，武則天宣揚彌勒下生思想的動機。但是隨着明堂和天堂大火，武則天基本上放棄了彌勒主義，而仍保留轉輪王的意識形態，並有意識地往中土本來的政治傳統復

---

1 七寶是佛教轉輪王的標誌的記載，廣泛見諸佛教諸經，比如西晉月氏三藏竺法護譯《佛說彌勒下生經》講到彌勒下生時，會有轉輪王蠰佉出現，成就七寶。

2 《宋高僧傳 · 釋不空傳》，《大正藏》第 50 冊。

歸。比如在明堂大火之後，武則天開始封禪，封禪實際上是中國天子的政治傳統。

武則天利用佛教論證自己統治的合法性，其理論根基最明顯地體現在《大雲經疏》、新譯《寶雨經》和《華嚴經》上。在其即位之前，就製造泗水瑞石，名為「廣武銘」，其文曰：

三六年少唱唐唐，
次第還唱武媚……化佛
從空來，摩頂為授記。
光宅四天下，八表一
時至。

武周明堂復原示意圖（楊鴻勳製）。明堂是古代帝王明政教之所，儒家禮制的建築典範，舉辦祭祀、朝會、慶賞、選士等活動，又稱天宮、通天宮、萬象神宮。按古代天人合一的思維，天帝辦公的宮殿即明堂，人間真帝王也在明堂辦公。而武周明堂曾供奉着從長安法門寺迎來的佛骨

已經開始用佛教融合祥瑞思想來進行政治宣傳。在 690 年七月，沙門薛懷義、法朗等造《人雲經疏》、陳符命，為武則天稱帝尋找政治理論。《大雲經疏》呈上不久後，武則天自立為皇帝。

《大雲經疏》很難說是佛教著述，其中充斥着祥瑞之說、讖緯之言。更重要的是，它不是佛經，而是佛經的注疏，這就嚴重影響了其權威性。《大雲經疏》所涉及女身當王的內容不過寥寥數語，含糊說淨光天女當王閻浮提，實不足以單獨作為武則天篡

唐稱帝的有力根據。《大雲經》早譯出，即《大方等無想經》。
曇無讖《大方等無想經》云：

> 有一天女，名曰淨光……以是因緣，今得天身。值
> 我出世，復聞深義。捨是天形，即以女身當王國土，得轉
> 輪王。

但是，第一它並未提到武則天的名字，第二也沒有提到何處為
王。只是說該天女將來會作轉輪王。薛懷義等撰《大雲經疏》
時，將經中「淨光天女」解釋為「今神皇王南閻浮提一天下」。
根據這些注疏，垂拱四年（688）五月，武則天加尊號「聖母神
皇」。但是，這不是佛經裏的內容，而是薛懷義等人的解釋，可
以說是於經無徵，有點牽強。於是在 693 年武則天又使菩提流志
重譯《寶雨經》。《寶雨經》最大的貢獻：第一，它明確說明此女
將在南瞻部洲東北方摩訶支那國為帝；第二，它並非注疏，而是
佛經，從而解決了武周政權於經無徵的問題。因為《寶雨經》的
譯出，武則天稱帝得到佛經經文的證實。可以說，《寶雨經》才
是武則天為女主的直接理論來源。《大雲經疏》和《寶雨經》都
被頒行到各州，武則天甚至命令各州都建立大雲寺，請僧人講
解，以求達到廣泛宣傳的效果。《大雲經疏》、《寶雨經》等融合
外來的佛教意識和本土的陰陽讖緯觀念，進而服務於武周革命的
政治宣傳。這可視為是經絲綢之路傳入的佛教文化又一次同中國
傳統文化的對抗和融合。

年份	大事件	備注
垂拱四年 （688）	造瑞石，文曰：「聖母臨人，永昌帝業。」獲《廣武銘》，文曰：「武媚當為天子，化佛從空來。」	神皇受命。
載初元年 （690）七月	造《大雲經疏》，言武后為彌勒下生。	神皇受命。
九月	自立為帝，改國號周，改元天授。每州置大雲寺，推廣《大雲經》。	女子當國王。
長壽二年 （693）	推廣《寶雨經》。	天子將為支那國女王。
聖曆二年 （699）	推廣《華嚴經》八十卷。	皇室李氏扶持惟識宗，武后扶持華嚴宗。
長安四年 （704）	西京長安法門寺迎佛骨。	百姓爭先恐後奉佛骨。
長安五年 （705）	神都洛陽明堂以天子祭祀天地、宗祠之禮奉佛骨。	以「佛」代「天」。

武后對佛教的信仰和利用簡表（參考《中國佛教通史》）

　　武則天時代，佛教受到特別的崇敬，正是佛教最為昌盛的時代，高僧輩出，名動一時。武則天以白馬寺僧薛懷義為新平道行軍總管，封沙門法朗等九人為縣公，賜紫袈裟銀龜袋，於是沙門封爵賜紫從此而始。中宗時代惠範授官封公；代宗時不空加開府儀同三司，封肅國公，食邑三千戶。從此南朝慧遠時代嘯傲王侯、堅守所志的傳統漸漸消失，僧徒人格漸至卑落。符瑞圖讖的大量融入佛教，導致祕密神異之說盛行。其後密宗的興起，與此

思想變遷不無關係。到了開元時期，印度僧人善無畏、金剛智、不空三人相繼來到長安，結壇灌頂，祈雨禳災。密宗典籍先後傳譯，此後密宗一時成為佛教的新潮流，影響了唐代中後期的信仰、思想和日常生活。

武則天下詔，在國家禮儀和祭祀中，令僧尼排在道士女冠之前；她還下令天下斷屠釣魚八年，不允許宰殺牲畜和捕魚；聚集財富鑄造宏偉的佛像；在長安和洛陽組織譯場翻譯佛經，其中實叉難陀和菩提流志最為著名；義淨法師留學天竺二十五年，證聖元年（695）抵達洛陽，武則天親自到上東門迎接。神秀也被武則天迎入京城行道，促進了禪學的發展。但是佛教與政治的緊密關係，也產生了嚴重的副作用。首先就是國家財政的吃緊，大規模的修建佛寺、建造佛像等活動導致僧侶數量膨脹，財政壓力增加，用狄仁傑的話說，「今之伽藍，制過宮闕，窮奢極侈」，因為佛教工程導致的政治和財政爭論，貫穿了武則天晚期乃至玄宗時代，成為重要的政治話題。

天后的都市：洛陽的最後輝煌

洛陽在傳統中國的儒家意識形態中，曾經處於極端重要的位置。而這種神聖的位置，在武則天時代達到頂峰。作為武周政權的神都，洛陽跟武周政權緊密結合在一起，它不但取代長安的首都地位，而且在真正意義上成為中國的政治、文化、經濟和信仰的中心。這種崇高的地位乃至影響到日本，日本京都的設計和命

名上，更多地受到洛陽的影響，而不是長安。直到幕府時代，去京都還被稱為「上洛」。京都也分為洛東、洛西等區域。不過武周政權垮臺之後，洛陽作為政治中心的地位徹底終結。雖然之後玄宗也曾嘗試巡幸洛陽，但是最終將洛陽放棄。從此之後，洛陽再也沒有回到中國歷史舞臺的中心。

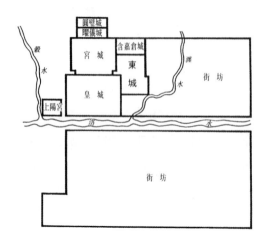

隋唐洛陽城平面示意圖

　　王者居「土中」或者天下之中的理念在三代時已經成熟，比如商代人以五方觀念將疆域劃分為五，商王直接統治區域稱為「中商」，甲骨文云：「大邑商居土中。」西周銅器《何尊》銘文記武王告天辭就有「余其宅茲中或（國），自之蠻民」的說法，這裏的「中國」即洛邑。如緯書《孝經援神契》云：

> 八方之廣，周洛為中，於是遂築新邑，營定九鼎，以
> 為王之東都。

在渾天說中，則只有特殊的地點，才有這樣的效果，這就是
地中，用現在的話說，是夏至日中地中子午線。所有的測量必須
在地中進行，不然數據就不可靠。地中測影，不但測量時間（冬
至為陽氣初生等）、空間（地面距離、宇宙長度），還事關國家
命運，是一個極端神聖而重要的地點。而這個地點，就在洛陽，
這裏「夏至之日，立八尺之表，其影適與土圭等」。在這種觀念
影響下，一直到元代，郭守敬依然把告成作為天文測量的重要基
地。登封既非元初經濟文化中心，更非當時的政治中心，其原因
就是，告成是古人心目中的「地中」，是他們進行各種天文測量
的傳統基地。

武周政權在意識形態上追宗周代，因此在國家禮儀和裝飾之
具方面，多利用跟周代有關的符號和思想元素。武則天遷都洛
陽，也具有同樣的思想背景。洛陽與周代的神聖性緊密相聯，武
則天遷都洛陽本身，就是以洛陽「土中」或者天下之中的地位否
定長安政權的合法性。西周初期，周公為營建東都洛邑，曾親赴
登封嵩山立圭測影，以求地中。洛陽為天下之中的觀念因周公的
實踐和提倡而具有更高的神聖性。在周公的宇宙觀念中，「中」
是天下一個十分特殊的空間點。《周禮・地官司徒》說：

> 日至之景（影）尺有五寸，謂之地中。天地之所合也，
> 四時之所交也，風雨之所會也，陰陽之所和也。然則百物

　　阜安，乃建王國焉。

　　對武則天遷都有各種各樣的解釋。首先是政治上的解釋，有的學者認為是為了擺脫關隴貴族的影響。遷都洛陽象徵着西北政治勢力的全盛期已經過去。第二種解釋純粹是經濟方面的。長安位於比較貧窮和生產不發達的地區，易遭受長期的嚴重乾旱。從外地供應長安穀物既困難，費用又極大；供應洛陽的朝廷便容易得多。這兩種解釋都有一定道理。但是實際上，在朝廷遷往洛陽時期，長安地區有時是繁榮的，而新的東都有時卻遭受饑荒災害。也有學者把遷都歸結於武則天個人的感情因素 —— 在她迫害死王皇后和蕭淑妃以後，常看到她們的鬼魂作祟，所以才長期躲在洛陽。

　　事實上，長安與洛陽之爭，幾乎貫穿唐代以前所有的時代。以洛陽否定長安，也是常用的政治手段。從西漢末期開始，洛陽被明顯地賦予儒家神聖性，定都長安常被描述為僅僅出於維護統治安全的權宜之計。比如西漢末年漢元帝改制，博士冀奉倡言遷都洛陽以「正本」。王莽奪取漢朝天下，也計劃遷都「土中居雒陽之都」。始建國五年（13），長安民聞王莽欲遷都洛陽，不肯繕治室宅。王莽又製造瑞石讖言云：

　　　　玄龍石文曰「定帝德，國雒陽」。符命著明，敢不欽奉！[1]

---

1 《漢書》卷九十九《王莽傳中》。

　　不過王莽的遷都計劃，最終因為新朝迅速崩潰而未能實現。劉秀以儒術治國，定都洛陽，帶有強烈的撥亂反正、繼承「周制」的色彩。圍繞着長安與洛陽的優劣爭論，辭賦家們創作了不少作品。班固《東都賦》、張衡《東京賦》、西晉左思《三都賦》都強調洛陽天下之中的地位及其與儒家禮法的關係，認為洛陽才是理想的首都。

　　武則天的政治宣傳中，突出洛陽，貶抑長安，是一個重要的主題。比如她鑄造九鼎，就體現了這一精神。九鼎按方位安放，代表豫州（洛陽為中心）的永昌鼎位於中央，其他八鼎（包括代表雍州的長安鼎）則依照各自的方位，環繞着永昌鼎。這從視覺結構上，就無可置疑地宣示洛陽的偉大地位 —— 其位於天下之中，就連李唐的舊都長安，也只能圍繞着洛陽作為陪襯。永昌鼎高一丈八尺，容量一千八百石，從視覺上看，就比其他八鼎（一丈四尺、一千兩百石）高大得多，彰顯着神都的偉大地位。這種形象給帝國的臣民們，尤其是直接參加禮儀朝會的大臣

唐代貴婦頭戴牡丹裝飾品。《簪花仕女圖卷》（局部），唐周昉繪。牡丹有唐朝國花之稱，洛陽城遍種牡丹。民間有武后將牡丹從長安貶到洛陽的傳說。今河南洛陽牡丹依舊繁茂，日本京都也被譽為「小洛陽」，遍種牡丹

們帶來的視覺衝擊，是相當深刻的。

684 年，武則天就將東都改為神都，凌駕於長安之上，宮名則為「太初」。此後二十餘年中，神都洛陽不但在名義上，也在實際上成為真正的帝國首都，長安則淪為前朝舊都和陪都。691年，武則天徙關內數十萬戶充實洛陽。由於武則天對長安的貶抑，及至其下臺之後，甚至在官方記載中，長安和洛陽的關係依然混亂。在武則天的經營之下，洛陽也成為帝國的佛教中心，而且佛教社區和洛陽政權形成了密切的聯繫。證聖元年（695），已經六十歲的義淨啟程北上，也是於次年五月抵達洛陽。武則天對義淨的到來給予充分的重視，親迎於上東門外，諸寺緇伍具幡蓋歌樂前導，敕於佛授記寺安置。義淨從回國之前到武周政權垮臺，從始至終，都在武則天的政治宣傳中扮演重要的角色，或釋讀銘文充當政治預言家的角色，或翻譯理論著作為武周政權尋找理論依據，或參與修建武周的紀念碑性的建築，可謂從始至終，一而貫之。

武則天下臺之後，洛陽雖然依然保持繁榮，但是在政治、軍事上的地位遭到忽視。以至於安史之亂時，洛陽這個曾在 7 世紀初以易守難攻著稱的軍事堡壘，輕易就被叛軍攻破了。大肆的殺戮和破壞，使這座中古時代偉大的都城幾乎變為廢墟，從此再也沒有恢復昔日的繁華，其在帝國權力網絡中的地位也一再降低。從某種程度上說，洛陽的衰落，幾乎可以作為中國黃金時代結束的一面鏡子。

城市	政權	別名
西安	西周、秦、西漢、新莽、東漢、西晉、前趙、前秦、後秦、西魏、北周、隋、唐	鎬京、西京、大興、長安
洛陽	商、西周、東周、東漢、曹魏、西晉、北魏、隋、唐、後梁、後唐、後晉	斟鄩、西亳、洛邑、雒陽、洛京、京洛、神都、洛城
開封	戰國魏、後梁、後晉、後漢、後周、北宋、金	大梁、東京、汴京、汴梁
南京	東吳、東晉、南朝宋、南朝齊、南朝梁、南朝陳	金陵、建康、江寧、石頭城、應天
北京	遼、金、元、明、清	燕京、薊城、涿郡、幽州、北平

中國古代政權建都較多的城市。中國古代政權首都外，往往有陪都

武周政權的意義

　　武則天作為中國歷史上惟一的女皇帝，被賦予很大的歷史意義。陳寅恪曾將她的上臺視為一場社會革命，而不是簡單的政治奪權。他認為武則天代表的是反對關隴集團的勢力，所謂關隴集團就是發端於西北地區的軍事貴族。在這樣的一個架構中，反對武則天的人，比如長孫無忌、褚遂良、韓瑗和來濟，就被視為關隴集團的成員。支持武則天的，則被視為山東集團的成員。而兩個集團的區別，在於山東集團很多人是通過科舉考試晉升的，促進了社會流動，改變了關隴集團壟斷資源的局面，因此是一場革命。在這樣的理論基礎上，有的學者又發展出以經濟基礎決定

唐龍鳳雙管瓶（《西青古鑒》）

上層建築理論推演出來的新的解釋。他們把武則天視為新興地主階級和商人，武則天的上臺是反對貴族的運動。然而，這樣整齊劃一的歷史解釋，往往經不起檢驗。實際上武則天自己非常驕傲於自己出身關隴集團的身份。而李勣這些支持武則天當皇后的大臣，最後證明其實不過是支持自己的舊主高宗李治。

693 年，武則天用幾年前自己編寫的《臣軌》「經」，代替舉子的必修課程《道德經》。這個文獻以太宗的《帝範》為模式。它體現武后的政治哲學，主要包括從儒家和道教經籍中精選的引語，分列於「至忠章」和「利人章」等標題之下。在高宗和武則天統治的五十五年中，每年錄取的進士也不過二十人。武則天上臺的確從某種程度上促進了社會流動，但是這種社會流動並非由科舉制度推進，而是通過用政治力量打壓既定的皇室和貴族來實現的。武則天重修的《姓氏錄》將武氏列入第一等級。不過這並不新鮮，早在太宗時代，就通過《氏族志》拔高李唐皇族的地位。實際上，這種編制製譜系的做法，打擊的往往是山東的一些

高門大族。比如 659 年，高宗下詔禁止這些高門大族內部通婚。而科舉選拔的官員，只佔到官員比例非常小的部分，難以改變原有的官員結構，並沒有起到太大的作用。科舉真正成為促進社會流動的重要機制，恐怕還要到唐中後期。武則天上臺的重要支持者可能還包括文人和佛、道僧侶，以及胡人集團。

武則天時代的對外政策並不算特別成功，由於忙於內政，在她統治期間，在帝國的各個方向都出現退卻。尤其是突厥帝國又得以復興，並成為唐朝的威脅。對契丹的戰爭也遭到慘敗。對內的恐怖統治在歷史上留下了濃重的一筆。武則天還在洛陽修造明堂、天堂，鑄造天樞，規模都極宏壯，她還到處大修佛寺、佛像，使百姓勞弊，財政出現問題。

從萬歲通天二年（697）開始，武則天寵幸張易之、張昌宗兄弟，圍繞在他們周圍形成一個新的政治集團，這個集團的權威來自於武則天，但是跟武三思等武家勢力、李旦等李家勢力都有區別。武家的武承嗣、武三思急於獲得太子地位，試圖真正取代李唐皇室的神聖地位。但是這一企圖在狄仁傑等人的反對下沒能實現。皇位傳承始終穩固在李唐子孫手中。武則天年事已高，不再信任李唐宗室和武家兩大集團，試圖建立一個直接對自己負責的小團體，這就是二張集團的權力來源。但是跟狄仁傑、姚崇等體制內官僚相比，二張等人缺乏政治根基和政治歷練，無法應對複雜的政治局面。在武則天晚期，狄仁傑、姚崇等人經過精心安排，把忠於李唐皇室的官員，比如張柬之等，安排到關鍵位置上，為稍後的李唐復辟準備了條件。

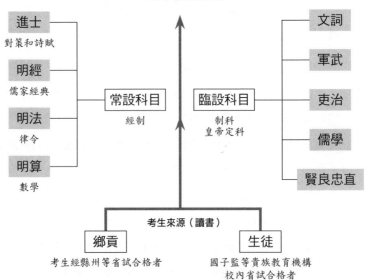

銓選釋褐（及第）

參加禮部、吏部等選考（除武舉優異者），
不合格者繼續待選

進士
對策和詩賦

明經
儒家經典

明法
律令

明算
數學

常設科目
經制

臨設科目
制科
皇帝定科

文詞

軍武

吏治

儒學

賢良忠直

考生來源（讀書）

鄉貢
考生經縣州等省試合格者

生徒
國子監等貴族教育機構
校內省試合格者

唐代科舉流程。武后首創殿試和武舉，並通過科舉、自薦、他薦等多
種方式選拔出一批非貴族出身的傑出人才，如狄仁傑、姚崇、宋璟
等；後來玄宗加了詩賦作為選科之一，對唐詩的繁榮有促進作用

玄宗改革與中古
貴族政治的終結

　　武則天上臺，打斷了李唐皇室的權力傳承，也因此在政治意識形態、官員選拔標準、思想信仰政策方面都有自己鮮明的特色。比如她使用一套佛教政治理論、符號、修辭為自己的統治辯護，把自己打扮成佛教的理想君主轉輪王——金輪神聖皇帝；又比如她將帝國的首都從長安遷到洛陽，將洛陽作為統治的中心。但是在 699 年之後，她依然面臨着權力傳承問題，最後的決定，是「復子明辟」——也就是將權力交回給自己的兒子，那麼權力也就會再次回到李唐家族手中。之後她放棄武周原先的正朔——以子月也就是現在農曆的十一月為一年之首；放棄「金輪聖神皇帝」的頭銜；並且比以前更頻繁地回到長安。這一切，都為她下臺之後的政治走向奠定基調。

後武則天時代的政治格局

　　690 年九月，武則天稱帝建周，將原先李唐的皇帝睿宗李旦降封為皇嗣，改名「武輪」；同時拔擢武家子弟，武承嗣、武三

思等紛紛躋身親王行列。忠於李唐的勢力，團結在皇嗣的旗幟下。李氏和武家的衝突和對抗，基本刻畫了此後十年間的政治史圖景。李旦的王府舊僚，比如裴炎、王德真、劉禕之在此之前已被剪除，然而雙方的對抗並沒有停止。親唐派大臣比如尚方監裴匪躬、左衛大將軍阿史那元慶、白澗府果毅薛大信、右玉吟衛大將軍張虔勖、監門衛大將軍范雲仙等都因私自拜謁皇嗣被殺。來俊臣等酷吏屢屢危及皇嗣，後者甚至要有賴於身邊的樂人安金藏剖腹以證明皇嗣不反。武則天試圖糅合李、武集團的努力，到699 年已經因為雙方的劍拔弩張徹底破產，此時需要引進新的政治角色。

年份	大事件
高宗 656	出生。高宗請玄奘為他剃髮，取法名「佛光王」。
中宗 683	第一次即位。
睿宗、武周 684—698	被廢後貶房陵，潛心佛典。
中宗 705	第二次即位；每州建一所中興寺（後改龍興寺）；下詔天下，試經度人；親祀明堂，大赦天下，禁《老子化胡經》。
706	勒菩提流志在佛光殿譯經，帝親觀，百僚妃后同瞻（中宗朝譯經興盛）。
707	迎西域僧迦大師，尊為國師，帝及百僚皆稱弟子（禮遇高僧記載很多）。
708	迎佛骨回法門寺供奉，割髮，一起埋入法門寺地宮。
709	設無遮齋，三品已上行香（在位間多次舉辦無遮大會）。

（續上表）

年份	大事件
710	表法門寺為「聖朝無憂王寺」，題舍利塔為「大聖真身寶塔」。

唐中宗崇佛大事件簡表（《中國佛教通史》）

698 年，被流放在房州（今湖北房縣）十五年的中宗李顯被召回洛陽，取代李旦的儲君位置。以前的史家對中宗和睿宗的矛盾估計過低，其實在相當長時間裏，中央一直存在着一個龐大的相王（李旦）集團。

中宗（李顯），680 年為太子，683 年為帝，次年廢，當年安置房州，698 年返回京師，他作為儲君和皇帝的時間僅有四年；而睿宗李旦，684 年為帝，690 年降為皇嗣，698 年降為王，前後作為皇帝和儲君十五年，在相當長的時間裏，南朝宰相和大臣們都是以在京的睿宗為旗幟對抗武氏的。武則天將中宗召回長安，不管主觀上是如何考慮的，在實際上她成功地分化了李唐集團。李旦相王府的政治勢力經過長期的培植，非常強大。面臨着強大的相王集團和與相王關係密切的宰相功臣集團的威脅，被長期流放的中宗在都城並沒有多少政治力量可以依靠，為了加強自己的政治力量，中宗李顯與自己的妻族韋氏和殘存的武氏勢力相結合，形成了一個韋武集團，和真正代表李唐皇室利益的相王李旦集團相對抗。

20 世紀 50 年代，陳寅恪先生在《記唐代之李武韋楊婚姻集團》中首先提出，武則天已將李武兩家組織「成為一牢固集團」，而「武后政治勢力所以久而不衰之故，蓋混合李武兩家為一體，

已令忠於李者亦甚難不忠於武矣」。20 世紀 80 年代，黃永年先生又提出一個「李武政權」的概念，認為武則天已把「武、李兩家融為一體，形成一個以李氏居虛名，武氏掌實權的李武政權」。與其說此時形成的是「李武政權」，倒不如說形成的是一個中宗牽頭的「韋武集團」。

唐中宗很注意搞好與武姓家人的關係，希望通過裙帶關係穩固確立自己的地位。尤其是在迫使武則天下臺的政變之後，面臨強大的相王及宰相功臣集團，只有殘餘的諸武勢力和自己妻子韋后的家族勢力可以依靠。中宗便扶持武氏殘餘勢力，同時提高皇后韋氏的地位，並促使韋武合流，組成忠於自己的政治集團。這一點從中宗女兒的婚姻就可以看得出來。中宗有八個女兒，其中有六人嫁給武家或者韋氏，包括新都公主嫁武延暉、定安公主嫁韋濯、永泰公主嫁武延基、安樂公主先嫁武崇訓再嫁武延秀、成安公主嫁韋捷、永壽公主嫁韋鏚。跟中宗形成強烈對比的，是相王李旦的十一個女兒，沒有一個是嫁給武家或者韋家的，而且在後來即位之初，就追削武三思、武崇訓爵諡，斫棺曝屍，平其墳墓。

武則天晚年親近張易之兄弟，後者導致李重潤、武延基、永泰公主等李武家族重要成員的死亡，因此被視為兩個家族的敵人。神龍元年（705）正月，洛陽發生政變（即神龍政變），直接導致武則天的下臺和中宗的復辟。這次政變是李氏家族的一致行動，武家勢力也平靜地對待這一政治變動。一切進展順利，北門禁軍除了千騎部分全部參加政變，護送中宗進入宮城，相王李

旦則率兵控制宰相辦公的南衙。這一次政變針對的是在位的武則天和威脅儲君安危的張易之兄弟，而不是諸武勢力。

這次政變，使南朝宰相集團和李氏諸王公主（特別是相王和太平公主）的實力大增，並形成一個功臣宰相階層，代表人物是張柬之、崔玄暐、桓彥範、敬暉、袁恕己、李多祚、王同皎、楊元琰等。這些使在外流放多年，而在朝廷並無根基的中宗心懷疑忌。中宗李顯上臺之後開始聯合武家勢力，形成支持自己的集團。以五王為代表的功臣集團被流放誅殺。相王李旦也多次涉險，屢屢遭到猜忌，甚至因為李旦諸子（李成器、李成義、李隆基、李隆範、李隆業）所居之地有龍氣，中宗泛舟戲象以厭勝之[1]。

與依靠參與武家勢力和拔擢韋氏家人並行的舉措，是中宗繼續延續武則天的崇佛政策。一般認為，中宗復辟之後似乎應該改變武則天的崇佛政策，但是實際上並非如此。唐中宗復辟後面臨的政治形勢對自己非常不利，他繼續推行崇佛政策的重要動機，就是要利用佛教宣傳自己上臺的合法性。同時，唐中宗也有可以利用佛教的資本，他與佛教有相當的因緣。

李顯出生時，曾得到高僧玄奘法師的庇佑，高宗曾答應玄奘，李顯出生後要出家為僧，並賜號「佛光王」，這些都為中宗復辟以後利用佛教宣揚自己提供了資本。長安開化坊薦福寺（現存小雁塔）是唐朝重要的佛教寺院，它的前身就是李顯在藩的宅

---

1 《舊唐書》卷八《玄宗本紀》。

第。中宗復辟以後，對薦福寺格外重視，大加修飾，重大的宗教活動、著名的大德高僧大都被安排在該寺。中宗朝，薦福寺實際上成為整個長安乃至唐帝國的佛教中心。中宗在流放房州的十餘年間，潛心於佛典，以尋求精神的慰藉。同時由於房州與荊州距離很近，所以他對於荊州僧人團體比較熟悉，復辟以後，中宗邀請大量荊州僧人到京城，為自己的宗教活動服務。中宗也因此被認為是李唐最為崇佛的君主。

中宗時代，女人參政比武則天時代有過之而無不及。中宗皇后韋氏似乎有武則天一樣的政治野心，至少從一些事實可以印證

唐中宗和韋后供養刻畫像，來自「唐皇帝皇后供奉經幢」，原石藏陝西漢唐古代石刻博物館

這一點，比如她製造為自己歌功頌德的符瑞、歌謠，建造紀念性的建築，在中宗死後（官方史書認為是她和安樂公主下毒），她垂簾聽政；中宗和睿宗的妹妹太平公主政治經歷豐富，在其周圍也圍繞着一個政治集團，不過整個中宗時代，太平公主在政治立場上似乎是傾向睿宗的，也是她促成了睿宗取代中宗的幼子繼承皇位；中宗的女兒安樂公主野心勃勃，甚至試圖取代男性太子做皇太女，成為皇位的繼承人；從武則天時代就參與政治決策的上官婉兒，此時也在政治舞臺崛起，在較長的時間裏掌握了詔敕的書寫權。最初，上官婉兒親近武韋勢力而排斥壓抑李唐子弟，後來出於政治投機轉換門庭，開始傾向太平公主和相王一系。其他如長寧公主、韋后的妹妹鄭國夫人、上官婉兒的母親沛國夫人鄭氏、尚宮柴氏及賀婁氏、女巫第五英兒、隴西夫人趙氏等等，都登上政治舞臺。女性的政治熱情高漲，一方面是武則天時代遺留下來的政治傳統和文化氛圍仍然具有影響力，另一方面也是貴族政治發展到某種極致程度的表現——女性背後往往是強大的家族勢力。圍繞皇位繼承，最為強大的貴族家族比如李、武、韋等競逐其間，同時，幾乎所有處於政治中心的世家大族成員都難免「選邊站」，這從北朝以來即是如此。

玄宗先天二年（713）造象石刻（《金石索》）

武華
隋東都丞
顯祖
文穆皇帝

榮國夫人
隋楊宗室
太原王
高皇帝
太祖無上孝明
資助李淵起兵
楊氏、相里氏
＋
士護

蜀王
士逸

？

士俊

嫁郭孝慎
名不詳

武氏

則天

順
武后毒殺
韓國夫人

梁王
元慶

魏王
元爽

次子李賢

長子李弘
孝敬皇帝
早故

武后毒殺
魏國夫人
高宗妃
賀蘭氏

賀蘭敏之

審思

再思

梁王
三思

陳王
承業

魏王
承嗣

後遭廢賜死
起兵反睿宗
兵敗後碎屍示眾

次子李賢
章懷太子
立為太子

重福

重潤
懿德太子
武后賜死

永泰公主
母韋后
駙馬武延基
武后賜死

安樂公主

安樂公主
先嫁武三思之子武崇訓
後嫁武承嗣之子武延秀
唐隆政變後被殺

崇訓
安樂公主第一任駙馬

繼植、崇烈、崇謙、崇撝、崇操

延秀
安樂公主第二任駙馬

延光、延壽、延安、延義、延基

永泰公主李仙蕙駙馬

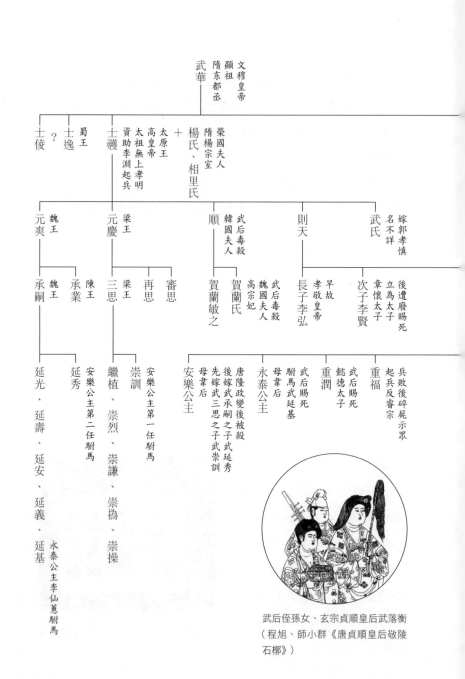

武后侄孫女、玄宗貞順皇后武落衡
（程旭、師小群《唐貞順皇后敬陵石槨》）

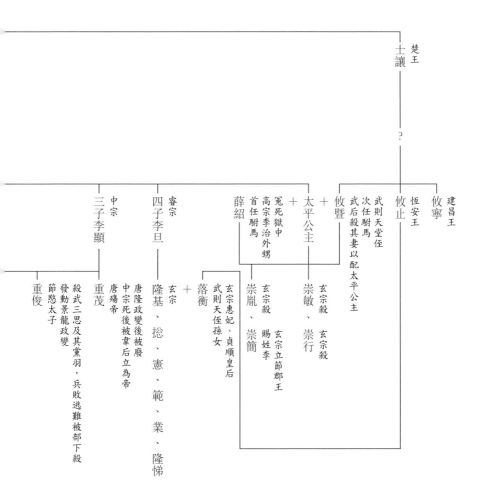

武則天家屬簡表

皇位從中宗系轉入睿宗系

中宗時代的政治問題，除了皇權繼承問題（包括親王、公主權力集團勢力尾大不掉）和遷都復辟等問題之外，討論最多的，第一是官員人數膨脹的問題，第二是佛教的問題。

唐代的官員人數，在武則天時代經過一輪膨脹，到了中宗時代，這個問題變得更加嚴重。中宗李顯為了培植親信，通過妻子韋后和女兒安樂公主，大量經由非正式程序任命官員，即所謂「墨敕斜封官」（任命狀是斜封的，「敕」字是用墨筆，與中書省黃紙朱筆正封有異，從側門交付中書省辦理），使得官員隊伍急速擴大，其員外、同正、試、攝、檢校、判、知官凡數千人，形成嚴重的財政和政治問題，甚至出現辦公地方坐不下人的局面。這一問題到中宗下臺之後的睿宗時代，也依然是執政的宰相姚崇、宋璟所要面對的重要難題。

中宗的佞佛既有信仰原因也有現實政治考慮。但是到了景龍二年（708）之後，要求徹底改變武周殘留政治勢力和消除武周政策、恢復太宗體制的呼聲高漲起來，反佛的聲音也越來越大。此時的重要政治僧人，深為中宗和韋后器重的聖善寺、中天寺、西明寺三寺寺主慧範（他同時還有銀青光祿大夫、上庸公的頭銜），也因為壓力被削黜回家。慧範是主持中宗時代佛教工程的主要人物，這些工程讓國家財政為之虛耗，因此遭到一些大臣的攻擊。雖然中宗一再擱置要求停止營建佛寺的上疏（呂元泰、辛替否等），但是面對強大的壓力也不得不做出讓步。景龍三年

唐十五道圖（《地圖上的中國歷史・疆域與政區》）。貞觀元年（627），太宗分天下為十道：關內道、河南道、河東道、河北道、山南道、隴右道、淮南道、江南道、劍南道和嶺南道。開元二十一年（733），玄宗分天下為十五道，即將山南道、江南道各分為東、西道，又增設京畿道、都畿道和黔中道。

（709），也就是在中宗去世之前的一年，兵部尚書同中書門下三品韋嗣立、中書令蕭至忠上疏極力抨擊將國家財政大量花在佛教上的做法。雖然中宗拒絕他們的建議，但是也不得不解散內道場，做出一些妥協。真正的佛教政策轉向，將發生在皇權從中宗系轉入睿宗系之後。

人物	在位時間	大事件
中宗	684	三個月後貶為王，居邊地。
睿宗	684（二）—690	多位李唐皇室重要成員死於非命；690年九月，武后改號周，李旦降為皇嗣，太子李成器降稱皇孫。
武后	690（九）—705	神龍政變。神龍元年（705）張柬之逼宮，讓位於李顯。
中宗	705—710	太子李重俊等殺武三思、武崇訓；宰相張柬之被貶，李重俊被殺；韋后家族和安樂公主掌權；710年五月，帝崩，韋后族立少帝李重茂（年號唐隆）。
睿宗	710（七）—712	唐隆政變。太平公主和李隆基擁兵入宮，除韋后集團，廢少帝，立李旦；妹妹太平公主和三子李隆基爭權。
玄宗	712（八）—756	713年七月，帶隊除太平公主及其骨幹。

高宗駕崩後至玄宗登基前俊唐宮廷大事件

武則天下臺之後的政治亂局，到了710年初步塵埃落定，中宗系出局，皇權轉入睿宗系。這是唐代政治的一件大事，也是經過連續不斷的政治流血達成的。通過極端的宮廷政變的形式，唐代政治核心的權力結構發生逆轉，以中宗、武三思、韋后為代表

的勢力，被相王李旦（以及太平公主）勢力所取代。首先是景龍元年（707）七月，因為安樂公主想當皇太女，視太子李重俊為眼中釘，而韋武勢力飛揚跋扈——

> 每下制敕，多因事推尊武氏而排抑皇家[1]。

終於激起李重俊鋌而走險。參加李重俊兵變的主要是李氏親王和親李氏將領，如成王左金吾大將軍李千里及其子天水郡王李禧、左羽林大將軍李多祚、將軍李承況等。從人員構成看，是典型的皇權對韋武特殊貴族的一次進攻。李重俊是儲君，李承況、李千里及其子天水郡王李禧都是宗室。李多祚是忠於李唐的功臣。此次政變雖然沒能成功，但卻是整個政局的轉折點。武三思、武崇訓等主要武氏成員被誅殺殆盡，形勢開始朝不利於武韋貴族的方向發展。從性質上說，這是皇權和特殊貴族的鬥爭。

李重俊兵變之後，雖然中宗聽信武韋集團大臣比如宗楚客的告發，認為相王涉嫌參與了李重俊的政變，但是因為宰相蕭至忠（相王府僚佐子弟，其父蕭安節為相王兵曹參軍）的勸告，沒有追查。但是雙方的關係已經日趨緊張，貴族、大臣紛紛選邊。經歷了李重俊政變的衝擊，原先追隨武韋勢力的上官婉兒也臨陣變卦，投向相王和太平公主一邊。第一，她力阻中宗和韋后立安樂公主為皇太女的做法；第二，在中宗死後，她草擬遺詔時寫進了相王輔政的語句，為相王上臺奠定合法性基礎。但是由於她投靠

---

1 《舊唐書》卷五一《上官昭容傳》。

《唐宮中圖卷》（局部），南唐周文矩繪，美國克利夫蘭美術館藏

的主要是太平公主，所以在稍後相王之子李隆基主導的宮廷流血政變中，她依然被殺[1]。

景龍四年（710）春，中宗突然死去，韋后垂簾聽政，拔擢韋氏子弟掌握禁兵。五月庚子，相王子李隆基聯合劉幽求、葛福順等，獲得羽林軍的支持，殺死韋氏將領，突入宮中。韋后逃入飛騎營後被殺。武、韋家族子弟包括武延秀大量被誅殺 ——

　　韋氏武氏宗族，無少長皆斬之[2]。

1 《上官婉兒墓誌銘》。上官婉兒（664—710），初唐政壇、文壇重要人物，入宮後做了武后近三十年的「行政祕書」，被譽為「巾幗宰相」。其墓誌銘文載：「遽冒銛鋒，亡身於倉卒之際。太平公主哀傷，賻贈絹五百匹，遣使弔祭，詞旨綢繆。」
2 《資治通鑒》卷二〇九「景雲元年五月」條。

經過此次政變，半個世紀以來與李唐皇族並駕齊驅爭奪皇權的貴族家族，作為一個政治集團，徹底退出政治舞臺。之後，李隆基和權勢熏天的太平公主發生衝突。太平公主既是李氏的女兒，又是武氏的媳婦，她對皇權的覬覦便成為李氏恢復獨尊地位的最後障礙，隨着太平公主被誅，李氏獨尊地位恢復，唐朝的皇位繼承模式也因此發生改變。

玄宗的政治改革與貴族政治的終結

隋唐兩代藩王縱橫捭闔從而影響政局的情況，在玄宗上臺以後發生逆轉。玄宗在動盪激烈的政治局面下，起於藩邸之間，以非嫡長子的身份奪取皇位，深知強勢諸王對皇權的威脅，於是有一系列改革出臺。可以說，玄宗開元年間圍繞親王政策的變革，是終結貴族政治的重要轉折點。唐玄宗在宰相姚崇的幫助之下，進行一系列關鍵的改革，從而大大限制諸王的權力，世家大族成員無法再從投機不同繼承人集團的做法中獲得政治好處。唐中葉直到宋代，都受益於此次改革。後世史家評價道：

> 自（唐）中葉以來，皇子弟之封王者，不出閣；諸臣之封公侯者不世襲，封建之制，已盡廢矣。[1]

---

1 《文獻通考》卷二七六《封建》。

類型	年代	制度政策	內容及影響
選官制度	先秦	世官制	世卿世祿制。貴族世代為官
	兩漢	察舉制、徵辟制	由各級地方向上推薦德才兼備的人才、皇帝或公府州向下招聘
	魏晉南北朝	九品中正制	開始的評議人物標準是家世、道德、才能並重,後獨重家世;禁止士庶通婚
	隋唐	科舉制	部分社會中下層有能力的讀書人進入社會上層
諸唐皇對士族的重要政策	太宗	《氏族志》	不論以前,只取今日官品為等級。抬高寒門新貴,降低門閥舊士族。促進士庶合流
	高宗	高宗禁止山東名族七姓十家通婚	通婚依舊,天子不能禁
		《姓氏錄》	《氏族志》重修版
		廢名族皇后王氏,立寒門皇后武氏	貶殺豪族重臣褚遂良、長孫無忌,其家族受牽連
	武后	重用酷吏、科舉設殿試等一連串措施	諸門閥舊族開始衰落

玄宗前的選官制度和諸唐皇對士族的重要政策簡表。唐代「山東士族」是指太行山以東、北魏以降傳統士族(參考田廷柱《隋唐士族》)

　　睿宗上臺以後,景雲二年(711)正月,姚崇、宋璟就提出:
第一,出宋王(睿宗嫡長子)、邠王(高宗長孫)皆為刺史;
第二,罷岐王、薛王左右羽林,使為左右率,以事太子;

時期	高層政區	統縣政區		縣級政區
秦		郡		縣、道
漢		郡、王國		縣、道、邑、侯國
魏晉南北朝	州	郡、王國		縣、侯國
隋唐前期		府、州（郡）		縣
唐後期五代	道（方鎮）	府、州		縣
遼	道	府、節度州	州	縣
宋	路	府、州、軍、監		縣、軍、監
金	路	府、州		縣
元	省	路　府	州	縣
明	布政使司（省）	府、直隸州	州	縣
清	省	府、直隸州、直隸廳		縣、州、廳
民國初年	省	道		縣、設治局

歷代政區與地方政府的層級關係表（周振鶴《中國地方行政制度史》）

　　第三，太平公主於東都安置。

　　但是由於太平公主的干預，最後沒能實行。所以改革要等到玄宗上臺以後才得以進行。開元元年（713），玄宗一舉鏟除太平公主集團，逼迫睿宗交出實權，從此正式執掌唐帝國的命運。玄宗面臨的最重要的問題，此時就是穩定政治局面，其關鍵就是抑制諸王的影響。唐玄宗殺掉太平公主以後，立即起用姚崇作宰相，他們在穩定封建秩序方面，進行一系列的工作。玄宗認為，協助他奪取皇位和壓平太平公主叛亂的功臣郭元振、劉幽求、張

說、王琚等人，是一些陰謀家，「可與履危，不可得志」[1]。因此，他利用種種借口，把他們相繼貶逐到遠方。

李隆基不僅慧眼識賢相，還對吏治進行整治，提高官僚機構的辦事效率。對比，他採取很多有效措施：

第一，精簡機構，裁減多餘官員，把武則天以來的許多無用的官員一律裁撤，不但提高了效率，也節省了政府支出。

第二，確立嚴格的考核制度，加強對地方官吏的管理。在每年的十月，派按察使到各地巡查民情，糾舉違法官吏，嚴懲不怠。

第三，重新將諫官和史官參加宰相會議的制度予以恢復。這本是唐太宗時期的一種制度，讓諫官和史官參與討論國家大事，監督朝政。到了武則天主政之後，提拔了許敬宗和李義府等人做宰相，有的事不敢再公開，這種制度也就廢除了。

第四，重視縣令的任免。李隆基認為郡縣的官員是國家治理的最前沿，和百姓直接打交道，代表了國家形象。所以，李隆基經常親自出題考核縣官，確切地了解這些縣官是不是真正稱職。

玄宗的改革措施在開元初期密集推出，是非常有系統的舉措。

第一，皇室子弟外剌與親王擔任地方官職的改革。

諸王出鎮或者外剌，朝廷初衷是希望他們成為中央的屏藩；同時，專制國家中，首都自然是一切的中心，將諸王擯棄在中

---

1 《舊唐書》卷一○六《王琚傳》。

心之外，可以使他們無法影響皇權的穩定。唐玄宗採納姚崇的建議，將有政治號召力的李成器等親王都遣往地方擔任刺史，而且並不負責具體管理，只掛虛名，並形成規矩。而且，為了防止諸王跟地方形成過分緊密的聯繫，諸王經常更換轄州，不使其在一個地方待的時間太長，比如邠王守禮在開元初，走馬燈似地先後擔任虢、隴、襄、晉、滑六州刺史，非奏事及大事，並上佐知州。親王外刺從制度上不理州務，從這時開始。這些政策是針對已經成年的宗室子弟，對於皇子，比如鄫王嗣真等，都只是遙領節度使、大都護等，並不出閤。唐開元以後，除了玄宗的兄弟外，其他諸王都沒有再外任地方官職的。後來的一個特例是永王李璘，藉安祿山之變擁兵西南，但不久敗死。從整個制度來說，執行得是比較徹底的。到了開元九年（721），玄宗已經當了十年之久的皇帝，地位穩固，「是歲，諸王為都督、刺史者，悉召還京師」。這樣，從制度上更加統一，諸王都不出外，玄宗兄弟的特例也被消滅了。自此以後，諸王不再出任地方官職，成為政治傳統。親王出鎮外刺至此完全結束。

第二，僚佐體制改革——疏離親王公主與其僚佐系統。

諸王在隋代和唐前期，對其王府僚佐的選拔和任用，有較大的自主權力，唐初秦、齊兩王府，其僚佐大半是自己徵辟的。自此以後，徵辟制度逐漸消亡。起初，諸王還是可以對僚佐的人選施加影響，比如，直接向皇帝要求，這在開元以前比較普遍。但是玄宗上臺以後，對這種形式嚴格地加以限制，從而堵住了府王與其僚佐結成集團之路。開元十年（722）春正月，玄宗取消王

公以下視品國官參佐及京三品以上官仗身職員。開元年間視品官被徹底取消，諸王不再有自辟署官的權力。既然諸僚佐的任命不由諸王，那麼僚佐與其府王之間，交構成禍的可能性大大降低，從根本上限制了諸王對朝廷官員施加影響。

第三，經濟體制改革 ── 削弱諸王貴族的經濟能量。

唐朝前期諸王用度非常之大，太宗時期，魏王李泰的用度甚至超過太子李承乾。《周禮・天官冢宰》中多處規定太子的花費不受預算管理制度的約束。在唐代，這種慣例時常被引用，比如唐太宗《皇太子用庫物勿限制詔》提到「儲貳不會，自古常式」；與諸王相比，唐代太子沒有封邑，所以雖說其用度理論上不受限制，但是在實際的操作上，太子的用度是受到各種限制的，即使皇帝、朝廷不加限制，但是為了在如履薄冰的政局中保住儲君的位置，大多數太子也會儘量控制花費，樹立自己的良好政治形象。在這種情況下，親王的經濟能量不會與太子相差太多，有時甚至超過太子，比如中宗時代的相王封萬戶，經濟實力遠超當時的太子李重俊。從開元年間起，玄宗的種種措施大大壓縮諸王的用度。

唐前期諸王的收入主要是封邑的收入。所以，對食實封制度的改革是最關鍵的一步。食實封制度下，皇室成員的食封收益是直接分割國家預算內的課戶及其租調額而來，而且不管水旱災害，封戶的租調也不能豁免。唐朝剛建立時，食封之家不過二三十家，親王食封八百戶，有至一千戶。到了中宗時代，食封之家已經超過百家，其中皇室子弟的食封達到了三萬多戶，相

王、太平公主、衛王、溫王、長寧公主、安樂公主等封邑已經膨脹到驚人的地步，相王食封增加到七千戶、安樂公主三千戶、長寧公主兩千五百戶。加上其他權貴的封戶，遍佈全國五十四州物產豐饒的地區。親王有自己的國官系統，直接向封戶徵收。中宗時代宰相韋嗣立調戶部資料，發現食封之家庸調已經超過一百二十萬匹，而唐朝國家每年庸調絹數也不過百萬。因此出現這樣的局面：

> 國家租賦，太半私門，私門則資用有餘，國家則支計不足[1]。

巨大的經濟實力，構成了唐代前期皇權屢屢遭到挑戰的經濟基礎。諸王公主及圍繞其周圍的貴族子弟，在經濟能量和政治權勢的鼓舞下，使唐前期的皇位繼承深受政治集團鬥爭的影響，沒有一個名義上的皇位繼承人能夠登上皇位。從這個意義上講，玄宗的財政改革，具有重要的政治和經濟意義。

玄宗登基以後，除了原來已封的皇兄弟外，皇子封王者，封戶一律二千戶，即使特殊恩遇也儘量不超過三千戶。更為重要的是，他改變了之前的徵收方式。在改革之前，唐政府賜給食封家的封戶就是均田制下的課戶，他們有權像封建國家一樣徵收這部分課戶的租庸調。州縣與親王國官共執文賬，準其戶數，收其租調，分為三份，其一入官（中央政府），其二入國（親王公主封

---

1 《舊唐書》卷八八《韋嗣立傳》。

邑）。也就是說，諸王公主得到封戶繳納的三分之二，不但有租調，還有庸[1]。開元三年（715）五月，玄宗規定，食封家之封物，總合送入京師，一般不再許食封家派人直接到封戶之州徵取。這一精神在開元十一年得到加強，玄宗徹底取消食封家直接收取封物的權力，改為國家徵收後送到京城，然後由食封家領取，庸調也降到以三丁為限，食封家的收入也減少了。因為親王不出閣，被玄宗集中起來，由宦官監視居住，實際上諸王食封在支付形式上已經變為俸給制，管理方案也完全納入國家預算內支出計劃。

第四，十六王宅的出現。

十六王宅是唐中後期政治中的一個重要概念。宦官之所以能夠當權，跟他們能夠控制十六王宅，操縱皇位的繼承很有關係。在玄宗以前，親王有自己的王宅和王府，王府是辦公機構，王宅是私人住所。從武則天後期開始，諸王開始呈現出集中居住的趨勢。自睿宗從皇嗣降封為相王開始，相王舊宅被安置在太極宮和大明宮之間的長樂坊，就是為了便於控制。長樂坊與後來的十六王宅的共同之處，是位於太極宮和大明宮之間，而且北邊與禁苑相鄰。這很明顯是一個限制居住的地方。相王諸子居住在興慶坊，號五王子宅，也是十六王宅的預演。興慶宮因為是玄宗舊宅，在其登基之後改為興慶宮。興慶宮成為玄宗時代重要的政治中心，同時，大明宮在政治生活中的角色也越來越重要，而原先的太極宮則逐漸演變成禮儀性的皇家空間。

---

1 《大唐六典》卷三《尚書戶部》。

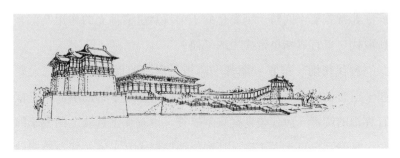

唐大明宮含元殿復原圖。含元殿是大明宮第一主殿，當時長安城地標之一

開元中，玄宗就下詔附苑城為大宮，分院而處，號「十王宅」，將諸皇子都納入其中居住，「中人押之」，也就是由宦官掌管這些皇室子弟的生活。在十六王宅中，宦官負責監控、太子家令負責飲食、侍讀負責教育，諸王本有一大套僚佐班子，此時「府幕列於外坊，歲時通名起居」，基本上跟自己的府主隔絕開來了。唐前期一百年裏飛揚跋扈的親王從政治權勢的角逐者，淪為宦官控制下的囚犯。司馬光對此評價道：

> 宦官押之，就夾城參起居，自是不復出閤。[1]

從範圍上講，十六王宅包括永福坊全部和興寧坊一部分。從玄宗以後，唐代皇位的繼承模式發生重大變化，之前要想奪取皇位，主要依靠宮廷革命的方式進行；在此之後，則主要通過宦官從十六王宅挑選並控制繼承人的方式進行。唐代中後期皇帝大多出自十六王宅，而宦官有管理的權力，這對於宦官所操縱皇帝的

1 《資治通鑒》卷二一三「開元十五年五月」條。

廢立非常重要；同時，因為皇族子弟作為皇權補充的作用為宦官所取代，宦官成為皇帝權力的延伸。

唐代後期，宦官、朋黨、藩鎮是唐政府面對的所謂三大難題。宦官的權力根源在於皇帝，宦官能夠操縱皇帝的廢立，是宦官專權的關鍵。唐代後期從宣宗以後，沒有真正意義上的太子即位，皇帝都出自十六王宅。那麼能夠控制十六王宅，即為控制儲君的關鍵。從文宗開始，武宗、宣宗、懿宗、僖宗、昭宗、哀帝全部都是由宦官直接從十六王宅迎接出來即位為皇帝的。後人對此評論道：

> 自天寶已降，內官握禁旋，中闈纂繼，皆出其心。故手才攬於萬機，目已睔於六宅。[1]

這裏的六宅，就是十六王宅的簡稱。

安史之亂後，宗室諸王曾經有幾次復興權力的勢頭，但是都沒能改變政治格局。安史之亂時，玄宗曾一改過往政策，派遣諸王出鎮，其中最重要的是永王璘充山南東道、嶺南、黔中、江南西道節度都使。永王璘出鎮，成為肅宗朝初年的一件大事，標誌着玄宗從實行隔絕皇子與外界的聯繫的壓制政策到以皇子代替邊鎮將領典兵的重要轉折。不過永王璘因內訌而兵敗。永王璘的起兵，是唐代中後期諸王復興自己政治影響的一次嘗試；他的失敗，歸根結蒂是諸王擅權已經失去唐前期的政治土壤。李德裕曾

---

1 《舊唐書》卷一七五《九宗諸子傳》。

建言廢除十六王宅，希望能夠壓制宦官權勢，但是最終也並未實行。到唐昭宗時代，唐帝國已經進入風燭殘年，作為皇權延伸的宦官也屢遭強藩的打擊。景福二年（893），昭宗試圖讓宗室子弟掌握禁軍，也很快就在強藩和宦官的擠壓中失敗了。當皇權所依賴的宦官勢力被剪除以後，這時候唐王朝滅亡的命運也就到來了。在這個時候，惟一可以依賴的只剩下宗室勢力了，但是這時候的親王勢力長期受到壓制，已經不可能承擔起復興唐王朝的使命，只不過成為唐王朝最後的掙扎。

唐前期，諸王、特殊貴族成員在政治生活中縱橫捭闔，其他貴族官員投機其間，是一百多年中皇位繼承由實力決定的基礎。玄宗加強皇帝權威、壓制其他潛在政治中心的措施，最終將各大家族和某些特定社會群體投機政治的道路堵住，使得唐代前後兩期政治面貌截然不同。而且就知識和信仰界而言，也產生了重要的影響。首先是佛教從政治中心舞臺退出，再也沒能像隋文帝或者武則天時代那樣成為主導的政治意識形態之一。針對富戶強丁多削髮以避徭役的事實，開元二年（714），玄宗命令沙汰天下僧尼。這次以偽妄被勒令還俗的有一萬二千餘人。玄宗又規定，自此以後，各地不得新建佛寺；舊寺頹壞了，也要報請官府查實，才許加以修葺。玄宗在開元年間，特別下詔，禁止百官家與僧尼、道士往來，甚至一度禁止民間鑄佛、寫經。另一方面，持術數、星相的術士也在打擊之列，被禁止出入百官之家。在從貴族政治轉向以皇帝為中心的官僚層級制的過程中，玄宗扮演了重要的角色。

玄宗改革的歷史意義

不論中國還是西方，在政治制度演進上都存在過從封建君主制到專制君主制的演變過程，在社會性質上表現為貴族社會向平民社會的演進。在封建君主制下，皇帝既是皇族，又是貴族，與皇權並立的還有貴族權（西方還有表現為教士權的貴族權）；官員大多由門蔭而不是選舉（考試）決定；社會階層是缺乏流動的。從封建君主制到專制君主制，存在着君主和貴族的矛盾和鬥爭，在東西方，這種鬥爭的結果都是王權取得勝利。

王權與貴族權的鬥爭使得王權要引進新的政治力量，這種新的政治力量必須是貴族階層之外的力量。馬克斯・韋伯（Max Weber）《學術與政治》在探討職業政治家的來源時論述道：面對貴族等級，君主要從這個等級之外尋覓政治上可資利用的階層，可以說，以往「職業政治家」是在同貴族等級的鬥爭中發展起來的，他們是為君主效力而存在的。這些階層有以下五種：

首先可以列舉出僧侶階層，除了中世紀基督教地區以外，還存在於東印度、西印度、佛教影響卜的中國、日本，僧侶在技術上可資利用，首先是他們能識文斷字，具有行政處理能力，同時他們要恪守獨身的原則，處於政治經濟利益紛擾之外，不會出於私利或者子孫的利益被權力鬥爭所誘惑。

第二種可資利用的階層是受過人文主義教育的文人。中國的士大夫一開始就和西方文藝復興時期的人文主義者類似，他們具有行政處理能力，同時由於出身的原因會自覺地站在貴族的對立

面，所以也成為君主對抗貴族的重要力量。

第三種是宮廷貴族。

第四種是英國所獨有的「紳士」階層。

第五種是大學裏訓練的法律專家。

韋伯關於職業政治家來源的討論，更多地來自西方的政治土壤。在中古中國，除了韋伯所談到的這些階層以外，君主藉以加強君權、對抗貴族的政治力量還有其他的類型。其中一種力量就是君主的家奴，在東方經常表現為宦官。因為身體上的原因，加上宦官在身份上對君主的依賴性質，所以宦官不能作為一個獨立的階層威脅到君主的權力，所以經常被皇權利用為武器。這也正是中國歷史上經常出現宦官專權的原因所在。其實這不是只有中國才有的情況，在奧斯曼土耳其帝國也有類似的情況出現。

從封建君主制到專制君主制的演變過程，在整個中國專制君主政治的歷史過程中，表現之一是一種從家族統治到個人統治的過程。周代的分封制，就是以姬姓為主體的貴族統治；秦始皇將皇帝以外的皇室成員置於庶人的地位，實行完全的郡縣制，可能是一種急政，超越了當時的時代。從漢代到南北朝，雖然限制皇帝以外皇族權力的措施在不斷加強，但是始終避免不了任用皇族擔任政府重要官員。西漢和西晉實行親王分封或者出鎮，南北朝時期不論南朝或者北朝，都給予皇室成員重要的權力。這種情況一直延續到了隋代和唐朝的前期，在政治上產生了重要的影響。產生這種情況的原因：一是政治制度的簡單和不完善，需要皇族成員來補充；二是社會階層的結構導致的，世家大族的存在要求

皇族在政治上也保持強大。

但是皇族作為皇權對抗貴族的政治力量，存在致命的弱點。因為皇族子弟既為皇族，又是貴族，皇族子弟對皇位的覬覦很容易被其他貴族大臣所借用，從而對皇權構成威脅，所以皇族不是理想的可供皇權利用的力量。

隋唐兩代上承魏晉南北朝的士族政治，下啟平民化時代的宋朝，是一個重要的歷史時期。隋唐兩代的王府，在其政治生活、社會生活中的地位以及作用，也就截然分為兩期。不論南朝、北朝，王府的地位都非常重要，在這一點上，隋代繼承了南北朝的政治傳統，親王權勢更加強大。唐朝前期，李世民就是依靠其王府的力量登上皇位的。在整個唐玄宗以前的政治史中，王府勢力都扮演着重要的角色，幾乎貫穿於唐前期政治史的始終。王府不但作為一個政治力量出現，而且在宗教、文化、藝術等領域都佔據一席之地，通過搜集大量相關人才，發揮重要的影響。但是從唐玄宗開始，王府的地位日漸降低，在各方面的影響漸漸消失。這個過程反映了從貴族政治到平民化社會、從封建國家體制向中央集權的官僚制的轉變。親王權力的下降這個過程，由於蒙古的入侵而被打斷，在明清產生了反覆，這是後話。從王府的角度來看待唐代某些歷史進程，會有一些新的啟發。

唐玄宗採取措施控制親王們的權力和影響，並加強皇帝個人的權威。可是，在沒有皇族成員作為屏藩的情況下，宦官作為皇帝個人權力的延伸開始興起，這導致了唐朝中後期的宦官專權。但宦官和皇權是相依相存的，宦官的消滅成為唐朝滅亡的重要

標誌。

在宋朝以前，科舉制始終還不能在政治中居於主導的地位，所以皇權便依靠了宦官階層來應付當時的政治局面。到了宋代，科舉產生的讀書人官僚在政治中佔據最重要的地位。這批人經過學習儒家經典具有深入骨髓的忠君愛國思想，而且具有行政處理能力。皇帝和士大夫共治基本上成為中國政治的主流。從宋代開始一直到清朝結束的一千年中，再沒有權臣貴族可以取代既有的皇室而上臺，這與之前的一千年的情形非常不同。

類別		主要內容
政治	人事制度	中央和地方互調；限制科舉人數，把詩歌作為考試內容之一；殿試縣令
	銓選制度	嚴格銓選，裁汰冗員
	考察制度	選官以才識；重視縣令政績考察
軍事	兵制	廢府兵制，實行募兵制
	國防	設磧西節度使，統轄安西、北庭都護府，經營西域
	地方	設立唐開元十五道節度使
經濟	農業	檢田括戶：檢查隱瞞的土地和包庇的農戶
文化	宗教	抑佛崇道
	書籍	設立麗正書院專供藏書、校書
	天文	版行新曆《大衍曆》
外交		開放包容

玄宗主政時的重要改革

學者們往往給安史之亂尋找爆發的理由，甚至建構起各種各樣的必然性理論，比如說唐朝在安史之亂前已經衰敗，或者將其爆發歸結於唐玄宗統治的腐敗，等等。但是這很可能並不是真相，至少只是真相之一。天寶十四載（755）發生的這場動亂，並不能用歷史的必然性來解釋。這不是反抗民族壓迫的戰爭，也不是被統治階級反抗統治的起義，從性質上說，只不過是具有政治野心的軍事將領結合唐朝僱傭軍發動的一場反叛。在安史之亂之前，唐朝並沒有陷入內憂外患之中，早不了幾年的開元年間，還是「海內富實」、「道路列肆，具酒食以待行人。店有驛驢，行千里不持尺兵」[1]的黃金時代。唐朝的富饒也體現在杜甫的詩歌裏面：

> 憶昔開元全盛日，小邑猶藏萬家室。稻米流脂粟米白，公私倉廩俱豐實。九州道路無豺虎，遠行不勞吉日出[2]。

安史之亂的突然爆發，讓唐朝迅速從極盛而轉衰，中原殘破——

> 東至鄭汴，達於徐方。北自覃懷，經於相土。人煙斷絕，千里蕭條[3]。

---

1 《新唐書・食貨志》。
2 《憶昔二首》。
3 《舊唐書・郭子儀傳》。

玄宗朝強盛局面的突然終結

玄宗上臺後進行的一系列改革，加強君主權力，政局穩定，經濟繁榮，對外的政治和軍事拓展取得極大進展，唐朝呈現出高度繁榮、文化輝煌燦爛的局面，唐朝的國力達到鼎盛階段，而且這一階段也成為中國歷史上的幾個盛世之一。唐人記述道：

> 自開遠門西行，亙地萬餘里，入河湟之賦稅。左右藏庫，財物山積，不可勝數。四方豐稔，百姓殷富，管戶一千餘萬，米一斗三四文，丁壯之人，不識兵器。路不拾遺，行者不囊糧[1]。

除了在政治、經濟和軍事上的成就，玄宗本人還精於音樂、詩歌和書法，對道教、密宗等宗教哲學也有相當了解，他跟楊貴妃的愛情故事後來成為中國文學的一個典型主題，不斷出現在詩

1　鄭棨《開天傳信記》。

歌和小說創作中。可以說,在唐朝中後期的人看來,玄宗是一個悲劇英雄。唐朝在他的統治之下達到了輝煌的頂點,但是卻從頂點迅速滑落下來。這一轉折的意義甚至超出唐王朝興衰本身,對整個中國歷史,乃至亞洲歷史產生重大而深遠的影響。

玄宗通過一系列改革打擊貴族政治,尤其是抑制皇室子弟對皇位的野心後,政治權力結構產生重大的變化。

以前飛揚跋扈的太子、親王、公主變成宦官監視下居住的囚徒,貴戚大臣無法再通過投機不同皇室子弟組成的陣營謀取政治利益。

宦官的權力開始上升,從玄宗開始,高力士等宦官可以獲取三品以上的高位。但是宦官的權力直接來源於皇帝,離開皇帝他們就失去了根本,所以從某種程度上說,宦官是皇帝權力的延伸。

皇帝權力加強的另外一個表現就是宰相制度的變革。

玄宗時代,三省六部制發生重要的變化,中書、門下、尚書省的權力制衡和職能分工消失了,宰相人數下降到四人以下,兼有制定政策和推動實施的大權。門下省和中書省合併,尚書省成為政府的執行部門,其長官不再參與政策的制定。在這種情況下,唐朝的中樞體制似乎在向內閣首輔模式演進。玄宗時代的每個時段,都有一個或者兩個強有力的宰相負責中央政府的政務運作。開元前期,這一權力在姚崇和張說之間輪替。最初是姚崇排擠了張說擔任宰相,姚崇死後,張說長期把持朝政。這種模式一直延續到李林甫和楊國忠。而玄宗本人在強力宰相執政的同時,

更多地依靠從集賢院和翰林院等機構選拔資歷較淺的官員幫他起草文件和擬定政策。加上作為他權力延伸的宦官，玄宗能夠繞過正常行政手續將自己的意圖付諸實施。但是顯然，玄宗後期轉向精神層面的追求，比如宗教，使重要的權力落在「內閣首相」的手上。

733 年執政的裴耀卿、張九齡也非常勝任。在他們上任之前，唐朝大範圍發生自然災害，730 年、731 年、732 年都發生了洪水。到了 734 年，由於糧食供應不上，朝廷只好遷往洛陽，並且派大臣去受災的州縣賑災。裴耀卿銳意解決長安的糧食供應問題，在他主持下，對長安的運糧路線不再從陸路洛陽運到陝州。新的路線是直接溯河而上，減少了運輸費用和人力浪費，此後每年轉運到長安的糧食大為增加。唐朝中央政府在 736 年後期遷回長安，由於糧食問題已經解決，從此再也沒有回到洛陽來。

二十多年後，經過長達一百五十年和平的洛陽，本來作為帝國東方堡壘的地位被忽視，在突然爆發的安史之亂中，被安史叛軍輕易攻破。安史之亂後，唐朝的東、西兩京體制實際上已經瓦解。

導致安祿山叛變幾乎摧毀唐帝國的一個重要原因，可能在於唐朝的軍隊改革。

唐朝的府兵制是一種義務兵制。折衝府設折衝都尉、果毅都尉。衛士挑選壯丁充當，從二十一歲入軍，到六十歲免役。他們平時在家鄉進行農業生產，農閒時受軍事訓練，其主要任務之一是輪番到京城宿衛，謂之番上。遇有戰事發生，衛士要應徵作

《五王醉歸圖卷》（局部），元代任仁發繪。描繪玄宗和兄弟們飲酒騎馬夜歸、由胡人侍衛扶回的場景。年輕時玄宗和兄弟感情甚好，常和他們鬥雞、打馬球、通宵醉酒。他做皇帝後，在大臣們強烈要求下，削弱貴族王權、加強君主皇權，他的四個兄弟也被發放到地方做閒職

《張果老見明皇圖》（局部），元代任仁發繪。唐玄宗好道教，這是描繪他在「開元盛世」期間，詔見八仙之一張果老的傳說

《明皇幸蜀圖》（局部），唐代李思訓（一說李昭道）繪。這是描繪「安史之亂」期間，玄宗逃難到四川的故事

戰；戰事結束，即解甲歸農。在這種體制下，領兵的將領和兵士之間難以形成緊密的聯繫，有效地防止了軍隊將領以軍干政。而且，府兵制的重點是首都。圍繞在長安周圍集中了最多的折衝府，這種內重外輕的安排，對唐帝國定都西部，以西北之兵馬控東部之民具有重要意義。

玄宗早期，首都的南衙衛兵不但地位下降，人數也在減少。723 年玄宗封禪泰山時，宰相張說廢棄了府兵番上宿衛的制度，召募強壯十二萬人，免其徵鎮賦役，號長從宿衛。開元十三年（725），改稱彍騎，分隸十二衛，後又散入羽林軍。南衙十二衛在安史之亂前夕，作為一支整體的戰鬥力量實際上已經消失了。皇帝控制的最直接的軍隊是北軍，北軍在歷次宮廷政變中都扮演了重要角色。所以在 731 年玄宗刻意打壓了其將領王毛仲等，北軍有所削弱。因為長期不打仗，其成員大部分是長安富裕的商人和城市居民，甚至僱傭替身或者派遣家僕代替他們當兵。所以，北軍也成了一支微不足道的軍隊。

可以說，在安史之亂爆發後，唐朝中央政府根本派不出一支真正能夠野戰的軍隊與叛軍對壘，只能依靠其他邊防軍來拯救自己。749 年，宰相李林甫停止了府兵到首都服役。到這時，府兵已經完全成了沒有組織、沒有軍官、沒有武器裝備的名義上的軍隊。此後，唐朝的軍隊幾乎全部由職業軍人組成，而國家負責供養它們。

兵制的變遷，具有一定的合理性。它適應了唐帝國對外的拓展。因為長期的征戰，不允許定期換防，而需要專業化的可以長

期作戰的長行兵。而內部似乎天下太平，國家繁榮，不需要供養那麼多軍隊。在和平時期，這是最有效和最經濟的體制。但是在兵制改革的過程中，最終形成了唐朝軍隊大量集中於邊疆，而國內兵力微弱的

◎玄宗倦政
◎李林甫、楊國忠等奸相亂政
◎鎮藩大將改用胡人
◎幽州節度使權力日大
◎宰相楊國忠與安祿山水火難容
◎對外戰爭多，府兵制改為募兵制後，邊將久戍專權

安史之亂前之唐朝局勢（參考《中國歷代戰爭史》）

局面。為了應付對外作戰，唐朝建立了節度使制度，在沿邊先後設立安西、北庭、河西、隴右、朔方、河東、范陽、平盧、劍南等九個節度使和嶺南經略使，節度使後來取得專制的軍政大權。

天寶元年，唐帝國的邊防軍兵力達四十九萬人，而且集中了幾乎所有的有戰鬥經驗的老兵，中央政府根本沒有與之相比的兵力可以調遣。在這種情況下，宰相比如李林甫、牛仙客等都掛名節度使，可以稍微掌握一定的作戰兵力。所以在這種情況下，「出將入相」是較為有效的控制強大邊防軍的手段。節度使如果有傑出的表現，可以到長安做宰相，而宰相也可以出去領兵。但是這種情況在李林甫和楊國忠時代遭到了破壞。宰臣為了維護自身權威，啟用文化水平不高、無法做宰相的外族將領，給安祿山的叛亂提供了良機。其實安祿山本人也希望能夠出將入相，到長安做名副其實的宰相。楊國忠對安祿山採取的極端排斥做法，在某種程度上也刺激了安祿山的叛變。

　　無論如何，兵制的改革，在唐朝對外作戰中展現了它的優勢。在李林甫掌權初期，復興的東突厥覆滅了，而對唐帝國構成嚴重威脅的吐蕃和契丹，都被唐帝國的軍隊打得處於守勢。但是這一切成果都在安祿山的叛變後灰飛煙滅。

　　玄宗中期，宇文融、李林甫、王鉷等以行政能力著稱的官僚當政。從 736 年起至 752 年，李林甫一直扮演着首輔宰相的角色。李林甫與安祿山在某種程度上是政治夥伴的關係，但是李林甫與後起的楊國忠關係緊張。而且安祿山對才能平庸的楊國忠「視之蔑如」，兩人關係絕非像官方

唐代中央與地方關係

史書描述的那麼緊密。天寶十一載（752），李林甫剛死，楊國忠就誣告他謀反，玄宗追削林甫官爵，籍沒其家產，子婿流配。楊國忠代替李林甫執政後，安祿山與唐中央政府的關係就緊張起來了。楊國忠奏請哥舒翰為河西節度使，以與安祿山相抗衡。他還清除了河東太守兼采訪使韋陟，韋陟賄賂吉溫為他說情，又寫信給安祿山求助。結果楊國忠不但把韋陟貶逐，還把吉溫處死。安祿山在中央政府損失了不少盟友。

　　楊國忠等不斷上告玄宗安祿山要反，欲置之死地。天寶十四載（755），楊國忠指使京兆尹包圍了安祿山在長安的住宅，搜索造反的證據，甚至逮捕了安祿山的門客，送到御史臺處決。這

些極端的手段，等於將安祿山逼到了必反的地步。從某種程度上說，安祿山的反叛，楊國忠清除政敵、鞏固個人權力是一個重要的誘發因素。所以唐人杜佑說：

> 祿山稱兵內侮，未必素蓄凶謀，是故地逼則勢凝，力侔則亂起，事理不得不然也。[1]

也正是楊國忠，在哥舒翰屯兵潼關，阻止安祿山大軍西進的時候，擔心哥舒翰圖謀自己，通過玄宗壓迫哥舒翰出兵決戰才使得整個局勢一敗塗地。

此時，安祿山控制的三鎮兵力約十九萬人，佔當時邊兵的百分之四十，佔全國兵力的三分之一，後來又兼併了阿布思的數萬精兵，可以說，其兵力足可以與整個唐朝對抗。天寶十四載（755）正月，安祿山遣副將何千年奏表朝廷，請求以蕃將三十二人代漢將。楊國忠、韋見素等人上奏玄宗認為安祿山反叛已經非常明顯了。這時，玄宗君臣計劃任命安祿山為左僕射同中書門下平章事，離開軍隊到長安擔任宰相，但是最終也沒有發出詔書。天寶十四年（755）冬，安祿山率領所部及由同羅、奚、契丹和室韋人組成的軍隊共十五萬人南下，安史之亂爆發。僱傭軍的叛亂雖然沒有顛覆唐帝國，但是最終成為唐王朝乃至整個中國歷史的轉折點。

---

1 《通典・兵典》。

方鎮名稱	設置時間	治所	職責	兵數（人）	馬數（匹）
河西節度使	景雲二年（711）	涼州（甘肅武威）	隔斷吐蕃與突厥的交通	73000	19400
北庭節度使	先天二年（712）	北庭都護府（新疆吐魯番）	防制突騎施、堅昆部落	20000	5000
范陽節度使	開元二年（714）	幽州（北京市）	壓制契丹、奚部落	91400	6500
隴右節度使	開元二年（714）	鄯州（青海樂都）	防禦吐蕃	75000	10600
安西節度使	開元六年（718）	龜茲城（新疆庫車）	撫寧西域	24000	2700
平盧節度使	開元七年（719）	營州（遼寧錦州）	鎮撫室韋、靺鞨部落	37500	5500
劍南節度使	開元七年（719）	益州（四川成都）	西撫吐蕃、南撫蠻獠	30900	2000
朔方節度使	開元九年（721）	靈州（寧夏靈武）	防禦突厥	64700	14300
河東節度使	開元十八年（730）	太原府（山西太原）	防禦突厥	55000	14000
嶺南五府經略使	開元二十一年（733）	廣州（廣東廣州）	綏靖夷獠	15400	

唐前期十方鎮概況表。兵馬數在天寶元年（742）初的數額（《中國五千年中央與地方關係》）

安史之亂的始末

安祿山（703—757）是營州人。其父可能是康姓胡人，母阿史德氏是個突厥巫婆。他從小隨母在突厥部族生活。後其母改嫁於突厥將軍安波注之兄延偃。開元初年，其族破落離散，他與將軍安道買之子孝節，安波注子思順、文貞一起逃離突厥，遂與安思順等約為兄弟，從此即冒姓安氏，名祿山。開元末年曾在幽州藩帥張守珪部下任捉生將。天寶元年（742），分平盧為節度，遂以安祿山為平盧節度使，兼柳城太守、押兩蕃、渤海、黑水四府經略使。他迎合玄宗好大喜功的心意，屢次挑起邊事，以邀功賞，得到了玄宗的賞識，先後擔任了平盧、范陽、河東三鎮節度使。在他的周圍聚集了高尚、嚴莊、史思明、安守志、李歸仁、蔡希德、崔乾祐、尹子奇、武令珣、田承嗣等文臣武將。又建立一支八千人的精兵「曳羅河」（壯士或者奴隸之意），蓄養戰馬、軍備。安祿山又利用他的粟特人身份，派遣粟特商旅到各地做生意為自己籌集資金，每年粟特商胡交納的珍貨達數百萬。安祿山又利用粟特人信仰的祆教，塑造自己大祭司的形象，得到大量胡人的支持。粟特人對安祿山叛亂的支持，也導致安史之亂中粟特人的大量被殺，這個曾在絲綢之路上扮演重要角色的民族，在安史之亂後遭受重創，逐漸從中國歷史的圖景中消褪。

安祿山偽造詔書，以玄宗密詔討伐楊國忠為名，率軍南下。「漁陽鼙鼓動地來，驚破霓裳羽衣曲」，中原承平日久，面對能征慣戰的野戰部隊，幾乎沒有什麼抵抗力。叛軍在很短時間內就

跨過了冰凍的黃河，河南節度使張介然等部一觸即潰。在掃清外圍後，安祿山兵鋒指向東都洛陽。在安祿山叛軍南下的時候，玄宗急忙部署，讓名將封常清擔任范陽、平盧節度使，到洛陽募兵，而以名將高仙芝帥兵東征。封常清雖是名將，無奈其所招募的兵士都是些商販之徒，未經訓練，無法跟安祿山的軍隊相抗衡，只好放棄洛陽，跟高仙芝會合後退守潼關。安祿山只用了一個月的時間，就攻陷了唐朝的東都洛陽，大部分的河南、河北郡縣落入叛軍之手。安祿山命其將崔乾祐屯兵陝城，窺視潼關。至德元載（756）正月一日，安祿山於洛陽自稱雄武皇帝，國號大燕，定洛陽為都，以范陽為東都。唐軍封常清、高仙芝堅守潼關，雙方進入相持階段。

　　潼關是長安的東大門，潼關以西，長安已無險可守。官軍扼守潼關，完全能阻止叛軍西進關中，高仙芝退守潼關的戰略決策是十分正確的。安祿山命張通晤和楊朝宗向東攻城掠地，遭到東平太守嗣吳王李祗等的阻擊；真源令張巡守雍丘，與叛將令狐潮、李懷仙等數萬叛軍浴血奮戰，叛軍也不能南下江淮；叛軍在南陽方面的攻勢屢屢被唐軍挫敗，阻止其南下江漢。這時，安祿山叛軍西不能進潼關，東不過雍丘，南被阻截於南陽。而河北平原郡太守顏真卿組織河北軍民抗戰，一時失陷的各城紛紛脫離了叛軍，唐將李光弼率兵出井陘，連下數城，與顏真卿遙相呼應，嚴重地威脅着叛軍的後方。安祿山束手無策，一時計劃放棄洛陽，逃回范陽。

姓名	年份	事件
安祿山 / 安慶緒	755	十一月叛於范陽
		十一月攻陷洛陽
	756	正月稱燕帝
		六月攻陷長安，玄宗奔蜀
	757	正月安慶緒弒父
		九月肅宗收復長安
		十月收復洛陽
	758	八月郭子儀等九節度使圍安慶緒於鄴
	759	三月九節度使兵潰敗； 史思明殺安慶緒，安氏燕滅
史思明 / 史朝義	759	十月攻陷洛陽，稱燕帝
	761	二月，史氏破李光弼於邙山，舉軍向長安
		三月史朝義弒父
	762	十月代宗復洛陽
	763	正月史朝義敗死，史氏燕滅

安祿山和史思明的興滅表。安史之亂歷時八年，戰亂破壞嚴重，如「寂寞天寶後，園廬但蒿藜。我里百餘家，世亂各東西。存者無消息，死者為塵泥。賤子因陣敗，歸來尋舊蹊。（中略）四鄰何所有，一二老寡妻」（杜甫《無家別》）

　　但是這麼好的戰略形勢卻被唐朝內部的勾心鬥角毀於一旦。先是宿將封常清、高仙芝遭宦官誣陷被殺。玄宗命老將哥舒翰統軍。哥舒翰也採取正確的戰略，堅守潼關。但是由於政治的考量，楊國忠擔心哥舒翰圖謀自己，屢進讒言，指哥舒翰怯陣固守；加上形勢看似很好，玄宗也希望一舉平定叛軍，於是在堅守半年左右後，命令唐軍主動出擊叛軍。叛軍利於野戰，而唐軍利

粟特宴飲鬥獅圖（《蓮花上的獅子》）。隋虞弘墓石槨石刻，藏山西博物館。虞弘是魚國粟特人，來自西域或中亞的祆教徒外交官世家

於堅守，放棄自己的有利形勢而與叛軍決戰，自然遭到慘敗。近二十萬唐軍一戰瓦解，潼關也落入叛軍之手。

經此一變，整個形勢都陷入無法收拾的境地。

潼關失守後，長安已經無險可守，玄宗連夜倉皇出逃。到達馬嵬驛時，在太子李亨和禁軍將領等密謀下，扈從的禁軍發動嘩變，殺死楊國忠，並且逼迫玄宗縊殺楊貴妃。政變以後，太子李亨不敢再跟隨玄宗逃亡四川，選擇了分兵北上。李亨得到了唐朝另外一支野戰部隊朔方軍的支持，在靈武即位，即唐肅宗。此後唐朝的最高權力逐漸轉移到肅宗手中，玄宗被尊為太上皇。雖然玄宗曾經試圖維持自己的權力，比如支持永王李璘分兵江南，但

最終失敗。

　　進入長安的叛軍對未逃離長安的皇室成員、百官家屬進行了血腥屠殺，長安城遭到了第一次較大規模的破壞。唐軍的大好戰略形勢急轉直下，郭子儀、李光弼從河北撤軍，退守井陘，河北郡縣大部分又落入叛軍之手，河南多個堅守的據點也被叛軍拔除。不過叛軍內部發生內爭，安祿山在 757 年正月被謀殺，其子安慶緒即位。叛軍內訌的同時，唐軍重新集結兵力，肅宗又請求回紇的援軍，一起鎮壓叛軍。李光弼、郭子儀集合朔方、隴右、河西、安西和西域的軍隊，在回紇的援助下，於至德二年（757）奪回了長安和洛陽。安慶緒退保鄴郡。

　　乾元元年（758），唐王朝以李光弼、郭子儀等九節度使之兵攻鄴，不設統帥，以宦官魚朝恩為觀軍容使。唐方軍令不一，各節度使又互不為謀，以致圍攻數月而不能下。次年三月，降唐復叛的史思明自范陽引兵救鄴，大破九節度使之兵，諸節度使各潰歸本鎮。史思明殺安慶緒，即帝位於范陽。這年秋天，他又領兵南下，再度佔據洛陽。後來，史思明又被他的兒子史朝義殺死。寶應元年（762），新即位的唐代宗借回紇兵收復洛陽。接著，叛軍的幾個主要將領相繼降唐。寶應二年（763）正月，史朝義窮蹙自殺。安史之亂雖然結束，但是「國破山河在，城春草木深」，繁華的都市變為廢墟，社會經濟遭到嚴重破壞。此後，唐朝陷入內憂外患的夾擊之下，雖然經過多次振作，但是再也無法恢復世界帝國的榮光了。接下來的宋代雖然在文明發展上取得了令人印象深刻的成就，但在對外拓展方面止步不前，無法再獲

唐軍兵。《免冑圖》
（局部），（傳）北宋
李公麟繪，藏臺北
故宮

得強勢的亞洲中心。

　　唐玄宗作為唐朝在位時間最長的皇帝，對唐朝進入政治穩定、經濟繁榮、文化發展的鼎盛階段有自己的貢獻。但是最終敗於僱傭軍叛亂，在此後的史書和文學作品中，他往往被描述為一個要美人不要江山的昏庸君主，成為這場大浩劫的替罪羊。肅宗即位並穩住形勢後，玄宗於至德二載（757）年底被接回長安，但是被置於肅宗的控制之下，於寶應元年（762）溘然逝世。他和楊貴妃的愛情，在唐代就已經成為愛情文學的主題。叛軍一面，雖然始作俑者安祿山、史思明等人死去，但是他們手下的一些驕兵悍將比如田承嗣、李懷仙等始終控制着河北諸郡，此後一直到唐朝滅亡，唐朝中央政府始終沒有能夠真正收復河北地區，河北三鎮「訖唐亡百餘年，卒不為王土」[1] 的罪魁禍首，還是安史叛軍的餘孽。

1　《新唐書》卷二百一十《藩鎮魏博》。

保守主義興起和走向內轉

安史之亂是整個中國歷史的轉折點，很可能也導致粟特人在亞洲世界地位的徹底瓦解。昭武九姓胡人是具有較高文化水平又善於經商理財的民族，在幾百年間都起着溝通東西文明的作用。他們在中國內地、突厥汗國的政治生活中扮演重要角色，隋代裴矩評論突厥時說，突厥本性淳樸容易離間，「但由其內多有群胡，盡皆桀黠，教導之耳」[1]。「胡」在中古時代往往指的就是粟特人。頡利可汗就非常信任粟特人，甚至為此疏遠了突厥部族，導致部落的分裂[2]。從北朝到隋唐，粟特人在中國朝廷當官的記載層出不窮，比如：他們在河西地區佔有舉足輕重的地位，隋末武威人李軌佔據河西五郡之地稱帝，以胡人安修仁為戶部尚書，安修仁之兄安興貴效勞李唐政權。唐高祖派安興貴招撫李軌政權，李軌率兵抗拒，但最終還是被安氏兄弟擒獲，送往長安，「河西悉平」[3]。安興貴因功被唐朝廷授予右武侯大將軍、上柱國，封涼國公；安修仁亦被授予左武侯大將軍，封申國公。玄宗天寶六載（747），唐朝廷任命安姓胡人安思順為河西節度使（治涼州）。四年以後即天寶十載（751），唐以高仙芝代安思順。安思順不想被替代，「諷群胡割耳面請留己」。唐朝廷無奈「判復留思順

1 《隋書》卷六七《裴矩傳》。
2 《通典》卷一九七《邊防》。
3 《舊唐書》卷五五《李軌傳》。

於河西」[1]。可見粟特人在地方上的影響力之強，可以迫使朝廷收回成命。

粟特（Sogdiana）是中國古書中記載的昭武九姓，由操印歐語系伊朗語族粟特語一支的粟特人所建，活動範圍在今中亞阿姆河與錫爾河之間的澤拉夫尚河流域。粟特地處歐亞陸上交通樞紐，商業活動構成粟特人的經濟基礎。東至中原，南至印度，西至波斯、拜占廷，東北至蒙古，凡利所在無不至。粟特人在突厥、回紇等遊牧國家的內政外交、貿易鑄幣、宗教傳播、文字創制等方面發揮過重要作用。九姓胡諸城邦地處中國、印度、波斯和拜占廷四大文明匯聚之區，不但轉販各個文明的特產，而且也帶來精神世界的交融。粟特人能歌善舞，樂器以琵琶為著名，康國樂、安國樂、胡旋舞、柘枝舞在唐代曾風行一時。唐代長安城中，西市胡店與胡姬曾是一道靚麗的風景。粟特地處拜火教、佛教、摩尼教、景教和伊斯蘭教的交匯之地，對於中國佛經的傳入與翻譯有很大的貢獻。粟特的拜火教滲進當地的偶像崇拜，因而與波斯國教拜火教有很大不同。總之，粟特人在引西方新鮮之血注入中國文明之軀中，扮演了重要的角色，是促進中國進入文明開放、包容博大的鼎盛時期的一個重要族群。

但是這樣一個傑出的民族，在安史之亂後遭到沉重的打擊，粟特文明最終湮沒在歷史的長河中，變成現在我們追憶的對象。

安祿山和史思明也有昭武九姓的血統，他們起家的營州一

---

1 《資治通鑒》卷二一六「天寶十載正月」條。

敦煌胡旋舞（敦煌壁畫），霓裳舞女（唐初李壽墓壁畫）。「胡旋女，出康居，徒勞東來萬里餘。（中略）祿山胡旋迷君眼，兵過黃河疑未反。貴妃胡旋惑君心，死棄馬嵬念更深。從茲地軸天維轉，五十年來制不禁。胡旋女，莫空舞，數唱此歌悟明主。」（白居易《胡旋女》）康居，最早與漢朝建立聯繫的西域諸國之一

帶，在開元時就已成為粟特人的新家園。經過安祿山的經營，河北地區成為粟特商胡的嚮往之地，加上突厥部落內的胡人南下，在天寶末年以前，河北已成為胡化之區。這裏的昭武九姓胡人，跟突厥有密切的關係。東突厥敗亡後，昭武九姓胡人除被安置在六胡州地區外，僑居於營州南五柳城的順州，安祿山、史思明以及康阿義屈達幹等人都占籍營州柳城。安祿山在范陽的起兵，有一定的地域支持的基礎，其中一個關鍵就在於范陽這一帶，粟特

族群有強大的勢力和影響力。安祿山把自己打扮成祆教的大祭司，可以獲得本族人民的認可和支持。安祿山的叛變似乎確實得到了粟特族群的響應。比如在安祿山叛變後不久，肅宗至德二載（757）正月，粟特胡人聚集的河西地區，河西兵馬使蓋庭倫與武威九姓商胡安門物等殺節度使周泌，聚眾六萬叛亂。「武威大城之中，小城有七，胡據其五。」[1] 安祿山也曾派遣部將高嵩「以敕書、繒綵誘河、隴將士」[2]。

也正因為安祿山的種族與信仰的背景，儘管安史之亂並不是反抗民族壓迫的鬥爭，其後卻被唐人賦予夷夏之防的色彩。在這種背景下，安史之亂後期，胡人遭到大規模屠殺。這種屠殺不但發生於唐軍，而且大規模發生於叛軍中。上元二年（761）三月，史朝義弒父自立，史朝義即位後，突厥人阿史那玉敗走武清——

> 朝義使人招之，至東都，凡胡面者，無少長悉誅。[3]

史朝義對粟特胡人執行屠殺政策，在叛軍老巢范陽引起大亂。阿史那承慶和康孝忠率領的蕃、羯兵與漢族將領高鞠仁率領的城傍少年展開激戰。前者大敗，高鞠仁控制了幽州城，下令屠殺城內的胡人。經過這次屠殺，本來在幽州人數眾多的粟特胡人

---

1 《通鑒》卷二一九「至德二載正月」條。
2 《通鑒》卷二一八「至德元載七月」條。
3 《新唐書》卷二二五《史思明傳》。

唐金剛勇士像（吳道子
《八十七神仙圖卷》局部）

幾乎被屠殺殆盡。此後幽州胡人將領的記載就大大少於以前。

　　另一方面，由於安史之亂，唐朝調西北邊防軍入援，大踏步從與阿拉伯、吐蕃等強權對峙的防線後撤。阿拉伯人則一步步向中亞兩河流域進逼。7世紀下半葉到8世紀上半葉，粟特逐步被阿拉伯人征服。10—11世紀，粟特地區的文化優勢終被突厥—伊斯蘭文化所取代。胡人在中國文明進程中的重要地位，從此暗淡下去。

　　安史之亂給唐朝造成的創傷讓唐朝人的心靈發生重要的變化。安史之亂後，文學詩歌、思想論證、歌舞討論，都逐漸排外。白居易把天寶末年發生的社會巨變，與玄宗愛妃楊玉環和發動叛亂的范陽節度使安祿山的胡旋舞技聯繫起來，人們甚至認為胡曲要為安祿山叛亂負責。鐵勒人僕固懷恩是平定安史之亂的英雄，但是卻被唐朝政府防備和嫌棄，最終被逼反。這在之前的時代是無法想象的，之前多少異族將領率領唐軍與外敵作戰，取得赫赫功勳並得到應有的榮光和回饋。但是安史之亂後，整個民族的心態發生了變化。結果，在吐蕃人進攻長安時，僕固懷恩沒有救援，放任吐蕃人攻陷長安。唐帝國的威望再次受到沉重打擊，影響了唐朝恢復權威的進程。

　　胡人在中國社會的地位和在中國文化中的形象的變遷，是安史之亂後中國人精神世界變化的一個縮影。從某種意義上說，安史之亂後的「古文運動」，其復古的色彩非常明顯。韓愈等人的反佛，就是要回到沒有佛教的中國古典文明傳統中去，認為佛教對中國文明是一種破壞。陳寅恪就指出：

唐鎏金銅坐龍。北京豐臺區林家墳史思明墓出土，北京首都博物館藏。761 年 3 月史朝義在洛陽宮玉芝殿殺死史思明後，用駱駝將其屍體馱回范陽（今北京）。根據史思明墓出土玉冊記載，762 年五月十八日，史朝義才宣佈史思明遺詔，並為他發喪下葬

　　唐代當時之人既視安史之變叛為戎狄之亂華，不盡同
於地方藩鎮之抗拒中央政府，宜乎尊王必先攘夷之理論，
成為古文運動之要點矣。[1]

唐人夷夏之防的觀念越來越強，也是受到安史之亂刺激後心理上
的一種防衞反應。

姓名	部落	事跡
執失思力	突厥	駙馬。保唐朝北部邊境安全。
阿史那社爾	突厥	駙馬。唐初西域軍事負責人之一，參與西域至朝鮮半島諸戰。逝後贈輔國大將軍，陪葬昭陵。
契苾何力	鐵勒	駙馬。突襲吐谷渾王帳。逝後贈輔國大將軍，陪葬昭陵。
黑齒常之	百濟	唐初西域軍事負責人之一。
李光弼	契丹	平定安史之亂的兩大唐帥之一。
安祿山	粟特	范陽節度使，安史之亂叛軍前期首領。
史思明	粟特	平盧兵馬使，安史之亂叛軍後期首領。
高仙芝	高麗	征戰西域，開拓西域。
哥舒翰	突厥	盛唐西域軍事負責人之一，安史之亂時守潼關。
僕固懷恩	鐵勒	平定安史之亂的功臣，後懼怕宦官迫害，又起兵反唐。
白孝德	龜茲	平定安史之亂的功臣，後駐守西北的要將。
渾瑊	鐵勒	平定安史之亂的功臣，後駐守西北的要將。

唐代蕃將略表

---

1 《元白詩箋證稿》。

06 中央權威的瓦解與唐朝的亂亡

安史之亂後，唐朝中央政府的權威受到激烈的挑戰。在內有藩鎮割據，外有強敵環伺的情況下，唐朝陷入內外交困的境況，一旦對外戰爭失利，就會招來藩鎮的反撲；同樣的，國內削藩戰爭失敗，吐蕃等周邊政權就會趁火打劫。憲宗時代出現難得的中興氣象，唐朝對藩鎮的鬥爭取得極大的勝利，但是並沒有能夠將藩鎮割據所依賴的地方社會結構瓦解，所以直到唐末，藩鎮問題都始終困擾着唐王朝。在外部，吐蕃等興起，對唐朝構成威脅，但是即便如此，唐朝最終還是能夠化解外患，並沒有在外部入侵中滅亡。在內憂外患之中，為了應對這種情勢，唐朝政府加強了中央權力，比如增強神策軍這樣一支中央政府掌握的軍隊。宦官作為皇帝權力的延伸和皇帝個人的代表，開始進入政治生活，不但典禁軍，參與朝政，還到各地代表皇帝擔任監軍，成為政治結構中重要的一極。唐皇室的命運和宦官的命運也就無可奈何地綁在一起。宦官集團的滅亡，也伴隨着唐朝的滅亡。

藩鎮割據與唐朝恢復中央權威的鬥爭

安史之亂的直接後果，是將一個繁榮、穩定、遼闊、包容的帝國搞成一個鬥爭不休、內憂外患的國家。安祿山、史思明作為唐朝的將領背叛朝廷，讓唐朝中央政府對統兵將帥尤其是異族將領深為猜忌。這種猜忌帶來的嚴重後果是奠定了藩鎮割據的基本格局。在最後平亂的時刻，僕固懷恩是實際上的唐軍統帥，但是他深為朝廷忌憚，導致他相當怨恨。在平定史朝義的叛亂之後，僕固懷恩為了藉史朝義餘部擁兵固寵，上奏朝廷讓薛嵩、田承嗣、李寶臣、李懷仙等分鎮河北。朝廷接受了這一方案。這樣一個妥協的方案給此後的唐朝帶來了長期的隱患 ——

河北藩鎮，自此強傲不可制矣[1]。

唐朝行政、財政和社會結構發生劇烈變化。在平定安史之亂的數年間，邊兵精銳者大都徵調入內，稱為「行營」。本來主要對外的武裝力量，現在主要投入到國內的爭權奪利中。武將們紛紛掌握地方行政權力，並且掌控帝國核心地區的戰略要地。士兵總數持續上升，遠遠超出安史之亂前的數字。軍隊在安史之亂後成為左右帝國政治生活的主導力量。

在這種背景下，地方行政結構也被改組，節度使和觀察使已經成為中央政府和州縣之間的常設層級，而且具有較強的獨立

1 《資治通鑑》卷二二二。

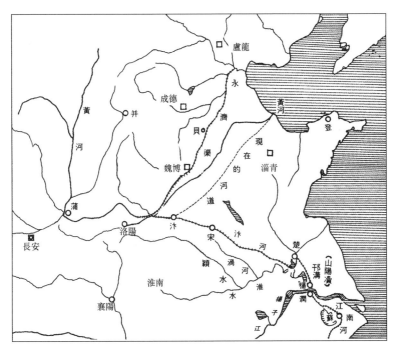

唐代中期主要節度使鎮勢力分佈圖（《中國歷史圖説》）。安史之亂後，短期內唐室無力
把他們消滅，他們仍然控制着地方。唐皇只得把安史集團的降將授官安撫。如：（1）張
忠志，成德五州節度使，賜名李寶臣；（2）田承嗣，魏博五州節度使；（3）李懷仙，幽
州盧龍六州節度使。其後魏博、成德、盧龍（范陽）勾結成「河北三鎮」，唐代自安史亂
後，河北三鎮「雖號稱一朝，實成為二國」，「除擁護李氏皇室之區域，即以東南財富及
漢化文化維持長安為中心之集團外，尚別有一河北藩鎮獨立之團體，其政治、軍事、財
政等與長安中央政府實際上固無隸屬之關係，其民間社會亦未深受漢族文化之影響，即
不以長安、洛陽之周孔名教及科舉仕進為其安身立命之歸宿。故論唐代河北藩鎮問題必
於民族及文化二端注意，方能得其真相所在也。」（陳寅恪《唐代政治史述論稿》）

性，不但在河北、山東，在劍南、山南、河南、淮南和嶺南，甚至京畿之內，也時常發生節度使或軍將的叛變。通過軍功在官僚體制中獲得晉升，促進社會的流動，衝擊了之前的貴族制。

在經濟上，國家財政已經崩潰，均田制也已經瓦解，人口大規模遷移，河北、河南這些本來傳統的帝國核心區域的人口向江淮及其以南移動。安史之亂後需要進行財政制度的改革，滿足新的形勢的需要。實際上，位於長安的唐中央政府已經喪失對河北和大部分河南地區的有效控制，而這部分差不多佔到帝國四分之一的人口與財政收入。面對內憂外患的局面，唐帝國還能維持一個半世紀的主要原因，在於它仍成功地維繫西北—東南的軸心。江淮地區成為唐朝的主要收入來源，遠距離輸送物資到京師長安的運河體系成了朝廷的生命線。但是東南到西北的距離遙遠，如果不能及時恢復中央對關東地區的有效控制，帝國的命運就始終懸於一線。所以從安史之亂結束後，唐中央政府就沒有停止過削藩的行動，唐朝中央政府與地方藩鎮的鬥爭成為唐中後期政治的一個核心議題。

安史之亂後，唐朝整頓了財稅制度，先後實行権鹽制度和兩稅法，以增加財政收入。

鹽鐵使第五琦、劉晏等通過改革，使鹽稅成為唐政府的一項重要收入來源。到代宗末年，鹽利收入增加到六百萬貫。因為漕運對偏居西北的中央政府至關重要，唐朝又疏浚了運河，利用鹽利僱傭專門的船工挽漕。代宗大曆年間，唐王朝的賦稅收入已經逐漸改變為以戶稅、地稅為主。

針對嚴重的土地兼併情況，宰相楊炎制定兩稅法取代之前的租庸調制——這一制度的前提是大量自耕農的存在。根據兩稅法，中央根據財政支出定出總稅額，各州、縣也根據舊徵稅數確定稅額，向當地人戶徵收；依照丁壯和財產（包括田畝和雜貨財）的多少定出戶等，兩稅分夏秋兩次徵收，租庸調、雜徭和各種雜稅全都取消，但丁額不廢。兩稅法以土地、財產的多少為徵稅的主要標準，擴大了賦稅的徵收對象，增加了唐朝中央政府的財政收入。

兩稅法施行後，唐王朝的財政收入增加，每年稅錢有三千餘萬貫，稅米麥共千六百餘萬石。唐朝政府實力增強之後，到了德宗時代，開始裁抑方鎮的行動。

此時，外部環境也非常有利，在 779 年，唐朝在西川方面擊退了吐蕃和南詔的聯合進攻，並且乘機改善了與吐蕃的關係。建中二年（781），成德節度使李寶臣死，其子李惟嶽自為留後（節度使或觀察使缺位時設置的代理職位），請求繼任，被德宗拒絕。這等於是中央政府發出正式的裁撤藩鎮信號，引發了劇烈的反彈。李惟嶽和魏博、淄青、山南東道等節度使連兵叛變。淮西節度使李希烈也起兵反唐，出現了五鎮連兵的局面。

建中四年（783），唐軍被淮西軍圍困於襄城，唐王朝調涇原兵前往援救。涇原兵在長安叛變，擁朱泚為秦帝，德宗出奔奉天。

興元元年（784），德宗在奉天詔赦李希烈等五鎮節度使，專討朱泚。不久，自河北前線入援奉天的朔方節度使李懷光又

反，與朱泚聯合起來，於是德宗又逃奔漢中。

這種大紛亂的局面，直到貞元二年（786）李希烈死，才告結束。

德宗此次針對藩鎮的鬥爭，不但沒有取得任何的進展，反而引發大規模的連鎖反應。

內憂又帶來外患，貞元二年（786），吐蕃乘機對唐朝進攻，在此後數年，攻佔北庭、西州。唐朝只好把注意力放在防禦吐蕃上，並且改善和回紇、南詔的關係。在針對藩鎮的鬥爭受挫之後，德宗吸取教訓，加強中央禁軍神策軍對京畿各地的控制，並且休養生息，繼續增強實力，充實國庫。到了憲宗時代，唐朝實力增強，再次向桀驁不馴的藩鎮發起進攻。這一次，是唐朝最接近恢復昔日中央集權榮光的一次機會。

種類	主要內容	弊端
租庸調制	丁稅；租，徵土地直接收穫的糧食；調，家庭副業手工業生產的紡織品；庸，為官府服役一定時間。	以均田制為基礎；後期商業發展、土地兼併和安史之亂影響，均田制逐漸被破壞。
兩稅法	戶稅；夏秋兩徵；根據實際情況交銀兩或折納絹；富戶多納，貧戶少納；以現居登入戶簿為準；先預算國家財政支出，後分攤到地方徵收（量出以制入）。	各地稅率不一；量入以制出，只顧政府需要，不顧人民納稅能力，不符合儒家傳統觀念等；後期節度使獨佔勢力範圍內這部分稅利，中央財政惡化。

唐朝的兩種賦稅制度（參考寧可《中國經濟通史・隋唐五代經濟卷》、王壽南《隋唐史》）

憲宗是真正意義上的唐朝中後期的中興之主。在裁抑藩鎮的鬥爭中也是取得最大成果的一位唐朝皇帝。憲宗上臺後，唐朝的國庫重新充實，而且唐朝中央政府終於擁有了一支可以自己掌控的軍隊 —— 神策軍。此時，唐朝的中央官僚集團也出現了許多傑出的官員，比如李吉甫、李絳、裴度和元稹等。憲宗在戰略上也吸取了前任的教訓，集中力量打擊一個目標，避免四面受敵。他首先平定了劍南西川和鎮海浙西節度使的叛亂。

元和七年（812），出現了有利於中央政府的情況：魏博節度使田弘正舉六州之地歸附唐朝，河北形勢發生了變化。淮西節度使吳少陽死，其子吳元濟自領軍務，挑釁中央權威。

元和十年（815），憲宗下令討伐吳元濟。吳元濟求救於恆、鄆二鎮，王承宗、李師道數次上表請赦吳元濟，憲宗不准。

這一年六月，李師道派刺客到長安刺殺主戰的宰相武元衡和大臣裴度，武元衡被刺身亡，裴度也被擊傷。但是暗殺並未能阻止朝廷征討的決心，憲宗任命裴度為相，並且將用兵之事悉以委之裴度。

唐朝中央政府誤以為成德節度使王承宗是操縱刺殺的幕後黑手，於次年下令討伐。但是朝廷很快發現自己陷入兩面作戰，為了集中力量，憲宗暫停進攻王承宗，專討吳元濟。宰相裴度親赴淮西督戰。唐軍李愬部乘雪夜奇襲蔡州，擒吳元濟，淮西數萬精兵相繼投降，淮西平定。在巨大壓力下，成德王承宗、盧龍劉總上表納質，復獻屬州。

元和十四年（819），唐朝集中兵力攻滅淄青李師道，淄青

十二州皆平。

憲宗小心謹慎而堅決的行動，在很大程度上恢復了對藩鎮的控制。但是藩鎮結構龐大而複雜，內部關係盤根錯節、根深蒂固。不過，憲宗仍在很大程度上成功地恢復了君主的權威。除了河北部分地區外，大部分地區都接受中央政府一定程度的管轄。如古代史家所記：

> 自廣德以來，垂六十年，藩鎮跋扈河南、北三十餘州，自除官吏，不貢供賦，至是盡遵朝廷約束。[1]

在憲宗時代，兩稅法的實施實際上擴大到帝國各地。從這個意義上說，中唐憲宗被視為「自古中興之主無人及之」，是有一定道理的。

但是元和十五年（820），憲宗暴卒，據說是死於宦官的謀殺，唐朝中興的局面出現嚴重反覆。在憲宗創造的大好局面下，繼位的穆宗調換了河北諸鎮的節度使；在河北實行了榷鹽法和兩稅法。穆宗更進一步希望能夠通過裁軍的形式削弱地方武裝割據勢力。因此他提出「銷兵」的政策，希望軍鎮每年減少百分之八的兵員。這種政策方向是正確的，但是遽然實行，觸動了藩鎮兵將的根本利益，河朔藩鎮再次發生叛亂。盧龍將領拘囚了唐朝委派的節度使，推朱克融為留後。成德將領王庭湊也殺掉唐朝委派的節度使，發動叛亂。由於銷兵而落籍的兵士紛紛投入他們的軍

---

1 《資治通鑒》卷二四一「憲宗元和十四年二月」條。

中，二鎮叛軍眾至萬餘人。長慶二年（822），魏博也發生變亂。中央政府對這些地區的軍事討伐也沒有取得成功，只好與之妥協，河北藩鎮的勢力更加鞏固。

內政外交之連環性

唐朝除了面對國內紛繁複雜的政治形勢之外，8世紀中期以後周邊複雜的關係也讓其疲於奔命。昔日強大的帝國在內部紛亂之後，周邊的挑戰就顯現出來。而且外患往往和內憂聯繫在一起，讓唐朝始終在攘外和安內之間徘徊，一直到政權瓦解。這種形勢隨着周邊戰略區域的喪失，一直延續到五代、北宋、南宋，

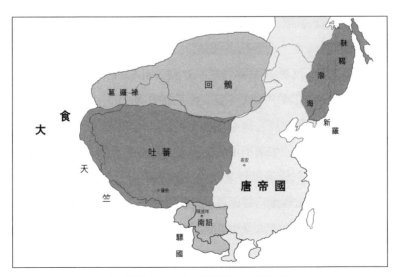

唐帝國版圖（820年，《看版圖學中國歷史》）

中央政權都無法恢復到唐朝世界帝國的地位，而且始終在周邊少數民族政權的威脅之下。

安史之亂，隴右、劍南兩節度使的精兵內調，吐蕃乘機擴充領地。唐朝突然喪失了對中亞的控制，雖然在當地的據點苦撐了很多年，但是隨着與本土聯繫的切斷，也逐漸淪陷。更為要命的是，河西、隴右戰略緩衝區的喪失，讓吐蕃軍隊可以直接威脅首都長安。廣德元年（763），吐蕃長驅直入，直逼長安。唐代宗只好往東逃奔陝州。唐帝國的首都第二次淪陷，沉重打擊了唐帝國的威信。吐蕃攻入長安後，立金城公主的兄弟、廣武王李承宏為帝，改元，置百官，另外——

> 吐蕃剽掠府庫市里，焚閭舍，長安中蕭然一空[1]。

雖然郭子儀設法嚇退吐蕃，收復了長安，但是從此之後，京畿時時受到威脅。永泰元年（765）九月，唐朝大將僕固懷恩因為功高不賞反遭疑忌，誘回紇、吐蕃、吐谷渾、党項、奴刺數十萬眾分道入犯關中，吐蕃趨奉天、党項趨同州、吐谷渾等趨盩厔，回紇繼吐蕃之後，僕固懷恩又以朔方兵繼其後。如果不是僕固懷恩突然死去，後果不堪設想。但唐朝也因此失去了從開始就裁抑河北、山東強藩的機會。為了拱衛京師，唐朝在鳳翔、涇州、邠州、渭北等地均設節度使，駐紮重兵。馬匹是唐王朝防禦戰爭的重要工具，曾大量引進良馬以組建強大的騎兵部隊，從墓

---

1 《資治通鑒》卷二二三「代宗廣德元年十月」條。

唐代杏葉

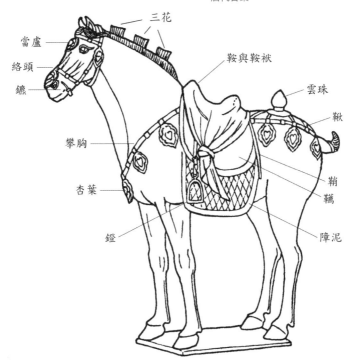

唐代三彩馬與馬具、馬飾名稱(《騎馬生活的歷史圖景》)。馬匹是冷兵器時代作戰的重要軍需,騎兵與作戰成敗關係重大。唐詩邊塞詩出現大量以馬為意象表達保家衛國、馳騁沙場的詩章,如「大漠沙如雪,燕山月似鉤。何當金絡腦,快走踏清秋」(李賀《馬詩二十三首》之五)

葬中也可反映出唐朝對馬的崇奉。

德宗即位後，力圖先安內後攘外，「先內靖方鎮，顧歲與虜確」[1]，於建中元年（780）派遣使者出使吐蕃，希望緩和雙方的緊張對峙關係。四年後，唐朝正式承認吐蕃攻佔的州縣歸吐蕃屬地，重新劃定疆界。然而，德宗通過割地忍讓換來的寬鬆外部環境，並沒有帶來對內削藩戰爭的勝利，反而引發更大的軍事混亂，甚至德宗本人都被迫再次逃離首都。在這種情況下，吐蕃背棄盟約，於貞元二年（786）大舉進攻長安以西的地區，甚至攻陷鹽、夏等州。唐朝只好再次放下削藩的計劃，集聚力量，以待將來。為了解除吐蕃的威脅，李泌提出「結回紇、大食、雲南，與共圖吐蕃」的戰略。在這一戰略之下，在與吐蕃的鬥爭中，唐朝逐漸開始轉為主動。

唐朝通過和親等手段籠絡回紇，使其與吐蕃斷絕關係。在南邊，唐朝結好南詔，離間其與吐蕃關係。吐蕃失去南詔的支持，兵勢逐漸轉弱。本來，安史之亂前夕，唐朝在與吐蕃的戰爭中佔據主動，安史之亂給了吐蕃擴張的良機。但是其擴張的速度超出了其正常國力所能承受的極限。待唐朝喘息之後，便重拾戰略主動地位。8、9世紀之交，佛教在吐蕃普遍流行，並與本地苯教發生衝突。代表不同宗教、社會勢力的集團之間不斷發生摩擦，乃至引發內訌。隨着其內亂不止，吐蕃勢力衰落。在外部，吐蕃對唐朝的小規模戰爭完全失去之前入侵的勢頭。在中亞，阿拉伯

---

1 《新唐書》卷二一六《吐蕃傳下》。

張義潮統軍出行圖（局部，敦煌研究院繪，《中國古兵器論叢》），原件存敦煌156窟。這是張義潮侄子為紀念張義潮的功績而開窟繪製。安史之亂後，吐蕃乘亂攻佔涼州、沙州（今敦煌）等河西諸州，在淪陷區殺掠。沙州豪族張氏家族以張義潮為首帥歸義軍起兵反抗，使陷於吐蕃近百年之久的河西諸州大部分地區復歸唐朝

的強盛和伊斯蘭實力東擴，逐漸成為吐蕃的頭號大敵。吐蕃軍隊大部分調往西部防禦大食，逐漸不再構成對唐朝的威脅。

吐蕃受到阿拉伯人的擠壓，加上內亂 ——

> 日夜懼王師復河、湟，不安寢食。[1]

他們迫切希望跟唐朝和好。在這種背景下，唐朝同意會盟，雙方在穆宗長慶元年（821）會盟，約定「中夏見管，維唐是君；西裔一方，大蕃為主。自今而後，屏去兵革，宿忿舊惡，廓焉消

---

1 《因話錄》第四卷角部。

除，追崇舅甥，曩昔結援」。從這次會盟以後，直到唐末，雙方沒有發生大的戰爭。在吐蕃衰落的同時，唐朝也呈現衰頹之勢，再也沒有雄心收復之前被吐蕃攻佔的領土。但是武宗以後，吐蕃內亂，給原先被佔領的唐朝州縣提供了擺脱其統治的良機。宣宗大中三年（849），秦、原、安樂三州回歸唐朝；隨後張義潮率領沙州兵民起義，趕走了吐蕃統治者，宣佈回歸唐朝；五年（851）冬，張義潮發兵略定瓜、伊、西、甘、肅、蘭、鄯、河、岷、廓十州，遣其兄義澤奉沙、瓜等十一州地圖入朝，唐朝於沙州置歸義軍，以張義潮為節度使。十一年（857）冬，吐蕃酋長尚延心率河、渭兩州降唐。曾經強盛一時的吐蕃帝國瓦解，徹底衰落下去，從此不復成為中原王朝的競爭對手。沙州歸義軍政權一直到唐朝滅亡，基本控制了隴右東道，形成了地域性的繁榮時代。

吐蕃佔領隴右之後，唐朝和西域的聯繫多通過北亞草原的回紇。回紇在東西貿易中牟取很大利益。回紇也援助唐朝在北庭和安西的駐屯軍，直到 790 年和 791 年吐蕃佔領北庭和安西。隨着阿拉伯在中亞的擴張，粟特昭武九姓人東遷到回紇，經商傳教，在其影響下，回紇逐漸改信摩尼教，並且根據粟特字母創造了古回紇文，著名的九姓回紇可汗碑就是用古回紇文、漢文和粟特文三種文字刻寫而成的。開成五年（840），點戛斯以十萬之眾攻破回紇城，迫使回紇往西遷移，其中一支以西州為中心建立了西州回紇或高昌回紇政權，另外一支建立了甘州回紇。回紇人逐漸成為現在新疆地區的主要居民之一。

李公麟《維摩演教圖卷》（節選）

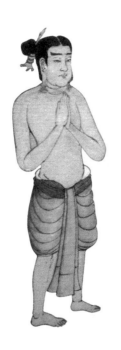

南詔供養人，《南詔圖傳》
（節選）

藏式坐佛，《西藏造像量度》（節選）

契丹王爺，《東丹王出行圖》
（節選）

于闐菩薩，唐代丹丹烏里
克遺址

高昌菩薩，《北庭高昌回紇
佛寺遺址壁畫》（節選）

大理三塔，建
於南詔時期

　　雲南的南詔，取利於唐朝和吐蕃的戰爭，逐漸壯大。最初南
詔臣服吐蕃，與唐朝作戰。在安史之亂前，楊國忠發動對南詔的
大規模戰爭，並未取勝。安史之亂發生後，南詔攻入四川南部。
唐朝自顧不暇，南詔逐漸形成國家規模。德宗時，唐軍大破吐
蕃、南詔聯軍。之後吐蕃與南詔關係轉壞，唐朝轉變立場，聯詔
抗蕃。此後戰略形勢大變，南詔開始與唐朝合兵攻擊吐蕃。貞元
十八年（802），南詔大破吐蕃大相論莽熱所帥軍隊，俘虜論莽
熱。在實力增強後，南詔走向了獨立的擴張之路。除了侵擾西川
外，還攻略驃國、安南等處。這種情形一直延續到唐朝滅亡。

　　真正將成為中原政權威脅的來自東北，9世紀時，契丹的生
產獲得很大的進展。唐天復元年（901），耶律阿保機被立為夷
離菫，以後他代替遙輦氏為首領，並於後梁貞明二年（916）稱
帝，建立契丹國。這個政權將來會成為中原王朝此後兩百年的主
要威脅。

作為皇權延伸的宦官及中央政府的黨爭

宦官在唐朝政治生活中的角色並不是從開始就是飛揚跋扈的。在貴族政治體制下，宦官出身低微，皇權又受到貴族權的制約，宦官擅權缺乏必要的制度基礎，還沒有形成政治慣例。玄宗以前，唐朝的皇位繼承，主要通過皇子之間的競爭，通過宮廷革命的形式進行。太子、親王、公主、貴族在政治中都非常活躍。尤其是皇子不但自身有一大幫僚佐班子，又與大臣貴族合縱連橫，進而能夠左右政局。此時的宦官，只不過是皇室的家奴，並不能在政治上起到較大的作用。但是隨着玄宗加強皇帝權力，裁抑太子、親王的政治影響力，乃至將親王們集中於十六王宅居住，不管是作為皇室屏藩還是皇位競爭者，皇子們逐漸退出了政治舞臺的中心。貴族君主制到專制君主制的演變過程，在社會性質上表現為貴族社會向平民化社會的演進，在政治權力結構上表現為從家族統治到個人統治的轉化。親王勢力衰落，在沒有皇族成員作為屏藩的情況下，宦官作為皇帝個人權力的延伸開始興起，這導致了唐朝中後期的宦官專權。但宦官和皇權是相依相存的，宦官的消滅成為唐朝滅亡的重要標誌。到了宋代，科舉產生的讀書人官僚在政治中佔據了最重要的地位。這批人經過學習儒家經典具有深入骨髓的忠君愛國思想，而且具有行政處理能力。皇帝和士大夫共治，基本上成為中國政治的主流。

毫不奇怪，最初能夠在政治上嶄露頭角的宦官，大多是參與宮廷政變博取政治機會者。比如楊思勖（約 659—740），在

中宗時代就因為參與挫敗太子李重俊的政變而獲拔擢到銀青光祿大夫，行內常侍。又過了幾年，臨淄王李隆基發動政變誅殺韋后，他又跟隨李隆基討伐韋后，被視為心腹，拔擢為右監門衞將軍。玄宗上臺後，楊思勖逐漸展示出軍事才能，經常被玄宗派出去討伐叛軍，比如開元初年，楊思勖募兵十餘萬討伐安南；開元十二年（724），又帶兵討伐五溪蠻族，斬首三萬餘；開元十四年（726），討伐邕州賊帥梁大海；開元十六年（728），討伐瀧州叛亂；以軍功累封為虢國公，加驃騎大將軍。雖然楊思勖戰功赫赫，在對玄宗忠心耿耿的同時，也並沒有削弱當時朝臣對政治的主導。在當時的政治環境下，楊思勖僅僅是作為一位有傑出軍事才能的將領領兵作戰，沒有見到任何他能夠干預朝政的記載。這跟後來的宦官專權有明顯的區別。但是，不可否認，楊思勖的一個重要身份是作為玄宗個人權力的延伸和個人代表，這一點跟正常的朝臣又有區別。他在軍事上的崛起，在某種程度上反映了宦官權力已經在逐漸強大起來。

玄宗時，已經打破了太宗的關於內侍省不置三品官的規定，從楊思勖的例子看，他已經被拔擢到從一品的驃騎大將軍，還封國公。玄宗所依賴的另外一個更有名的宦官高力士，後來也繼楊思勖之後被授予驃騎大將軍，但要比前者晚很多，而且封爵僅限於郡公。大概是因為高力士雖然被玄宗所信任，但是與楊思勖相比，沒有他那樣的赫赫戰功。天寶十三載（754），玄宗置內侍監兩人，正三品，分別任命高力士、袁思藝擔任，從制度上打破內侍省不置三品官的舊制。袁思藝驕狂倨傲，而高力士為人乖

巧謹慎。而且從高力士的例子看，宦官作為皇帝權力延伸的角色非常明顯。他的政治命運跟自己伺候的玄宗緊密相關，在後者倒臺之後，高力士被肅宗流放貴州，後被赦還朗州（今湖南常德），玄宗死後，他也吐血號啕而死，陪葬玄宗安寢的泰陵。

玄宗時期，唐朝中央政府仍能正常運作，皇帝主要還是依仗南朝大臣系統行使統治權，宦官僅僅是其直接干預政治、軍事、經濟的補充手段。當然最重要的是，宦官從皇室

唐石刻侍從俑，中國國家博物館藏，楊思勗墓出土，攜帶多種武械。楊思勗，玄宗心腹宦官，有輔國大將軍等職位。先隨玄宗誅韋武、太平公主等宮廷集團，後平定安多起地方叛亂。性情殘暴、戰功顯赫、忠心耿耿

的奴僕變成了十六王宅的主導者，皇室子弟反而成為宦官監視下的囚犯，這是唐朝中後期宦官能夠操縱政局的重要原因 —— 皇帝幾乎都是從十六王宅挑選出來登上皇位的。同時，宦官離開皇權就徹底失去了權力的根源，所以唐朝後期的皇權跟宦官形成緊密的共生關係。在中央政府運作失效、地方藩鎮飛揚跋扈的情況下，宦官實際上起到鞏固皇權的作用。唐朝的徹底滅亡也從宦官被誅殺開始。

安史之亂幾乎摧毀唐朝中央政府，很多的政治慣例開始動

搖。皇帝對大將、朝臣的不信任讓他們更加熱衷於使用宦官。

　　肅宗在靈武即位，宦官李輔國扈從有功，被拔擢為判元帥府行軍司馬，此時 ——

　　　　宣傳詔命，四方文奏，寶印符契，晨夕軍號，一以委之。[1]

他回到長安後，肅宗又讓他專掌禁軍，一切制敕都需經他押署，賦予其巨大的軍政權力。代宗即位，以其有定策之功，尊為「尚父」，加司空、中書令。但是代宗上臺後需要自己信任的宦官掌握權力，李輔國作為肅宗舊人，就成了障礙。代宗利用宦官內部矛盾殺掉了李輔國，任用另一個宦官程元振典掌禁軍。

　　代宗廣德元年（763）底，吐蕃入犯京畿，宦官魚朝恩帶領禁軍迎奉，深受寵異，改為天下觀軍容宣慰處置使，專典神策軍。大曆五年（770）代宗誅殺了魚朝恩，不再讓宦官典兵。

　　德宗任命李光弼屬吏白志貞為神策軍使，但是涇原之變，德宗急召禁軍，白志貞無兵保駕，惟有早年在東宮時的兩名宦官竇文場、霍仙鳴帶領大小宦官百餘人左右從行。

　　貞元二年（786）九月，改神策左、右廂為左、右神策軍，以竇文場、霍仙鳴掌管。

　　貞元十二年（796）六月，特立護軍中尉兩員，中護軍兩員，以帥禁軍，宦官竇文場、霍仙鳴為左右神策護軍中尉。京畿以

---

1 《資治通鑒》卷二二一。

西，多用神策軍出鎮。神策軍待遇優厚，北邊諸鎮也多請遙隸神策軍，神策軍增加到十五萬人。

宦官專掌禁軍，自德宗一朝成為常制，終唐之世不變。

除了領禁軍，宦官也逐漸掌握樞密大權，參與朝政。

永泰年間，宦官董秀掌樞密。至大曆十二年（777），始終以董秀宣傳詔旨於中書門下。董秀被誅，喬獻德接任。憲宗時，正式定名為樞密使。自此以後，兩樞密使掌出納帝命，逐漸與宰相共執朝政，形成宦官專權的局面。

樞密使以宦官充任，與兩中尉合稱四貴。宦官既參與朝政，又典禁軍，一旦形成制度，就對原先的政治結構造成巨大的衝擊。此後，穆宗、文宗、武宗、宣宗、懿宗、僖宗、昭宗都是由宦官擁立的。在各道和出征軍中，又使宦官監軍，監軍的權力甚至超過節度使。可以說，唐朝的宦官專權，不但集中於中央，而且普遍見於地方。從內而外，作為皇帝代表的宦官，在唐朝中後期一百多年的歷史中扮演了重要的角色。

宦官的飛揚跋扈和對朝臣權力的擠壓，引發反彈。反對宦官的鬥爭成為唐朝中後期政治的重要內容。

文宗時發生的「甘露之變」，是這種鬥爭發展到極端的反映。文宗企圖誅殺宦官，李訓、鄭注揣知其意，做政治投機，參與其中。他們先分大宦官王守澄之權，然後將其賜死於家。李訓、鄭注欲盡誅宦黨，鄭注赴鳳翔召募壯士，李訓在朝中聚集力量。大和九年（835）十一月壬戌早朝，金吾大將軍韓約奏稱其衙中石榴樹上降有甘露，欲誘引宦官到金吾衛衙圍而誅之。結

果左右中尉仇士良、魚志弘等發覺，劫持文宗，緊閉宮門，發兵捕殺朝臣，李訓、鄭注和宰相王涯、舒元輿等，以及王璠、郭行餘、羅立言、韓約、李孝本等十餘家被屠殺。從此之後，南衙宰相更加失去了政治權力，淪為擺設，天下大事都由宦官決定。

到了唐朝滅亡前夕，惟一能夠給昭宗皇帝帶來安全的就是宦官集團了。宰相崔胤等將天下禍亂的原因都推到宦官頭上，企圖奪神策軍權隸屬宰相所在的南司，但是遭到神策軍的拒絕。護軍中尉宦官韓全誨帶昭宗投奔鳳翔節度使李茂貞，而崔胤則引朱溫入關。最後朱溫奪得昭宗，將韓全誨等「四貴」及宦官近兩百人誅殺。昭宗還京後，裁撤內諸司使，將其權力還給外朝，並且召回諸道的監軍。於是，天下大殺宦官，除河東監軍張承業等少數人得到節度使保護，其餘監軍全部被殺。宦官作為一個政治軍事集團被剪除之後，唐皇室也就完全失去了最後的可以依賴的資源。不久，朱溫篡奪權力，建立梁朝。梁太祖登基後第一件大事，便是設置崇政院，以奪樞密院之權。從此，宦官集團和他們所侍奉的唐皇室一起徹底退出了歷史舞臺。

在宦官掌權的同時，唐朝官僚集團之間卻發生了長達四十年之久的黨爭。以牛僧孺、李宗閔為首的牛黨和以李德裕為首的李黨都與宦官有勾結。文宗時內廷宦官分為兩派，勢均力敵。牛黨、李黨各自依靠一派，相持不下，每逢朝廷議政，雙方總是爭吵不休。武宗時，與李德裕有連的宦官楊欽義為樞密使，李德裕自淮南節度使入相。牛黨的主要人物全被貶逐到嶺南。武宗死，與李黨有連的一派宦官失敗，得勝的一派擁立宣宗，李德裕貶死

崖州。黨爭基本結束。牛李黨爭是官僚集團之間爭權奪利的鬥爭。雙方結黨基本上都不是基於共同的政見，而是通過各種關係建立起來的。個人的權力地位和恩怨得失在黨爭中起了重要作用。不過，在藩鎮割據、中央政府無力的情況下，黨爭無疑削弱了中央權威，不利於唐朝統一帝國的重組和再造。

年代	姓名	《舊唐書》宦者傳	備注
玄宗	楊思勗	有膂力，殘忍好殺。	可以統兵、擔任三品以上官職；宦官監軍開始。
玄宗	高力士	性謹密，能傳詔敕。肅宗在春宮，呼為二兄，諸王公主皆呼「阿翁」，駙馬輩呼為「爺」。	
肅宗代宗	李輔國	不茹葷血，常為僧行，視事之隙，手持念珠，人皆信以為善。「大家但內裏坐，外事聽老奴處置。」	開始掌兵，掌握一部分中央軍權，未成制度。
肅宗代宗	程元振	是時元振之權，甚於輔國，軍中呼為「十郎」。	
肅宗代宗	魚朝恩	性黠惠，善宣答，通書計。性本凡劣，恃勳自伐，靡所忌憚。	
肅宗代宗	劉希暹	出自戎伍，有膂力，形貌光偉，以騎射聞。與兵馬使王駕鶴同掌禁兵，所為不法。	
肅宗代宗	賈明觀	恣為兇惡，毒甚豺狼。	
德宗	竇文場霍仙鳴	時竇、霍之權，振於天下，藩鎮節將，多出禁軍，臺省清要，時出其門。	宦官專典禁軍成制度。
德宗順宗憲宗	俱文珍	性忠正，剛而踏義。奏請立廣陵王為皇太子，勾當軍國大事。順宗可之。	

（續上表）

年代	姓名	《舊唐書》宦者傳	備注
憲宗 穆宗	吐突承璀	性敏慧，有才幹。復為神策中尉。惠昭太子薨，承璀建議請立澧王寬為太子，憲宗不納，立遂王宥。穆宗即位，銜承璀不佑己，誅之。	
憲宗 穆宗 敬宗 文宗	王守澄	定冊立穆宗皇帝。李訓既殺守澄，欲盡誅宦官。（歸）士良等率禁兵五百餘人，露刃出東上閤逢人即殺，王涯、賈餗、舒元輿、李訓等四人宰相及王璠、郭行餘等十一人，屍橫闕下。自是權歸士良與魚弘志。至宣宗即位，復誅其太甚者，而閹寺之勢，仍握軍權之重焉。	殺憲宗，立穆宗。唐宦官廢立皇帝的開始，一直到唐亡，皇帝基本由宦官廢立；逐步干預政治。
僖宗	田令孜	頗知書，有謀略。有匡佐之功，時令孜威權振天下。西川節度使陳敬瑄，即令孜之弟也。	
僖宗	楊復光	雖黃門近幸，然慷慨有大志，善撫士卒；及死之日，軍中慟哭累日。身後平賊立功者，多是復光部下門人故將也。	
僖宗 懿宗 昭宗	楊復恭	知書，有學術，每監諸鎮兵。復為樞密使。內外經略，皆出於復恭。	

唐代重要的宦官簡表。唐中後期宦官亂政的眾多史載事件裏，後人常提及仇士良「甘露之變」裏喋血宮廷、殺盡朝臣

唐朝的亂亡與五代的肇始

在中央權威衰頹，內憂外患之際，唐朝的統治也越發風雨飄

搖。大中十三年（859）十二月，裘甫在浙東率百餘人起事，攻下象山、剡縣，連續擊敗官軍，眾至三萬餘，自稱天下都知兵馬使，改元羅平。唐朝財政的根基在於江淮，裘甫起兵對唐朝構成嚴重威脅，唐朝派出大軍討伐，到次年才平定。更大的事變卻是由內憂外患的連環性導致的。咸通三年（862）朝廷命徐州兵南戍桂林，以防南詔北侵。按規定戍卒三年一替，這批戍卒戍邊六年仍不得回。到了咸通九年（868），戍卒們發動兵變，推龐勳為首，武裝北歸徐州。在遭到唐軍阻擊後，叛軍挺進淮泗地區，正碰上淮北大水，大量民眾參加叛軍，人數達到六七萬人。龐勳攻克泗州、宿州、徐州等地，乃至光、蔡、淮、浙、兗、鄆、沂、密等地民眾紛紛投靠，形勢極度惡化。龐勳於年底攻佔淮口，隨後又擊敗唐軍戴可師部，阻斷了漕運。這場民眾暴動一直到第二年下半年才被平定，但是埋下了以後更大規模民眾暴動的隱患。

曹州冤句人黃巢出身世代販賣私鹽的家庭，曾多次應試進士科，皆不中，廣為流傳的他的《不第後賦菊》詩云：「待到秋來九月八，我花開後百花殺。衝天香陣透長安，滿城盡帶黃金甲。」河南連年發生水旱災，百姓流殍，無處控訴。僖宗乾符元年（874），黃巢的同鄉王仙芝與尚君長等聚眾數千人於長垣揭竿而起，自稱天補平均大將軍，兼海內諸豪都統，傳檄諸道。黃巢聚眾數千人，響應王仙芝。在此之前，各地曾流傳着「金色蛤蟆爭努眼，翻卻曹州天下反」的民謠，似乎得到應驗了，鼓舞了農民軍的鬥爭士氣。唐廷詔淮南、忠武、宣武、義成、天平等

五節度使進擊義軍。在敵強我弱的形勢下，王仙芝與黃巢採取避
實就虛的流動戰術，率軍進圍沂州，轉戰河南，攻佔陽翟、郟
城（今河南郟縣）等八縣之地。接着，又攻陷汝州，威脅東都洛
陽。後來起義軍攻鄭州不下，於同年十二月轉而接連進攻申、
光、廬、壽、舒、通州等地，逼近揚州。

　　唐朝以左神策軍押牙兼監察御史的官職招撫王仙芝未果，
但黃巢因此與他分道揚鑣。877 年，黃巢率軍攻破鄆州、沂州，
與王仙芝部將尚讓合兵。但是接下來戰事不利，王仙芝率兵馬南
下，再次與黃巢分裂。次年，王仙芝在黃梅兵敗戰死，其餘部
一部分南下，一部分北上與黃巢會師。此後眾將推黃巢為主，
號「衝天大將軍」，改元王霸，置官職，建立政權。黃巢大軍在

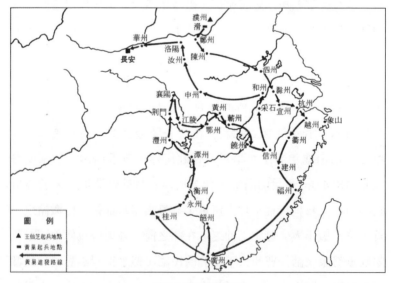

黃巢之變進軍示意圖

中原地區轉戰，唐朝調集重兵入河南進剿，黃巢撤出河南，向唐朝兵力薄弱的南方進軍。在 878 年下半年攻入浙東，隨後披荊斬棘，開山路七百里，攻入福建。同年十二月，攻下福州。黃巢本人也屬讀書人，所以所經之處頗保護儒者。乾符六年（879）初，在遭到唐軍攻擊失利後，黃巢再從福建攻入廣東，向唐朝請封廣州節度使，被唐朝拒絕，僅授予率府率，黃巢大怒，於九月佔領廣州。

黃巢劫掠東南沿海。當時泉州和廣州等地一直是唐朝海外貿易的重鎮，阿拉伯、波斯、猶太等商人、教徒聚集在這裏，唐朝開放包容的精神容納了不同信仰、族群的人們，在這裏形成了絢爛的文明。黃巢似乎執行排外政策，對泉州和廣州的外國居民進行劫殺，使廣州這一遠東重要的大都市化為焦土，百年的財富與文化積澱毀於一旦。此後戰亂不已，貿易中絕。黃巢在東南沿海針對外國居民的屠殺，可以放在唐朝從世界帝國衰退的大背景下看。排斥外來文明及其代表這一傾向，逐漸在中國的知識思想領域，乃至政治行動中越來越濃重了。

黃巢本來計劃以嶺南為基地，割據自守，但是廣東發生了大瘟疫，黃巢軍兵力損失慘重。在眾人支持下，黃巢又率軍北上，廣明元年（880）渡過淮河，年底攻下東都洛陽，接着越潼關天險。唐僖宗逃亡四川。黃巢於廣明元年（880）十一月進入長安，即位於含元殿，建立了大齊政權，年號金統。他沒收富家財產，號稱「淘物」。受到唐軍攻擊，黃巢逃出長安，後又返回，第二次攻佔長安。黃巢殘暴毒虐，怨恨長安百姓幫助唐軍，下令屠

四面從茲多厄束，一斗黃金一斗粟。

尚讓廚中食木皮，黃巢機上刲人肉。

東南斷絕無糧道，溝壑漸平人漸少。

六軍門外倚僵屍，七架營中填餓殍。

長安寂寂今何有？廢市荒街麥苗秀。

采樵砍盡杏園花，修寨誅殘御溝柳。

華軒繡轂皆銷散，甲第朱門無一半。

含元殿上狐兔行，花萼樓前荊棘滿。

昔時繁盛皆埋沒，舉目悽涼無故物。

內庫燒為錦繡灰，天街踏盡公卿骨！

家財既盡骨肉離，今日垂年一身苦。

一身苦兮何足嗟，山中更有千萬家。

朝飢山草尋蓬子，夜宿霜中臥獲花。

妾聞此老傷心語，竟日闌幹淚如雨。

出門惟見亂梟鳴，更欲東奔何處所。

仍聞汴路舟車絕，又道彭門自相殺。

野邑徒銷戰士魂，河津半是冤人血。

韋莊《秦婦吟》（節選）。黃巢軍攻入長安（880），晚唐詩人韋莊因應試正在城中，後到東都洛陽（883），他將在長安城中所見所聞，託言一位從長安逃難出來的「秦婦」之口，寫成這首長篇敍事詩，描繪戰亂中普通人的悽慘境遇和長安城的毀壞。後來韋莊自己把這首詩銷毀，直到千年後敦煌石窟打開才重回人世

城，將城中男丁殺戮殆盡。長安，這座當時世界上最偉大的城市之一，累積了數百年的燦爛物質和精神文明，經歷了安祿山叛軍、吐蕃、藩鎮兵的多次攻陷都沒有垮下，終於在黃巢的惡意屠殺劫掠中一炬成灰。此後，長安再也無緣成為中國的首都，其積累的輝煌文明遺產也幾乎毀滅殆盡。

中和三年（883）四月，李克用軍攻入長安，黃巢力戰不勝，遂連夜撤離長安，最終兵敗自殺。在這場大動盪中，唐朝也耗盡了自己最後的精氣，稍後被朱溫篡奪帝位，結束了近三百年的統治。

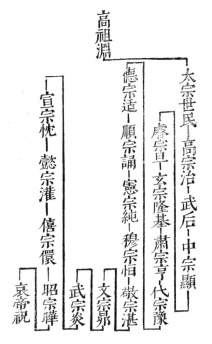

唐朝世系之圖（《三才圖會》），原無「武后」，編者加

07

五代十國的短暫
分裂和重新統一

　　唐朝在藩鎮割據的局面下艱難前行，中央權威慢慢遭到腐蝕。隨着黃巢舉兵，給這個風燭殘年的王朝最後一擊。唐朝最後的二十年，內有朝臣與宦官的傾軋，外有諸強藩的爭奪，最終被朱溫取代，中國歷史進入五代十國時期。五代十國，從根本意義上說，是唐朝一百多年藩鎮割據的繼續和升級，在北方，政治中心從長安和洛陽轉移到開封和太原，兵強馬壯的藩鎮使天子受命於天的信條受到極大挑戰。朱溫建立的後梁無法統一北方，很快就被建立後唐的李存勖顛覆。這種情形不斷重演，一直到趙匡胤取代後周建立宋朝為止。在南方，也沒有像南北朝時期一樣形成一個統一的南方政權，而是出現了大大小小很多的小政權。這種局面有利於將來的統一。在中國歷史上，依靠長江天險南北分立的局面很多，但是在五代十國的統一過程中，南北統一並未遇到太多障礙。五代十國是一個承上啟下的時代，崛起於北方的契丹，已經逐漸成為中原王朝的巨大威脅，這種局面延續到宋朝。一個多世紀的武人政治造成的深刻印象，是宋代採取崇文抑武政策的原因之一。中原王朝的內亂也帶給契丹南侵的機會，遼國得

以崛起。五代十國是中國歷史的重要時期,由於四分五裂,其間定難軍(後來的西夏)和靜海軍(交趾)逐漸脫離中原王朝。

朱溫代唐和五代前期的攻戰

　　黃巢的滅亡,並沒有拯救唐王朝,之後唐帝國已經名存實亡。各地藩鎮武力割據,成為完全無視唐朝中央的獨立王國。其中宣武節度使朱全忠、河東節度使李克用、鳳翔節度使李茂貞、盧龍節度使劉仁恭、鎮海節度使錢鏐、淮南節度副大使楊行密等人勢力最大。長安的唐朝中央政府不但完全不能控制首都附近以外地區的財稅、人事,而且時常處在強藩的武力威脅之下。在眾多的藩鎮中,朱全忠、李克用與李茂貞這三派藩鎮對唐朝後期、五代前期的政治產生了最重要的影響。後梁為朱全忠所建立,而後唐、後晉、後漢與後周,都是由出身沙陀的李克用的子孫或者部屬所建立的。黃巢革命,沙陀助唐平叛。五代十國割據中,後唐、後漢均屬沙陀部族。劉知遠,「其先沙陀部人也」[1]。石敬瑭祖上居甘州,其父本出西夷,自朱邪歸唐,從朱邪入居陰山。突厥下常集結許多中亞胡人,甘州及鹽、夏地區是胡人聚集區。或其種族,更接近昭武九姓中的石國。

　　朱溫和李克用是鎮壓黃巢起義的唐軍主力,也是黃巢起義的最大受益者。朱溫(852—912)於乾符四年(877)參加黃巢軍,

---

1 《新五代史》卷一〇《漢本紀》。

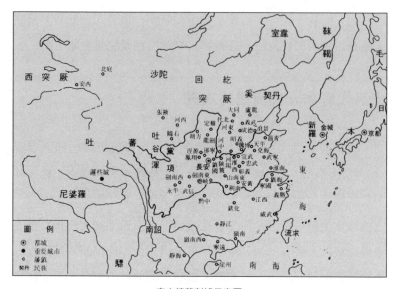

唐末鎮藩割據示意圖

反抗朝廷,因軍功升為大將。黃巢建立大齊政權後,任命朱溫擔任同州防禦使。朱溫率軍攻河中地區,屢次被唐軍挫敗,隨着形勢對黃巢軍不利,朱溫權衡利弊,選擇了背叛黃巢,向唐河中節度使王重榮投降。唐僖宗賜名「全忠」,讓其擔任河中行營副招討使,隨後又於中和三年(883)授予宣武節度使。朱溫逐漸以開封為中心建立起自己的割據勢力。龍紀元年(889),朱溫擊敗黃巢餘部蔡州節度使秦宗權,被封為東平王,天復元年(901)封為梁王。與朱溫不同,李克用(856—908)出身沙陀貴族,出生在神武川之新城,本姓朱邪,其父受唐朝天子賜李姓。為了鎮壓黃巢,唐朝邀李克用從代州率沙陀騎兵南下。李克用在收復長安的戰役中功勞最大,因此被唐朝任命為河東節度使。之後,

李克用及其子李存勗逐漸將河東地區作為自己的根據地。朱溫的開封和李存勗的太原在五代早期成為兩大勢力對決時的政治、軍事中心。

因黃巢勢大，宣武節度使朱溫邀河東軍援助。中和四年（884），李克用率軍南下大敗黃巢軍，黃巢最終在虎狼谷自殺。李克用在回師途中受朱溫邀請進入宣武節度使首府汴州（也就是後來的開封）。或許是李克用酒後言語多有侮辱，朱溫突然發兵襲擊河東軍。李克用差點被殺，狼狽逃回太原。從此之後，朱溫的宣武和李克用的河東成為政治上的敵人。實際上，在黃巢滅亡之後，北方兵力最為強大的就是朱溫和李克用，雙方都想消滅對方。此後數年，太原的李克用和開封的朱溫持續爭戰，成為爭奪天下的最大競爭者。

光啟元年（885），李克用率軍攻入關中，擊敗朱溫的同盟朱玫、李昌符，造成唐僖宗逃往鳳翔。河東軍攻入長安後，縱火大掠，不久又自行撤出。長安久經戰亂，這次遭到河東軍的縱火搶掠，再次遭到重創。昭宗大順元年（890），朱溫和宰相張濬力主討伐河東。昭宗下詔削除李克用官爵，諸鎮兵聯合進攻河東，但是卻被河東擊敗，朝廷只好再次妥協，恢復李克用的官爵。歷史的弔詭之處在於，最初作為唐朝主要叛臣的李克用，在此後卻成為唐朝存亡的關鍵救命人物。

乾寧二年（895），李茂貞、王行瑜及韓建三帥進京挾持唐昭宗，正是李克用率兵將其奪回，李克用也因此被封為晉王。但是在李克用和朱溫的對抗中，李克用漸漸處於下風。朱溫利用朝

中的勢力打壓李克用，並且趁李克用與李茂貞等人抗衡之際威服河北各藩鎮，併吞河中軍、淄青軍等節度使領地。地盤的擴充使得朱溫的勢力遠大於李克用。尤其是本投向河東的幽州劉仁恭叛變，使得黃河以北幾乎全部歸附朱溫。901 年、902 年，朱溫兩次率軍圍攻太原，差點將李克用消滅。有賴於太原城堅，最後勉強保全。不過自此之後，李克用只能龜縮於河東，不敢再與朱溫全面對抗。朱溫一股獨大之後，得以挾天子以令諸侯，唐皇室的命運更如風中殘燭，朝不保夕。

唐昭宗即位之後，宰相崔胤與宦官韓全誨爭權。雙方各自引藩鎮作為黨援。901 年，昭宗被宦官韓全誨幽禁，崔胤招朱溫入援。韓全誨不得已挾昭宗投靠鳳翔節度使李茂貞。朱溫於是率軍圍困鳳翔。到了第二年，鳳翔糧草食盡，只好向朱溫妥協。節度使李茂貞殺宦官韓全誨等七十餘人，與朱溫和解，護送昭宗出城，昭宗又回到長安。朱溫和崔胤乘機將宦官數百人殺死，廢神策軍。宦官作為一種皇權延伸的政治勢力，自此退出政治舞臺。

同時，唐朝皇室再也沒有任何自己可以依靠的勢力，徹底淪為強臣的傀儡。在此之後，朱溫掌握朝廷大權，派兵控制長安，宰相崔胤後悔不已，有意擺脫朱溫的威脅，暗中召募六軍十二衛。904 年朱溫殺崔胤，逼迫唐昭宗遷都洛陽，八月壬寅夜，指使朱友恭等人殺昭宗，另立昭宗子李柷為帝，即唐哀帝。

天祐二年（905），朱溫於滑州白馬驛一夕盡殺宰相裴樞、崔遠等朝臣三十餘人，投屍於河，史稱「白馬之禍」。唐朝中央政府完全瓦解。

在昭宗時代朝臣與宦官勾結強藩、威脅皇權的同時，李唐皇室的統治也到了行將結束的地步。如古代史家所記：

> 崔胤秉政而排擯宦官，季述等外結藩侯，以為黨援[1]。

在這個時候，李唐皇室也並非沒有做出抵抗。昭宗想到了宗室的勢力——從玄宗時代就開始遭到嚴厲壓制的李氏諸王。諸王典禁軍，在唐代歷史上並不是什麼特例，在睿宗、玄宗朝，就有薛王、岐王典左右羽林軍。景福二年（893）——

> 昭宗以藩臣跋扈、天子孤弱，議以宗室典禁兵。及伐李茂貞，乃用嗣覃王允為京西招討使……已而兵自潰。

後來，昭宗又——

> 詔嗣薛王知柔入長安收禁軍、清宮室，月餘乃還。又詔諸王閱親軍，收拾神策亡散，得數萬。益置安聖、捧宸、保寧、安化軍，曰「殿後四軍」，嗣覃王允與嗣延王戒丕將之[2]。

用宗室子弟控制禁軍，雖然是一個很好的主意，但是此時的李唐諸王，經過百餘年的壓制，已完全沒有了唐代前半葉飛揚跋扈、縱橫四海的氣魄。當年臨淄王李隆基星夜率禁軍殺入太極宮

---

1 《舊唐書》卷一八四《宦官傳》。
2 《新唐書》卷五〇《兵志》。

的事情不復發生。諸王典禁軍，很快就在強藩和宦官的擠壓中失敗了。

896 年，覃王率軍與鳳翔軍作戰失利，諸王率禁軍奉車駕將幸太原，被華州節度使韓建攔往華州。不久，華州防城將花重武告睦王以下八王欲謀殺韓建，移車駕幸河中。韓建強迫昭宗囚禁八王。諸王率領的殿後侍衛四軍兩萬餘人一哄而散，從此「天子之衛士盡矣」。昭宗悲憤，與學士、親王登齊雲樓，西望長安，令樂工唱御製《菩薩蠻》詞，奏畢，皆泣下沾襟。韓建聯合宦官知樞密劉季述矯制發兵，圍諸王於十六宅，通王、覃王以下十一王並其侍者，皆為建兵所擁，至石堤谷，無長少皆殺之。[1] 李唐諸王被屠殺，使得即便李唐滅亡之後，也不會再有宗室子弟能夠舉旗再起。朱溫取代李唐之後，舉起李唐大旗的是太原的李克用及其子李存勗。

907 年，朱溫逼迫唐哀帝禪讓，建立梁朝，改元開平，定都東都汴州（今開封）。唐朝亡，五代十國時期開始。但是河東的李克用拒絕臣服後梁，依然使用唐天祐年號，以復興唐朝為名與後梁繼續爭鬥。

908 年，李克用去世，李存勗繼承其父遺志。此後後梁、後唐、後晉、後漢、後周先後成為控制北方的主要政權，但是它們都無法完全控制局面，屬於藩鎮型的朝廷。五代各朝雖然掌控中原與關中地區（除後梁未控制關中），但是沒有像唐朝一樣成為

---

1 《舊唐書》卷二〇《昭宗本紀》。

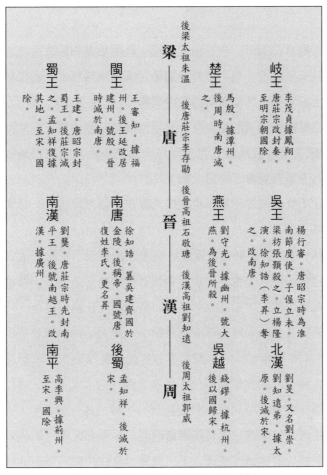

五代十國政權交替簡表（參考《三才圖會》）

所有藩鎮認可的共主，主要勢力範圍也不出華北地區。其他割據一方的藩鎮，或自立為帝，或奉五代正朔稱藩。

後梁建立之後，中原地區歸附後梁的義武節度使王處直、成德節度使王　、盧龍節度使劉仁恭都屬半獨立政權；鳳翔李茂貞、河東李克用更是根本不理會後梁，依然使用唐朝年號。西川

王建乾脆自己稱帝，建立前蜀政權。其他地區如荊南軍高季興、湖南武安軍馬殷、嶺南清海軍劉隱、淮南軍楊行密、浙江錢鏐、福建王審知等，都屬獨立的政治實體。

交趾靜海軍曲承裕自立，是越南地區脫離中原王朝的開端。10 世紀中葉，自漢至五代千餘年一直是中原王朝的直屬版圖的越南北方地區脫離了中原王朝。

党項族組成的定難軍也在陝北夏州一帶割據自立，後來發展為西夏。

861 年，張義潮從吐蕃手中收復涼州等地，實際上成為一個割據政權，性質上也是從唐後期到五代的諸藩鎮之一。節度押衙是歸義軍政權的中堅支柱和核心力量。節度使通過押衙，將各個階層的官員都納入歸義軍府的系統中，擴大了歸義軍政權的統治基礎。870 年和 875 年，歸義軍節度使張淮深兩次擊敗回紇。唐朝滅亡前後，歸義軍節度使張承奉自稱「白衣天子」，建立西漢金山國。但是此時歸義軍只能控制瓜、沙二州。911 年，這一政權被甘州回紇擊敗，成為後者的附庸。張承奉之後，歸義軍被曹議金所據，政權轉入曹氏之手。曹元忠是在位時間最長的歸義軍節度使，他在任期間，編纂曆日、敬授民時；設立軍鎮、還授土地；保障絲路暢通、促進文化交往；開窟造像、雕版印經，為敦煌文物的傳承和保護做出了巨大的貢獻。大約 1035 年，歸義軍政權為西夏所併吞。存在一百七十年的歸義軍政權結束。

後梁的統治相對來說比較殘暴。朱溫征戰多注重掠奪，而弱於建設，始終還是抱持一種藩鎮的心態經營天下。他將在吳地

搶奪的耕牛，以苛刻的條件出租給後梁境內的農民，令其按年繳納牛租。以至於在他跟李存勖爭奪蓨縣時，當地農民奮起痛擊後梁軍隊，迫使其放棄軍事物資逃回貝州。五代時失意士人獲得任用，這些人重實際而輕名義，是五代政治人物的代表。後梁也是如此，其任用的李振、敬翔等人都帶有這樣的特徵。後梁的對外開拓並不順利。李克用去世後，其子李存勖在李克寧、張承業的輔佐下逐漸崛起。910 年，成德軍王鎔與義武軍王處直倒向李存勖。李存勖率軍在柏鄉之戰中大破後梁軍。912 年，李存勖軍又攻滅割據幽州的劉守光，朱溫親自率軍救援也被晉軍擊潰。

朱溫敗退洛陽後病危，後梁發生內亂，其子朱友珪刺殺了朱溫，取得皇位。913 年，其弟朱友貞聯合天雄軍楊師厚奪取皇位。楊師厚去世後，天雄軍等河北諸鎮都陸續歸附晉國。到了 916 年，後梁的疆土只能勉強維持在黃河以南。921 年，張文禮殺成德節度使王鎔，控制成德軍，聯合契丹與後梁，對抗晉國。李存勖率軍在鎮州大破梁、趙聯軍。923 年，李存勖在魏州稱帝，建國號唐，史稱後唐。不久，後唐軍隊就攻滅了後梁。

後唐莊宗李存勖在建國過程中表現出英明神武的一面，在對外開拓方面取得了一系列成就。滅亡後梁後，莊宗定都洛陽。此時河北、河南、山西都在後唐控制之下。李茂貞對後唐稱臣。924 年，李茂貞去世，後唐兼併岐國，控制關內。前蜀王衍奢侈無度，殘暴昏庸，莊宗於 925 年派遣郭崇韜等攻入成都，滅亡前蜀。到此為止，後唐幾乎就要統一天下了，李存勖甚至準備平定長江以南，統一天下，可是因為後唐沙陀貴族內部的分裂導致功

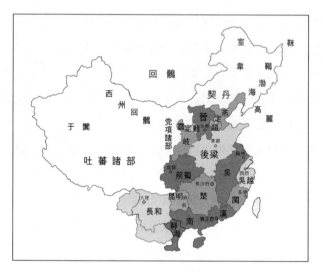

五代十國前期版圖（《看版圖學中國歷史》）。朱溫（文忠）稱帝的 907 年，北方中原除後梁外的主要割據勢力有：晉王李克用、岐王李茂貞、燕王劉守光（劉仁恭之子）、趙王王鎔，南方的主要割據勢力有：前蜀、吳國、閩國、吳越、楚國、南漢、荊南

虧一簣。莊宗派遣義兄弟李嗣源去平定魏博軍亂，後者反而受到部眾與叛軍擁護，掉頭進攻莊宗。汴州與洛陽陸續被陷，後唐莊宗於內亂中流箭而死。皇位落入李嗣源之手，即後唐明宗。

契丹的崛起與南方的情形

後唐明宗執政時期，政治局勢逐漸安定。他裁撤冗餘機關，建立三司等財政機關；在經濟上重視水利，促進農業生產；繼續增強中央軍事力量，建立侍衛親軍用於壓制藩鎮。這些制度也被後來的宋朝繼承。不過可惜的是，在其晚年，政局再次陷入混亂

之中。明宗幼子李從厚（即後唐閔帝）即位後，明宗的養子李從珂任鳳翔節度使、女婿石敬瑭任河東節度使。兩人都擁兵自重，當朝廷希望調動節度使時，激起了兵變。934 年，李從珂率兵攻入洛陽，閔帝逃往魏州，被石敬瑭俘虜，最後被李從珂所殺。李從珂稱帝，即後唐末帝。在後唐中央政府混亂之時，本來已經被征服的四川地區再次獨立。後唐莊宗任命的西川節度使孟知祥，也稱帝建國，史稱後蜀。

後唐的混亂局面，給了北方的契丹一個重要的戰略機遇。契丹崛起，成為此後威脅中原王朝兩百多年的主要力量。後唐末帝和石敬瑭關係不合，在前者即位後，後者即懷有叛變之心。936年，唐末帝將石敬瑭調任天平軍，雙方攤牌。石敬瑭為了向契丹借兵，對耶律德光稱兒，並且事後割讓燕雲十六州給契丹，年輸帛三十萬匹。後唐軍隊圍困石敬瑭所在的太原，耶律德光率軍解圍，幫助石敬瑭於太原建國後晉，即後晉高祖。937 年，晉軍和契丹聯軍大舉南下，不久晉軍攻入洛陽，末帝自焚而死，後唐滅亡。

石敬瑭定都汴州，將燕雲十六州割讓給契丹國。割讓燕雲十六州使中原失去有緩衝作用的防禦重地以及長城之險，埋下宋朝之世積弱的隱患，亦開啟了北方（遼、金、蒙古）長期進攻中原的契機。從此，契丹成為影響和干預中原的重要外族力量。中原王朝時時受到契丹的威脅。而且在五代十國分裂時期，南方的割據政權往往聯合契丹，制約中原政權。

歷史上石敬瑭因為稱「兒皇帝」，割讓燕雲十六州等事而被

地域	時間	事件	後續
蜀地	888	王建隨軍西討西川，獨據西川。	前蜀國前身
中原	888	聽從朱溫意見東討河東李克用。	當時北方中原四大割據勢力：晉王李克用、梁王朱溫、岐王李茂貞、燕王劉仁恭
江淮	892	任命楊行密為淮南節度使。	吳國前身
閩地	893	任命黃巢餘部王潮為福建觀察使。	王潮之弟為閩國建國者王審知
浙西	893	任命錢鏐為鎮海軍節度使。	吳越前身
嶺南	905	任命劉隱為清海節度使。	南漢前身
西南	902	897年鄭買嗣害死南詔國王，902年殺死南詔王室800餘人。	南詔亡後，該地區政權頻繁換人，直到段氏大理國：南詔—大長和（鄭買嗣，902）—大天興（趙善政，929）—大義寧（楊幹貞，930）—大理國（段思平，937）
荊南	907	後梁命高季興出任荊南節度使。	南平（荊南）前身
蜀地	925	後唐滅前蜀。	
蜀地	926	後唐孟知祥入蜀任西川節度使。	後蜀前身

唐末五代十國前期割據政權大事件表

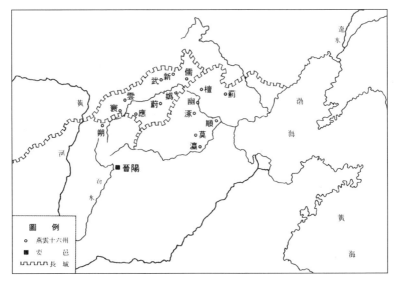

幽雲十六州示意圖。這個區域在今北京、天津全境，及河北、山西北部，商周以來，都是中原地區政權防禦北方遊牧部落南侵的天然國防屏障

視為漢奸的代名詞。不過從種族上看，石敬瑭祖先為中亞人，從沙陀移居太原，其母為何氏，或也是中亞血統。從出土的石敬瑭侄子、後被其收為養子的石重貴墓誌銘看，其自稱為後趙石勒後裔，或為自託，但其非為漢族文化認同，大概沒有問題。在當時的歷史背景下，契丹的耶律德光在北方的諸藩鎮看來，也就是更大的一個藩鎮。而且從北方遊牧部族借兵，是很悠久的傳統。唐高祖起兵時就從突厥借兵。不過高祖初能效之，終能反之，唐朝最終消滅了突厥。而石敬瑭並沒有這樣的能力和運氣。從他即位開始，契丹利用重要的戰略機遇，一躍登上東亞政治的舞臺成為重要的角色。

此前，秦宗權之亂時，其部將畢師鐸率軍攻打揚州，在抵抗過程中，楊行密逐漸壯大了自己的力量。902 年，唐朝封楊行密為吳王。吳國對外擁護唐朝中央，與朱溫敵對。即便在唐朝滅亡之後，吳國也不承認後梁的正統地位，依然使用唐哀帝「天祐」年號，一直到 919 年吳國改元，才正式放棄唐朝的正朔。吳國在南方持續擴張勢力，先後攻佔江西，統一江淮，937 年，徐知誥篡奪楊氏帝位，改吳為齊，建都金陵。同年北方的後唐滅亡。兩年後，徐知誥自稱李唐皇室後裔，改姓名李昪，改國號唐，史稱南唐。南唐對內與民休息，國力持續強盛，把地盤擴大到江東、江西、湖北以及浙江和湖南的一部分地區；對外則聯合遼朝壓制後周，並且尋找時機攻滅了閩國和楚國。南唐鼓勵農民墾種，栽桑養蠶。有時還提高農產品和絲織品的價格，藉以刺激生產。江東水鄉河身較高，田在水下，這裏的農民便在河渠兩岸農田周圍築成堤壩，內以圍田，外以隔水，稱為圩（圍）田。每一圩方圓幾十里，像大城一樣。沿堤有許多閘門（斗門），旱則開閘引水入圩，以收灌溉之利，澇則關閉閘門，以避泛濫之災。南方的經濟獲得了極大的發展。

浙江流域以至太湖周圍的十三州之地，是在吳越錢鏐控制之下的。錢鏐起家於唐末戰爭，被封為鎮海、鎮東節度使。唐朝滅亡後，907 年後梁封其為吳越王。錢鏐和他的繼承人都沒有過分地加重人民的徭役和賦稅的負擔，也沒有發動頻繁的戰爭，因此，在吳越統治的八十多年中，這一地區的經濟得到比較好的發展。吳越地區的農民也同樣修造了很多圩田。吳越時期，創造了

一種「石囤木樁法」，阻止了錢塘江入海處兩岸的田地經常遭受的海潮沖擊。在西湖和太湖，吳越統治者都設有「撩湖軍」，經常負責修治和疏浚工作，這對當地的生產事業也產生良好作用。在對外關係上，吳越奉後梁、後唐、後晉、後漢、後周這五代為宗主，與南吳以及後來代吳的南唐為敵，這種策略一直維持到亡國為止。

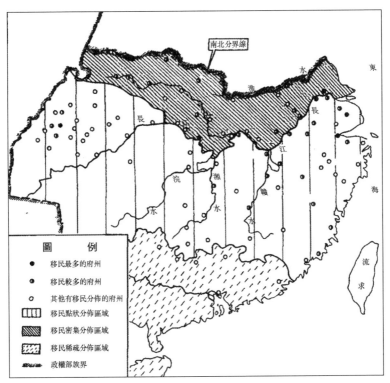

唐末五代南遷的北方移民分佈圖（參考《中國移民史》）。唐末五代戰亂導致大量北方人口南逃避難，給南方帶來先進的生產工具和技術，以及可觀的墾荒人口，加速南方地區經濟文化的發展，促使新的人口分佈格局形式

　　四川地區則先後建立了前蜀和後蜀兩個政權。前蜀為王建所建立，最後被後唐所滅。但是因為後唐的分裂，後唐派去統治四川的孟知祥再次獨立，建立了後蜀政權。孟知祥死後，其子孟昶繼位，與民休息，加上四川地區獨立半個多世紀，長期沒有大規模戰爭，政府的財政收入無一絲一粒入於中原，所以財幣充實。蜀地相對呈現富饒景象。

　　湖南則出現一個由武安軍節度使馬殷建立的楚國。10世紀初，馬殷攻佔潭、澧、衡、道等二十幾州之地，他接受後梁的封號為楚王，勢力範圍涵蓋今天的湖南和廣西北部，對北方的朝廷稱臣，使周圍鄰國不敢相犯。他在從湖南到河南的交通要道上的郢、復、襄、唐等州，都設置邸務，賣茶取利。他不徵收商稅，藉以招徠四方商賈，但在境內只鑄造鉛鐵錢行用，外地商販出境不能通用，從而通過貿易取利。楚國的農業也獲得較好的發展。馬殷死後，諸子紛爭不已，951年南唐乘機出兵把楚國消滅。但是不久，楚國舊將周行逢等人將南唐軍隊趕走，周行逢控制潭、朗、衡、永等數州之地，並把治所遷往武陵，依舊維持獨立。

　　在福建，河南固始人王潮和王審知兄弟入閩，乘着黃巢把唐朝在東南諸道統治力量打垮的機會，佔領了泉、汀等五州之地。唐昭宗任命王潮為武威軍節度使。王潮死後，王審知即自稱福建留後。909年，後梁封王審知為閩王。王審知「起自隴畝，以至富貴，每以節儉自處。選任良吏，省刑惜費，輕徭薄斂，與民休息。三十年間，一境晏然」。福建地區的經濟和文化，在這期間都有所發展。王審知去世後，諸子弟內訌，945年，南唐出兵將

其滅亡。然而吳越趁機介入，閩將李仁達以福州附吳越，泉州、漳州又為清源軍留從效所據，南唐最後只獲得建州與汀州。南唐從拓展的頂峰開始滑落，到了957年，北方的後周擊敗了南唐，割走了江北十四州。南唐幾經波折，政權落入有文學才能但無雄才大略的南唐後主李煜手中，再也無力對外開拓，只能保境安民而已。留從效驅逐了南唐屯守泉州的軍隊，佔有泉州和漳州，繼續在那裏割據稱雄，一直到北宋建國。

今天湖北省的西部形成了南平（又稱荊南、北楚）。建立者高季興為後梁太祖的將領，907年被封為荊南節度使，治所為江陵（今荊州），兼轄歸、峽二州。後唐建立後，封高季興為南平王，儼然一個小小的獨立王國。此地物產不豐，高季興和他的繼承人便對四周稱帝的各國都稱臣，希求賞賜。但是此地為交通要道，而且是荊州最大的茶市。南平統治者對諸國過境的貨物往往搶掠，被稱為「無賴子」。

廣東地區，則由一個參與鎮壓黃巢農民軍的清海軍節度使劉隱控制，形成一個以廣州為中心的割據政權。907年，後梁封他為彭郡王，後又先後封為南平王、南海王。劉隱重用當地士人，為將來建國打下了基礎。劉隱去世後，由其弟劉龑繼位。917年，劉龑統一嶺南，即位稱帝，國號大越，都番禺，號興王府。次年，自認是漢朝劉氏後裔的劉龑改國號為漢，史稱南漢。

937年，南漢的交州發生兵變，屬將吳權最後擊敗南漢的軍隊，佔據交州，即越南吳朝。南漢是一個商業發達的國家，每見北人，盛誇嶺海之強。劉龑和他的繼承人都很殘暴荒淫，賦斂繁

重，政刑苛酷，從 10 世紀 30 年代初期就不斷有人舉兵反抗，其中張遇賢的起義持續時間最長，規模最大。942 年，張遇賢軍北進，人數達十多萬之眾，直到次年十月才被南漢擊敗。

　　到了後主劉鋹時，他將政事都委派給宦官龔澄樞及女侍中盧瓊仙等人，其餘官員無足輕重。後來又將政事交予女巫樊鬍子，連龔澄樞及盧瓊仙都依附她，政事紊亂。在劉鋹看來，百官們有家有室，有妻兒老小，肯定不能對皇上盡忠。所以規定科舉被錄取者，若要做官必須閹割，以致於宦官一度高達兩萬人之多。劉鋹喜歡波斯女子，與之淫戲於後宮，叫她們「媚豬」，稱其「黑腯而慧艷」，而自稱「蕭閒大夫」[1]。

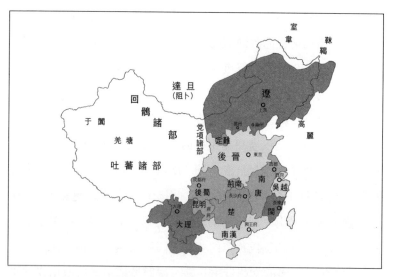

五代十國後期版圖（943 年，《看版圖學中國歷史》）

---

1 《清異錄》。

統一因素的滋長與五代後期的政治社會

在北方，後晉建立過程中得到契丹的支持，所以跟契丹存在特殊關係。但是由於晉朝財政匱乏，加上藩鎮多不願意順從契丹，石敬瑭採取安撫藩鎮、恭謹契丹的方式，勉強使形勢得以維持。但是原燕雲十六州官員如吳巒、郭崇威恥臣於契丹，不願投降；937年，天雄軍范廷光反於魏州，前去討伐的張從賓反而調轉槍口，跟范廷光一起率軍向開封進攻，到最後關頭被杜重威等人擊敗。不僅天雄軍，其他藩鎮對石敬瑭向契丹稱臣也很不滿。另外也有一些藩鎮企圖仿效石敬瑭勾結契丹奪取皇位。比如楊光遠就自持重兵干預朝政。成德節度使安重榮指責石敬瑭對契丹稱兒皇帝，甚至派兵搶掠契丹派往開封的使者。941年，兵強馬壯的安重榮向鄴都進發，石敬瑭派遣天平軍節度使杜重威率軍抵禦。雙方在河北宗城展開決戰，安重榮最後潰敗被殺。次年，石敬瑭派人將安重榮的首級獻給契丹。與安重榮一樣，河東節度使劉知遠也擁兵自立，並不聽從後晉的命令。吐谷渾部與契丹是敵人，他卻收留吐谷渾的殘部。契丹國派使者向石敬瑭問罪，石敬瑭也無可奈何，最後憂憤而死。他死之後，大臣馮道等擁立其養子石重貴繼位於鄴都，即後晉出帝。

出帝一改石敬瑭對契丹稱兒皇帝的政策，希望能夠得到後晉將領和百姓的支持。執政大臣景延廣對契丹持敵視態度，屢屢挑釁。這激起契丹可汗耶律德光的憤怒，他於944年率軍南下，攻掠貝州而還。第二年，後晉派杜重威率軍北伐，與契丹在白溝展

開戰鬥，後晉軍隊取得勝利，將契丹軍擊潰。到了 946 年，出帝再次派遣杜重威率軍北伐，與耶律德光在滹沱河會戰。這一次杜重威懷有二心，希望能夠仿效石敬瑭奪取帝位，於是投降耶律德光。契丹軍得以直撲開封，迫使後晉出帝開城投降，後晉滅亡。

耶律德光以中原皇帝的儀仗進入東京汴梁，在崇元殿接受百官朝賀。次年正月，耶律德光在東京皇宮下詔將國號「大契丹國」改為「大遼」正式建立遼朝，企圖建立一個以中原為中心的政權。但是契丹軍隊的野蠻搶掠遭到中原百姓的反抗。擁兵太原的劉知遠也稱帝，建立後漢。遼太宗耶律德光最後只好率軍北返，放棄控制中原的計劃。在撤退的途中，耶律德光病死在河北欒縣的殺胡林。

遼軍北返後，劉知遠派軍擊敗杜重威，並殺死稱帝於開封的後唐宗室李從益。948 年，劉知遠去世，其子劉承祐繼位，是為後漢隱帝。

河中、長安、鳳翔三鎮連橫抗命。後漢派遣郭威出兵討伐，經過一年多的時間才相繼平定下去。

此後不久，後漢統治集團內部發生矛盾，隱帝因將相事權過高，「厭為大臣所制」，而把「總機政」的楊邠、「典宿衛」的史弘肇、掌財賦的王章一起殺掉，並且將郭威、柴榮等人的家屬屠殺殆盡，還派人往鄴都去謀害郭威，以致激起郭威叛變。郭威起兵南下，攻入開封。同年十一月，郭威誅隱帝，建立後周，建都汴，改元廣順。

他廣招人才、勵精圖治，得魏仁浦、李穀、王溥、范質等輔

臣。廣順三年（953），封義子柴榮為晉王。廣順四年（954），
周太祖去世，因親生兒子全都被劉承祐殺害，妻侄柴榮繼位。不
過後漢高祖劉知遠之弟劉崇擁兵太原，得知郭威稱帝，也自立為
帝，建立北漢。直到北宋建立才將其攻滅。

　　柴榮的即位，開啟中國重新統一的序幕。

　　柴榮即周世宗，可以說是五代十國所有君主中最有成就的
一位。在他即位之初，就遭遇遼朝和北漢的聯合進攻。周世宗
在高平之戰中擊敗遼漢聯軍，穩定了形勢。柴榮在政治軍事上
採取一系列措施，加強中央權威。他改革軍事制度，精簡中央
禁軍，補充強健之士，
選武藝超絕者為殿前諸
班，使得「征伐四方，
所向皆捷」，自中唐以
來的冗兵積弊，一掃而
光。在內政方面，柴榮
招撫流亡，穩定經濟。
953 年，後周下令把此
前由政府出租給農民的
官田，全部撥歸耕種的
農民所有，作為他們的
永業田。農民們原來所
住的廬舍和所使用的牛
畜農具，也全歸農民所

唐武士圖磚，湖北唐墓出土，藏北京故宮

夠圖

有。又廢除從後梁時沿襲下來的「租牛之課」，減輕農民的負擔。得到土地的農民，都在各自的田地上修造房舍，種植樹木，儘可能使地力得以發揮，因而使生產得到較快的發展。柴榮通過延聘文人，打壓武人政治，使後周政治清明。軍事與經濟的提升都為日後統一中國本土建立重要的基礎。

地域	時間	事件	後續
淮南	935	935 年南吳睿帝封徐知誥為齊王，並將十州劃歸齊。	937 年徐知誥受禪讓，改齊為唐（南唐），改姓名為李昪。
閩地	945	南唐滅閩國。	946 年閩國舊將留從效驅逐在泉、漳州的南唐軍，仍向南唐稱臣，不過為閩南實際割據勢力。
中原	947	後晉重臣杜重帥主力軍投降契丹，並引兵攻入後晉都城。	後晉亡；契丹入中原殺掠，改國號遼；劉知遠在太原稱帝，建立後漢。
中原	951	郭威稱帝，建後周。	劉知遠之弟劉旻據河東十二州建北漢。
楚地	951	南唐滅馬楚。	同年被馬楚舊將南唐勢力趕出楚地，馬氏王族被分散；此後楚地政權更迭頻繁，直到宋。
江南	958	後周大軍攻至長江邊；南唐中主李璟去帝號稱國主。	南唐開始衰落。
中原	960	陳橋兵變，黃袍加身。	宋太祖趙匡胤稱帝，宋替代後周。

五代十國後期割據政權大事件表。除後周外，北方主要有北漢政權，南方則有後蜀、吳越、南唐、荊南、南漢政權

五代時期，諸國大凡對佛教採取保護措施。後唐莊宗最為佞佛，諸臣也多信仰佛教。晉高祖下敕國忌行香飯僧永為定式。後周太祖以龍潛舊宅為天勝禪寺。北方契丹從 10 世紀初開始建立佛寺，其後諸帝基本都信奉佛法。遼聖宗太平四年（1024），諸路奏飯僧尼三十六萬。遼興宗、道宗致力刻經。而在南方，吳越錢氏歷代奉佛，西湖上的佛寺多與之有關，宋初的名僧多為其所庇護。南唐更因為佞佛為人所詬病。

五代吳越國鎏金銀阿育王塔，藏浙江省博物館。此塔是五代吳越國末代國王錢俶（929—988，錢鏐之孫，978 年盡獻轄區內的兩浙十三州歸宋，對宋稱臣）在北宋開寶五年（972）建雷峰塔時專為雷峰塔打造，在他為王的三十餘年間，吳越國成為當時「東南佛國」

周世宗於顯德二年（955）開始，對全國的佛像進行了大規模的清理，史稱「世宗毀佛」。從現有的資料記載來看，周世宗此次滅佛，並沒有大量屠殺僧尼、焚毀佛經，而是帶有一種整頓佛教的性質，還保留了很多寺院與僧尼。顯德二年（955）五月，「敕天下寺院，非敕額者悉廢之」，也就是說，只有國家認證的寺院才可存在，私辦的被廢了。想要出家的男女，必須得到家中的同意，然後經過嚴格的讀經考試，才能去國家指定的「兩京、大名府、京兆府、青州」戒

壇剃度。而在同時，「棄背父母、逃亡奴婢、奸人細作、惡逆徒黨、山林亡命、未獲賊徒、負罪潛竄人等」都不能做和尚。如果寺院一不小心剃錯了頭髮，也會受到嚴厲的懲罰[1]。但由於整個中國佛教的發展，已經走向了勉強維持的階段，經過這一打擊之後，就更顯得蕭條衰落了。

周世宗有統一天下的意圖，他以「十年開拓天下，十年養百姓，十年致太平」為目標，積極對外開拓。顯德二年詔令群臣獻《為君難為臣不易論》、《平邊策》，確定王樸提出的「先南後北」的統一方略；命兵部撰集兵法，名《制旨兵法》。他擊敗後蜀的孟昶，取得秦、鳳、成、階四州，孟昶大懼，「致書請和」；又先後三次征南唐，創建水軍，恢復淮南十四州。顯德六年（959）三月，試圖一舉收復燕雲十六州，一連攻陷瀛洲、莫州二州，莫州刺史劉楚信、瀛洲刺史高彥暉投降，再向北挺進，又連陷益津關、瓦橋關、高陽關三關。五月在議取幽州時，柴榮病倒，只好撤退。後周顯德六年（959）六月，柴榮去世，年僅三十九歲。柴榮去世後，政權落入趙匡胤之手，國家統一的責任也落到了別人的肩上。但是實際上早在柴榮的時代，已經為統一奠定堅實的基礎。古代史學家評他：

> 世宗頃在仄微，尤務韜晦……不日破高平之陣，逾年復秦、鳳之封，江北、燕南，取之如拾芥，神武雄略，乃

---

1 《舊五代史》卷一一五《周世宗紀二》。

一代之英主也⋯⋯而降年不永，美志不就，悲夫！[1]

五代十國大體延續了唐朝後期的政治體制，主要設有主管行政的三省六部、主管財政的三司與主管軍事的樞密院，這個制度後由宋朝繼承。經濟上，南方在人口、經濟、文化上逐漸超越北方，這一局面此後再也沒有逆轉。關中經濟崩潰，政治上也不再重要，此後政治中心轉移到隋唐大運河的樞紐開封。

文化上，詞作為一種文學形式獲得了發展，禪宗也進入繁榮期。唐五代詞代表詞人有馮延巳、李璟、李煜等，西蜀、南唐詞，對宋詞影響深遠。唐末五代詞集《花間集》也在這蜀地成書刊行。至於佛教，因北方地區戰亂，南方地區相對平穩，發展情況不同。其中以中國化的佛教宗派禪宗發展迅速。

五代鎏金銅水月觀音造像，浙江金華萬佛寺出土

1 《舊五代史》卷一一九《周世宗紀六》。

08 大唐帝國的拓展和文化自信

中國歷史上的武功之盛，莫過於漢唐。唐朝時代，中國不但在疆域拓展上取得長足的進展，而且在文化上也展現出高度的自信。中原農耕地區在與北亞草原部族的對抗中，經常處於被動之中。唐代在取得國家統一之後數年間，就攻滅曾經不可一世的東、西突厥，唐朝的皇帝被擁戴為「天可汗」；大唐帝國的勢力沿着絲綢之路深入中亞腹地；在西南方向雖然受阻於剛剛興起的吐蕃王朝，但是唐朝的使節借用吐蕃和泥婆羅的兵力，擊敗了中印度。佛教在亞洲大陸興起後，印度因為是佛祖誕生地而被視為宇宙的中心和聖地，甚至在中國中古時代，中國的僧人比如法顯都認為印度是中心，中國是邊地。早期的佛教文獻中的「中國」，也實際上指代的是印度。但是唐朝不但擊敗了印度的一個主要政權，並且在佛祖講法的聖山勒石紀功為銘。唐朝的高僧如玄奘也宣稱，中國的佛教已經不異於印度本地。在這一時期，唐朝展現了高度的對自身國力和文明的自信，心胸寬闊，夷夏之防也不是社會的主要關注點，反而能夠容納和融合其他文明的優秀元素，並改造自身文明，成就了煌煌盛世。

初雖效之，終能反之 —— 破滅突厥

　　從北朝開始，中國北方開始分裂。在中土分裂之際，北方草原的突厥興起，成為前所未有的龐大政權。北朝後期，北周和北齊互相攻擊，但是都引突厥為援，突厥也在兩邊平衡，取得最大戰略利益。當時的佗鉢可汗曾經誇口說：「但使我在南兩兒常孝，何憂於貧！」所謂在南兩兒，指的就是北周和北齊。隋朝瓦解之後，中原又陷入戰亂之中，突厥獲得了良好的戰略空間和機遇。中原人為躲避戰亂，又多投往突厥。突厥實力大增，勢力凌駕中原之上。大量的割據政權包括薛舉、竇建德、王世充、劉武周、梁師都、李軌、高開道，乃至李淵集團，都向其稱臣。其勢力東自契丹，西盡吐谷渾、高昌，控弦百萬，戎狄之盛，前所未有。在宇文化及被竇建德擊敗後，竇建德也應突厥要求，將救獲的隋煬帝蕭皇后以及隋朝的合法繼承人、隋煬帝的嫡

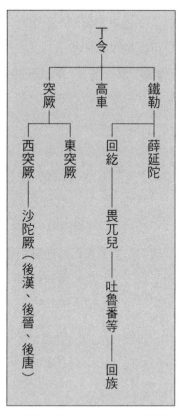

突厥民族統系略表（童書業《中國疆域沿革略》）

孫楊政道送到突厥，安置在定襄，實際上是製造了一個潛在的分裂政權，可以給李唐皇室施加政治壓力。從這個層面上說，唐朝擊敗突厥，才最終使中國成為東亞世界不可挑戰的強大政權，這也是唐太宗最大的戰略勝利，影響不可謂不大。

隋朝瓦解後，對於求助於己的群雄，東突厥都授予稱號，大搞平衡戰術。比如劉武周，突厥封其為定楊可汗（意為平定隋楊），「遺以狼頭纛，因僭稱皇帝……建元為天興」[1]；梁師都，始畢可汗遺以狼頭纛，封其為「大度毗伽可汗解事天子」（突厥語「大度」為「事」，「毗伽」為「解」），僭皇帝位，建元永隆[2]；突厥又封李子和為平楊天子，李子和對突厥稱臣，派弟弟去做人質。一直到唐朝建立後的武德三年（620），唐朝的并州總管李仲文還暗地裏聯絡突厥，計劃引突厥兵南下直入長安。李仲文娶陶氏之女，以應桃（陶）李之讖，突厥許諾立他為南面可汗。[3]

李淵起兵時，也如上述諸人一樣，求援於突厥，並請求突厥約束劉武周，不要讓他偷襲唐軍的後方基地太原。突厥派遣康鞘利來。李淵起兵時用絳白旗，這是一種雜糅的符號。突厥是白旗，李淵不想完全使用白旗，於是雜糅了絳（紅）色，實際上是表示一方面臣服於突厥，一方面又有自己的獨立性。隋朝是火德，尚紅，所以隋朝的朝會服裝、旗幟都用紅色。李淵起兵時仍

---

1 《舊唐書》卷五五《劉武周傳》。
2 《新唐書》卷八七《梁師都傳》。
3 《資治通鑑》卷一八八。

宣佈自己忠於隋朝，以隋朝的忠臣義士自居，所以旗幟也就變成了一半紅一半白。[1]

高祖稱臣於突厥，在後來的史書中頗忌諱，但是足見當時突厥之強盛。即便唐朝建立之後，突厥也屢屢入侵。武德七年（624）八月，頡利、突利二可汗舉國入寇，秦王李世民之前與突利可汗有香火之盟，結為兄弟，利用這層關係離間頡利、突利，才使突厥軍後撤。[2] 玄武門之變後，唐朝剛剛經過政局動盪，頡利可汗以為有機可乘，率領十餘萬精銳騎兵進逼長安。突厥大軍取道涇州，涇州守將羅藝是剛剛被殺的太子李建成的親信，他只作了象徵性的抵抗就放突厥大軍過去，突厥大軍因而得以迅速抵達長安城外的渭河邊。此時長安城內部空虛，諸州軍馬來不及趕到，長安市民能作戰的不過幾萬人，可以說危在旦夕。按照官方史料的說法，是太宗親自領兵渭水佈陣，指斥頡利背信棄義，迫使頡利不敢輕進，最後兩人在渭橋上殺白馬盟誓，突厥最終撤軍。不過，真實的情形恐怕沒有如此浪漫，似乎太宗是把國庫裏的財寶送給頡利才最終躲過了這場倉促而至的戰爭。李靖當時建議太宗清空國庫來滿足突厥的要求，賄賂頡利避免戰爭，這也是為什麼太宗一直視這一事件為「渭水之恥」。[3]

---

1 《資治通鑒》卷一八四。

2 《冊府元龜》卷九八一《外臣部 · 盟誓門》。

3 《新唐書》卷九三《李靖傳》。

入寇時間	人物地點	同時大事
武德二年 619 年	始畢可汗南下入侵。	援助劉武周。
武德三年	處羅可汗大舉入侵	
武德四年	頡利可汗大舉入侵。	奉隋王楊政道以伐唐。
武德五年	頡利可汗大舉侵太原。	
武德六年	入寇馬邑。	援助劉武周餘部苑君璋攻馬邑。
武德六年	入寇幽、并、原、渭等州。	太子與秦王爭權。
武德七年	頡利、突利可汗、吐谷渾、党項等四路擊唐，有攻長安之勢。	同時，太子與秦王爭權；楊文幹反。
武德九年	頡利、突利可汗帥十餘萬眾入侵。	玄武門之變；渭水之恥。

高祖武德年間突厥八次入寇表（《中國歷代戰爭史》）

　　太宗即位後，加強軍事訓練，提高士兵戰鬥力。每天引數百人在顯德殿前教射，親自臨試，對射中的人賞以弓刀、布帛，由此「士卒皆為精銳」[1]。太宗又整頓府兵制度，改天下軍府為折衝府。當時共有軍府六百三十四，而關中置府二百六十一，「舉關中之眾以臨四方」，足以克敵制勝。

　　太宗延續了隋代分化離間突厥部族的政策，在各個酋長之間搞勢力平衡。而頡利可汗又縱欲逞暴，誅忠良，昵奸佞，引發了內部的紛爭。頡利可汗嚴重地依賴粟特人和其他中亞人擔任行政

---

1 《舊唐書》卷二《太宗紀》。

官員，隨之便產生了突厥朝廷安土重遷的趨勢。突厥中的保守分子把這看做是對傳統遊牧生活的威脅，群起反對。628 年，突利未能鎮壓反叛的種族，頡利就把他囚禁並處以鞭笞。兩個首領的分裂更進一步消耗了突厥的力量。加上塞北霜降，天公不作美，導致突厥糧食短缺，經濟實力嚴重削弱。

遊牧經濟跟農耕經濟的一個顯著區別，在於畜牧業的起伏相當大，是一個幾何指數的增長。在風調雨順、水草豐美的時節，牛馬的繁衍非常迅速，數量呈幾何指數增長，但是一旦碰到嚴寒乾旱，牛馬的數量又會迅速減少。這很可能是北亞草原霸權興起很快，衰亡也很迅速的原因之一。

這個時候，突厥似乎正遭遇到相當不利的氣候變化，也為唐軍一舉攻滅東、西突厥提供了有利條件。628 年陰曆四月，突利為頡利所攻，太宗並不救援，卻趁機將割據在河套一帶的梁師都集團消滅。

唐朝軍隊經過長期戰爭，兵為老兵，將為宿將，作戰經驗豐富。從隋朝瓦解到唐朝建立，唐帝國幾乎無時無刻不在作戰，所以這個時期也正是名將輩出的時代。唐朝軍隊即便與向來強橫的北亞草原騎兵相比，也毫不遜色，而其專業化更勝一籌。就是靠這樣一支軍隊，唐帝國在此後半個世紀裏，將自己的勢力往四面八方拓展，往西深入中亞腹地，往東攻滅高句麗、百濟，從政治和軍事角度講，可謂達到了一個鼎盛階段。

唐太宗本身就是名將，他抓住突厥內亂、天氣又削弱突厥實力的良機，於貞觀三年（629）冬，突然對以前驕橫無比的東突

厥發動全面戰爭。要知道，就在短短兩年多前，突厥大軍還曾兵臨長安城，給新成立的唐帝國造成巨大的恐慌。太宗以兵部尚書李靖為定襄道行軍總管，行并州都督李勣為通漢道行軍總管，華州刺史柴紹為金河道行軍總管，靈州大都督薛萬徹為暢武道行軍總管，統軍十餘萬眾，分道出擊，發動對突厥的全面戰爭。突然的軍事襲擊取得了巨大的戰果，頡利可汗被打得措手不及。

李靖畫像（《凌煙閣功臣圖》）。李靖，唐代戰神，也叫李衛公、李藥師，神話人物托塔天王的原型。他後代的一個支脈隴西李氏中的李火德裔孫繁衍人數較多，遍佈海內外

貞觀四年（630）一月，唐軍李靖部從山西北部出發，突襲定襄，直接攻擊頡利可汗本部，將其擊潰。被突厥扶持的隋煬帝孫子楊政道和蕭皇后被俘，頡利可汗倉促北走磧口，途經今天的呼和浩特西北，又遭到了唐軍李勣部的伏擊，損失慘重。李靖和李勣兩軍聯手，切斷了頡利可汗北逃大漠的道路，最後將其擒獲，東突厥汗國滅亡。東突厥各部看到不可一世的頡利可汗這麼快就被唐軍擄獲，紛紛投誠。太宗初聞李靖破頡利，大悅，對侍臣說：「朕聞『主憂臣辱，主辱臣死』。往者國家草創，太上皇（高祖）以百姓之故，稱臣於

突厥，朕未嘗不痛心疾首，志滅匈奴，坐不安席，食不甘味，今者暫動偏師，無往不捷，單于款塞，恥其雪乎。」[1]

此後在北亞雖然不斷有些政治起伏，比如薛延陀在貞觀二十年（646）的入侵等，但都被唐朝平定。貞觀四年（630）春，西北各部族首領到長安朝見，請求太宗接受「天可汗」的稱號；貞觀二十一年（647），根據各部酋長的請求，在回紇以南，突厥以北，開了一條「參天可汗道」，置六十八驛，以供往來使者的食宿。唐朝皇帝「天可汗」的頭銜一直保持到後期。相對於「皇帝」，「天可汗」是唐朝君主面對遊牧世界時的身份，其在皇帝之上，增加了新的一層含義。唐太宗視四夷為一家，在處理民族關係時展現出高度的自信。[2] 擊敗突厥並徹底消滅他們的軍事力量，是唐太宗最大的軍事成就，這場戰爭改變了北亞的整個局勢達半個世紀之久，具有深遠的意義。

東突厥滅亡後，關於如何

突厥貴族像，原件在蒙古國烏里雅蘇臺出土（《騎馬生活的歷史圖景》）

1 《舊唐書》卷六七《李靖傳》。
2 《資治通鑑》卷一九七。

處理東突厥滅亡後的遺民的政策，朝廷出現了一場經久而熱烈的辯論。顏師古、魏徵、李百藥等儒家學者，都反對把突厥人引進內地，特別是反對把他們安置在京師附近的地區；不過最後太宗採取中書令溫彥博的建議，將突厥降眾安置內地，讓他們保持原有的生產和生活習慣，仍以其酋長擔任都督等職，統治原有的部眾。突厥首領在長安被任為五品以上將軍、中郎將的官員有一百多人，「殆與朝士相半」[1]。定居長安的突厥人將近一萬家之多。在唐朝政治軍事方面扮演重要角色的突厥人很多，比如左驍衛大將軍阿史那社爾、左領軍將軍執失思力、右領軍將軍契苾何力、左屯衛將軍阿史那忠、右衛大將軍李思摩（即阿史那思摩）等。突厥的遺民在唐朝政治中扮演了重要角色。在貞觀後期太子李承乾和魏王李泰的皇位爭奪中，李承乾引進不少突厥貴族子弟。突厥的生活方式也對唐朝產生了不小的影響，李承乾就非常喜歡穿突厥的衣服，而且會說流利的突厥語。

消滅東突厥之後，太宗又利用西突厥內部的紛爭，擊敗了西突厥。當東突厥在隋代和唐初屢次威脅中原王朝的時候，西突厥正專心經營西方：它和拜占廷帝國聯合，壓迫波斯。到了太宗時期，統葉護可汗統治下的西突厥統轄有東自今甘肅省長城西端的玉門關，西至薩珊王朝的波斯，南至克什米爾，北至阿爾泰山的廣大地區。但是此後西突厥帝國突然崩潰，分裂為東、西兩個聯盟。雖然 641 年乙毗咄陸可汗又短暫統一了西突厥，但是很快就

---

1 《通典》卷一九七《突厥上》。

失去了大部分部落的支持，被迫逃入吐火羅國。受到唐朝冊封的乙毗射匱可汗以相當於五個塔里木盆地大小的綠洲為聘禮向唐朝請婚，以保持跟唐朝的友好關係。

敵對部落	年份	大致情況
東突厥	貞觀四年（630）正月至三月	進擊，俘頡利可汗
	廿二年（648）正月至翌年六月	擊其殘部車鼻可汗，擒之。東突厥滅
薛延陀汗國	貞觀十三年（639）十一月至十二月	進擊，破之於漠南
	二十年（646）正月	兩次進擊，破之。平
回紇	龍朔元年（661）	回紇九姓復叛
	二年	破之
	三年二月	漠北悉定

太宗高宗年間西、北方重要戰事（《中國歷代戰爭史》）

經營西域和安撫吐蕃

東、西突厥的滅亡和衰落，為唐朝勢力進入中亞腹地奠定了良好的外部環境。塔里木盆地的綠洲王國有些是印歐語民族，這裏是文明和宗教交匯的十字路口，受到伊朗、印度、阿富汗等文明的影響。絲綢之路經過這些綠洲，中亞、波斯、東羅馬等地的商隊、使節、僧侶經過這裏到達唐朝，一方面促進商品和物質文

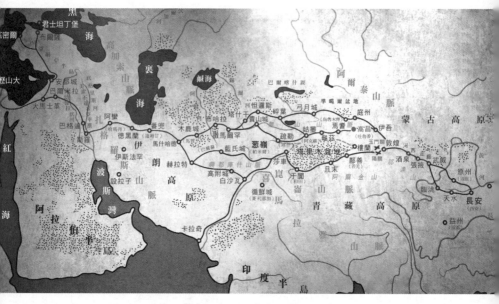

陸上絲綢之路示意圖

明的交換，一方面輸入輸出宗教信仰和文化財富。這條路就像一條臍帶，給輝煌的大唐文明注入新的營養，因此，對這條路的控制是唐帝國政策的一個重要目標。貞觀九年（635），唐帝國把目光轉向西部，銳意打通絲綢之路。這一年，太宗命李靖為西海道行軍大總管，統率侯君集、李道宗、李大亮諸軍進擊吐谷渾。李道宗在庫山擊潰了吐谷渾精銳。吐谷渾王伏允逃入沙磧。唐軍深入追擊，經行了上千里的沙磧，一直到吐谷渾王伏允被殺，其子慕容順投降為止。吐谷渾滅亡之後，唐朝解除了來自河西走廊南部的威脅。影響唐朝經營西域的，就剩下了橫亙在吐魯番地區的高昌國。

　　高昌是通向天山南北的要道，從 498 年開始，高昌國就由麴氏王朝統治，到 7 世紀初期它已高度中國化了。630 年，高昌王麴文泰和他的王后一同到唐朝，受到盛情接待。但是此後在西突厥都陸可汗的時代，高昌王時常依附西突厥，阻絕中亞諸國跟唐朝的通商，高昌以西各國的貢禮也被截留。638 年太宗准許高昌西南的另一個綠洲小國焉耆另開一條橫越沙漠到唐朝邊境的南路。麴文泰於是聯合西突厥攻擊焉耆和另一個綠洲小國伊吾，後者位於高昌之東，為通往長安的必經之路。在滅亡吐谷渾之後，貞觀十三年（639），唐朝大軍在侯君集率領下，長途奔襲，跨過長達二千多里的沙磧，突然兵臨高昌城下。高昌王麴智盛被迫出降。唐軍取得了高昌三州五縣二十二城的地方，以其地為西州，置安西都護府。有了立足點後，貞觀十八年（644），郭孝恪率唐軍攻陷焉耆，三年後，唐軍攻下龜茲。焉耆和龜茲都是深受印歐文化影響的綠洲王國，焉耆和龜茲的征服對中亞的印歐文化和文明是一個致命的打擊，從此它再也沒有恢復。649 年初期，安西都護府的治所從高昌西移到龜茲，建立了歸它節制的龜茲、疏勒、于闐和焉耆四鎮，至此，四鎮成為唐朝經營中亞的基地。從整個歷史脈絡來看，唐朝這一系列在西域的拓展，是中國在經過三百多年的國力收縮後，再次將勢力深入到中亞腹地。

　　太宗時代，雖然征伐高句麗沒有取得既定的目標，但是唐朝在亞洲的影響力仍在持續上升。四方諸國紛紛進貢。643 年，太宗接見拂菻（拜占廷帝國的敍利亞省）王的使臣，據說這是東羅馬帝國皇帝君士坦丁二世派往中國的使臣。唐朝的首都長安也

逐漸成為國際都市，來自亞洲各國、信仰不同宗教的人們在這裏定居，舶來品在這裏很受歡迎。外國貨、外國娛樂、外國風俗和外國宗教也同時引進。甚至基督教聶斯脫里派的傳教士阿羅本（可能是 Reuben）也到達長安，並且受到寬容對待，太宗命令將其經典翻譯為漢文。聶斯脫里派在中國被稱為景教，一度廣泛流行。

太宗死後，西突厥阿史那賀魯自立為可汗，反叛唐朝，於 657 年被蘇定方的大軍擊敗。唐帝國的版圖一度向西延伸到波斯邊境，甚至設立了波斯都督府。唐朝往中亞拓展的同時，西邊的阿拉伯人也在往東方拓展。就在太宗的時代，波斯薩珊王朝被阿拉伯的入侵摧毀。波斯國王伊嗣俟三世在 638 年派遣卑路斯王子率使團到唐朝求援。高宗時成立了波斯人的流亡政府，並且准許卑路斯王子在長安建造了一座祆教寺廟。不過，波斯復國運動最終沒有成功，雖然唐朝軍隊試圖護送他回國，但是最終放棄了。卑路斯王子回到長安並死在那裏，大批波斯人滯留在長安城。征服了波斯的阿拉伯人此時也跟唐朝建立了聯繫，阿拉伯使團在 651 年第一次到達唐朝宮廷貢獻方物。

6 世紀，西藏高原上，小邦林立，堡寨遍佈，由於奴隸制的發展，各邦貴族間相互攻伐，強者兼併弱者。在互相爭奪中，吐蕃、蘇毗以及西部的羊同，先後發展成為西藏高原上三個最強的政權。大約在 619 年，吐蕃攻滅蘇毗。633 年，棄宗弄贊，也就是松贊干布，遷都邏些（今西藏拉薩），吐蕃逐漸強大起來。松贊干布消滅了蘇毗殘部，並在 644 年兼併羊同，統一西藏高原，

成為強大的政權。松贊干
布於 639 年娶了泥婆羅
（尼泊爾）國的尺尊公主，
使吐蕃與泥婆羅的關係得
到鞏固。對新興的吐蕃，
唐太宗主要採取了安撫的
政策，通過和親與其保持
良好的關係。

638 年，棄宗弄贊率
二十萬大軍進攻松州（今
四川松潘），唐都督韓威領
兵抵抗被打敗。原已歸順
的闊州、諾州的党項部落
也叛唐歸附吐蕃。八月，
唐太宗任命吏部尚書侯君
集為行軍大總管，分四路

藏式立佛設計圖（《西藏造像量度》）

出擊吐蕃，大敗吐蕃。棄宗弄贊回到邏些後，派大論祿東贊為使
入唐謝罪，帶着嵌有朱砂寶石的金甲作為禮物，表示求婚的誠
意。棄宗弄贊準備了豐厚的聘禮，黃金五千兩，珠寶珍玩數百
件，命大論祿東贊到長安納聘。貞觀十四年（640）十月，祿東
贊到達長安，朝見了唐太宗，向唐太宗述説棄宗弄贊仰慕大國，
殷切請求結親的願望和誠意，得到了唐太宗的信任，下詔准其所
請，決定以文成公主下嫁棄宗弄贊。

在文成公主入吐蕃以前，棄宗弄贊便大興土木進行沼澤的平整，修築邏些市街，建築神殿。文成公主到邏些後，根據公主的心願先後修建了小昭寺和十二座神殿，也為泥婆羅尺尊公主修築了大昭寺。把文成公主帶去的一尊覺阿佛像，供奉在小昭寺內。不過此時吐蕃主要的宗教仍是苯教，佛教還沒有佔據主導地位。即便佛教此時已經開始在吐蕃傳播，但是終棄宗弄贊之世，吐蕃人沒有出家的。

吐蕃興起得非常迅速，很快就把觸角深入到塔里木盆地，成為唐朝經營中亞的主要競爭對手。唐朝放任吐蕃攻擊吐谷渾，

吐蕃使者畫像。選自《步輦圖》，唐代閻立本畫，藏北京故宮。640 年（貞觀十四年），松贊干布派使者祿東贊到長安通聘，《步輦圖》所繪是祿東贊朝見唐太宗時的場景

使其佔領青海，吐蕃和唐朝之間再也沒有緩衝地帶。665 年，吐蕃與疏勒國王聯合進攻于闐，切斷了通過塔里木盆地的南部通道。670 年，在于闐國王的援助下，吐蕃向北進攻，佔據了唐朝安西都護府所在地龜茲以及焉耆。唐朝軍隊因此被迫從吐魯番以西的大部分塔里木盆地撤退，並放棄了安西都護府和控制着塔里木諸土邦的安西四鎮。此後唐朝再次取得勝利，把吐蕃趕出塔

里木盆地,再次設立安西四鎮(龜茲、碎葉、于闐、疏勒)。不過,隨着吐蕃的大肆擴張,唐朝再未能有特別積極的作為了。安史之亂前,局勢似乎朝着對唐朝有利的方向發展,但是安史之亂後,唐朝軍隊從吐蕃邊境和中亞的撤退,引發了一連串的潰敗。安史之亂對中國歷史,乃至亞洲歷史的影響,遠遠不是用唐朝由盛轉衰就可以概括的。

與印度關係的嬗變

中國本來的宇宙觀在佛教傳入後受到巨大的挑戰,中國人認為自己處於世界的中心 —— 而印度傳來的新知識則認為印度處於中心而中國是邊鄙之地,身處邊緣帶來的焦慮感在許多高僧的著作中均可看到。五印度中的「Madhyadesa」被譯為「中國」,許多早期佛教文獻所謂的「中國」並非中華之中國,而是Madhyadesa。後代之學者不了解其中的思想背景,就會犯下啼笑皆非的錯誤。比如清代四庫館臣對東晉《法顯傳》有關「中國」的記載進行了激烈的批評,認為「其書以天竺為中國,以中國為邊地,蓋釋氏自尊其教,其誕謬不足與爭」[1]。晉僧慧嚴就認為中天竺才是世界的中心,中國不能叫「大夏」,只能稱「東夏」[2]。三國吳月支優婆塞支謙譯《佛說太子瑞應本起經》就已經把釋迦

---

1 《四庫全書總目》卷七一。
2 《釋迦氏譜》,《大正藏》第 50 冊。

牟尼的故鄉迦毗羅（Kapilavastu）描述為天地的中央[1]。這種觀念一直到唐代梓州慧義寺沙門神清撰《北山錄》時還被堅持，其將洛陽視為震旦的中心，而天地的中心是在印度[2]。持本土立場的學者，比如李淳風，對佛教宇宙觀大加批判，他極力論證華夏居天地之中，指責佛教對天地的論述「怪誕不可知」[3]。

　　唐代及其以前，中國僧人不遠萬里，冒着生命危險去天竺求取佛經。法顯、玄奘、義淨等高僧無不對此做出貢獻。但是同時，他們都在內心深處有某種焦慮，為自己生在邊地而焦慮。玄奘到天竺之後，甚至為此氣絕。法顯他們到了印度之後，要千方百計去佛經裏提到的聖地朝聖，比如佛祖講經的耆闍崛山（Gdhrakūa）。耆闍崛山又名伊沙堀、揭梨馱羅鳩胝、姞栗陀羅矩吒，在中印度摩揭陀國王舍城之東北。法顯、玄奘都曾到此山朝聖。耆闍崛山在唐代高僧心目中的地位非常高，有機會多去憑弔，高宗上元二年（675）至則天光宅元年（684）義淨住那爛陀寺，十載求經。嘗與無行同遊鷲嶺（即耆闍崛山），又在王舍城懷舊，賦詩述懷，寫下了《雜言》、《一三五七九言》詩，其中《雜言》即作於耆闍崛山，其詞有云：

　　　　觀化祇山頂，流睇古王城。
　　　　七寶仙臺亡舊跡，四彩天花絕雨聲。

1　支謙譯《佛說太子瑞應本起經》，《大正藏》第 3 冊。
2　《北山錄》卷一○，《大正藏》第 52 冊。
3　《通典》卷一八五《邊防一》。

正是在這種背景下，當玄奘歸國時，其在印度的師友就勸說他留下，最主要的理由就是印度是佛土，而中國處於邊地。唐代及其以前的朝代，對印度充滿了美好的想象，但是這一切，在一個大唐的使臣到達天竺之後發生劇烈變化，這種變化足以影響到佛教在中國本土化的進程。

太宗貞觀十五年（641），北印度摩伽陀國戒日王派遣使節到達唐廷。兩年後，唐朝派遣李義表擔任使節訪問摩伽陀國。李義表的副手是王玄策，之前在今天廣西地方擔任縣令。這是王玄策第一次出使天竺。王玄策此後數次出使印度，著有《西域行傳》一書。[1]同年十二月李義表和王玄策到達摩伽陀國，貞觀十九年正月二十七日抵達王舍城，王玄策等人登上耆闍崛山，於是勒石為銘，其辭有云：

> 大唐出震，膺圖龍飛。光宅率土，恩覃四夷。化高三五，德邁軒羲。高懸玉鏡，垂拱無為。[2]

在佛祖講法處勒石紀念，言辭卻用「出震」、「龍飛」、「光宅」等帶有中國本土天人感應思想的字眼，這一歷史場面背後的思想內容之豐富，自不待言。

到了貞觀二十一年（647），此時已經升任右衛率府長史的

---

1 《西域行傳》：今失傳。部分內容見於道世的《法苑珠林》，如卷二四引《西域行傳》記載尼泊爾著名的阿耆婆彌池，比玄奘《大唐西域記》卷七的記載詳細。可見，《西域行傳》的價值當不低於《大唐西域記》。

2 《法苑珠林》卷二九。

王玄策擔任使節再次出使摩伽陀國,其副手是蔣師仁。這次他們選擇穿越吐蕃和泥婆羅進入印度 —— 吐蕃的松贊干布已經跟唐朝結親,交通也打開了。但是在王玄策使團抵達摩伽陀國時,戒日王去世了,大臣阿羅那順篡位。不知出於何種考慮,阿羅那順襲擊了使團,王玄策和蔣師仁逃到吐蕃,向松贊干布求援,松贊干布此時也出於擴張勢力的考慮,派出一千二百名吐蕃士兵,跟吐蕃關係良好的泥婆羅更靠近印度,所以派出了七千人的軍隊。王玄策帶領這支軍隊大破天竺軍,俘虜了阿羅那順及王妃、子等。王玄策隨後帶領俘虜,於貞觀二十二年(648)回到長安,向太宗獻俘。王玄策此次揚威域外,並沒有給自己帶來政治上的升遷,實際上王玄策的個人仕途並不順利,始終也沒有升遷到較高的位置上。此外,他從印度帶回的號稱兩百歲的方士那羅邇娑婆寐,給太宗製造的延年藥,最終卻導致了太宗的死亡。

但是王玄策在佛土的軍事勝利,增強了中國人的文化自信心。

貞觀二十二年(648),也就是在王玄策帶領俘虜回到長安的這一年,玄奘翻譯完成一百卷《瑜伽師地論》,唐太宗親自撰寫序文《大唐三藏聖教序》,玄奘因此上表感謝,在謝表中玄奘毫不猶豫地將太宗描述為佛教的理想君主轉輪王,並且歌頌他「給園(Jetavana Vihara)精舍並入堤封,貝葉靈文咸歸冊府」,也就是說太宗居然把佛祖講法之地都納入統治範圍,而且神聖的佛經也納入到大唐的內府。玄奘又進一步回憶了自己「往因振

錫，聊謁崛山，經途萬里」的經歷，歌頌太宗的偉大功德。[1]

唐朝著名的學者呂才，也如玄奘一樣，深受鼓舞，認為「三千法界，亦共沐於皇風」，大唐的雄風「故令五印度國，改荒服於稿街；十八韋陀，譯梵文於祕府」。[2]

在玄奘回國之時，印度諸僧即以唐朝地處佛土邊緣勸玄奘留下。永徽五年（654）春，法長（Dharmavardhana）返回印度，玄奘寫信給中印度摩揭陀國三藏智光法師（Jñānaprabha），信中讚頌了唐朝皇帝的治國有方而又能推行佛教，有「輪王之慈」；而且唐朝佛教「亦不異室羅筏（Srāvasti，即舍衛國）誓多林（Jetavana，即祇樹給孤獨園，梵名，為佛陀說法處）之化」，也就是說，唐朝的佛教，跟印度的情形已無高下之別了[3]。

印度高僧、酋長、商人大量來到唐朝，在政治、文化、科技等領域促進了兩個偉大文明的交融。武則天上臺中，天竺僧人扮演了重要的角色，歌頌武則天的《大雲經疏》和《寶雨經》，天竺僧人和貴族佔了最大的比例。而且在醫學和天文學上，印度移民也做出了重要貢獻。最典型的如天文學，來自印度定居中國的瞿曇悉達，其一家四代在唐代從事過天文工作：其父瞿曇羅曾任太史令，其子瞿曇譔曾任司天監，其孫瞿曇晏曾任司天臺冬官正。瞿曇悉達不僅主持過天文儀器的修復，編纂過《開元占

---

1 《大唐大慈恩寺三藏法師傳》卷六。
2 《全唐文》卷一六〇，呂才《因明注解立破義圖序》。
3 《大唐大慈恩寺三藏法師傳》卷七。

經》，而且他還於開元六年（718）奉旨譯成《九執曆》。「九執」就是「九曜」。《九執曆》是根據幾部印度曆法編譯而成的一部曆法，其引進了印度天文學中的一些先進的內容，如周天 360 度和 60 進位的圓弧度量方法，黃平象限等概念，以及太陽遠地點位置、黃白交點運動周期等比漢曆精確的數據。

左：唐玄奘法師創立長安慈恩寺浮圖復原草圖（楊鴻勳《建築考古學論文集》）

右：今日大雁塔。唐永徽三年（652），由高宗資助、玄奘法師主持，在長安慈恩寺主持建造的一座磚塔，為現存最早、規模最大的唐代四方樓閣式磚塔，除了保存從天竺取回的貝多羅樹葉梵文經，大雁塔內還存有舍利子萬餘顆，以及唐太宗撰文、褚遂良手書的《大唐三藏聖教序》碑，唐高宗撰文、褚遂良手書的《大唐三藏聖教序記》碑，人稱「二聖三絕碑」

09

東亞格局的起伏和文化融合

　　按照杜希德（Denis Twitchett）的說法，隋唐帝國帶有「世界主義」（cosmopolitanism）的色彩。這種「世界主義」代表着寬廣的胸懷和容納百川的氣度，進而帶來的是唐代宗教、文化、藝術、知識的絢爛和輝煌。以漢帝國繼承者自居的隋唐帝國，通過戰爭和文化融合，樹立了自己在東亞世界的中心地位。在隋唐帝國開啟之前，高句麗通過干預中原王朝內地的統一戰爭，聯絡突厥、控制契丹等其他民族，對新興的隋唐帝國構成挑戰。隋唐時代，從隋文帝 598 年即發動了對高句麗的戰爭，再經過隋煬帝三次征伐高句麗、唐太宗討伐高句麗，一直到唐高宗統治時期的公元 668 年，經過長達七十年的戰爭，最終將高句麗攻滅。這一年九月，唐朝年邁的老將李勣經過長達一個多月的圍城，攻陷了高句麗的首都平壤。經過這場戰爭，唐帝國徹底樹立了對東北亞政治、文化等領域的主導地位。由於日本的參戰和慘敗，也迫使日本國內發生了重要變革，並在此後一千年間，日本再沒有作入侵亞洲大陸的嘗試。

隋朝對高句麗的戰爭

　　因為隋煬帝三次征伐高句麗均以慘敗而告終，並且直接導致了隋朝的瓦解，中國歷史上一般都把隋煬帝對高句麗的征伐視為是其個人任性放縱的結果，認為正是因為隋煬帝的窮兵黷武，才導致了剛剛統一的帝國又陷入了內戰。但是實際上，早在隋煬帝之前，其父隋文帝就開始發動對高句麗的戰爭，而且戰爭規模非常大。而在隋煬帝之後，唐太宗也連綿不絕地發動對高句麗的大規模戰爭，直到其去世為止。唐太宗的兒子高宗，更是繼承了父親的遺志，繼續對高句麗作戰，直到公元 668 年攻滅這一政權為止。如果說隋煬帝是昏庸之輩，那麼唐太宗傳統上被認為是英明的君主，他為什麼也要固執地發動對高句麗的戰爭呢？

　　對高句麗的戰爭，並非僅僅是君主的個人行為，而是在相當長的歷史時期中原王朝面臨的重要考驗。高句麗政權，早在南北朝後期就已經通過外交和軍事行動，干涉中原王朝的統一大業。所以，隋煬帝對高句麗的戰爭，與其說是個人的窮兵黷武，還不如說是中原王朝既定的對外戰略。

　　北朝後期，北周攻滅北齊。然而北齊宗室高保寧據守營州，拒絕投降。營州是北齊鎮撫高句麗、契丹、庫莫奚等的要地，戰略地位十分重要。宣政元年（578），原先逃亡突厥的北齊范陽王高紹義引突厥軍隊南下，並企圖依靠北齊遺臣佔據范陽，遭到北周的反擊未能得逞。大象二年（581），高紹義被北周使臣賀若誼執送回國，但是高保寧仍堅守營州對抗北周。在楊堅奪取北

周皇權建立隋朝後，高保寧依然堅守營州直到開皇三年（583）
被殺為止。高保寧對抗北周和隋朝的戰爭，得到了高句麗的大力
支持。高句麗王親自統帥軍隊，救援高保寧，大規模地捲入中原
王朝內戰。可以說，早在隋朝建立之初，高句麗西聯突厥，控制
契丹等東北諸族，保護高保寧，儼然已是隋朝的心腹大患。隋文
帝在檄書裏列數高句麗的罪愆，最重要的有兩條，第一是未盡
臣節，第二就是「驅逼靺鞨，固禁契丹」，也就是說高句麗對契
丹、靺鞨有控制能力。在隋朝統一過程中，高句麗與突厥、南朝
的陳聯合起來，對抗隋朝。突厥闕特勤碑的內容顯示，突厥強
盛時常常與高句麗結好及聘使往來。這一切，都讓隋唐帝國的統
治者感到芒刺在背。

　　隋唐帝國是繼漢帝國之後重新統一的王朝，隋唐兩代都強烈
認同自己是漢朝的繼承者。在討論對外政策時，大臣們屢屢提到
要恢復漢朝時代的疆域和領土。這種民族主義的雄心，使新成立
的隋朝在建立之初，就開始了收復漢朝領土的計劃。疆域的拓展
在南方進行得比較順利，隋文帝將中原王朝的勢力拓展到今天的
河內一帶。隋朝在西方戰勝了吐谷渾，但是在東北亞的拓展方面
遭到巨大的挫折。

　　7世紀初期，高句麗佔據今天東北東部和朝鮮半島的北部，
首都就在現在的平壤。朝鮮半島的南部，則分為百濟和新羅，分
別位於半島的西南和東南部。開皇十八年（598），隋文帝命漢
王楊諒為統帥，以三十萬兵力對高句麗發動進攻，但是因為瘟疫
流行等原因沒有成功。雖然高句麗表面上表示了臣服，但是在

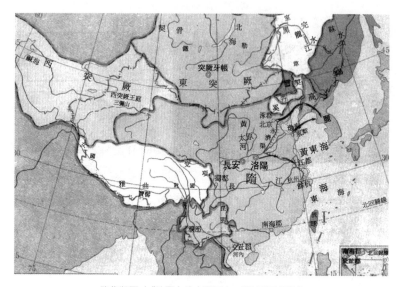

隋代版圖（《地圖上的中國歷史・疆域與政區》）

此之後，高句麗聯合東突厥，操縱靺鞨、契丹，渡過遼河不斷騷擾。契丹在公元 605 年甚至入侵了河北，被擊敗後退回。這一切，都使中原王朝清晰地認識到高句麗將是剛剛統一的帝國的潛在威脅。尤其是河北地區長期存在的分離情緒遠未消失，而隋朝的中心卻偏在西北。也正是在這種情況下，繼承隋文帝皇位的隋煬帝，也繼承其父攻滅高句麗的事業。

大業三年（607），隋煬帝會見東突厥啟民可汗，居然在那裏碰到了高句麗派到突厥的使者。高句麗和突厥的這種連謀針對大隋的舉動激怒了隋煬帝。他警告高句麗使節，讓其傳話給高句麗統治者要求其臣服，並且拉攏啟民可汗站在自己一方。無論如

何，在突厥王庭見到高句麗使節的事件，顯然堅定了隋煬帝對高句麗發動戰爭的決心。為了保證戰爭的順利進行，隋煬帝首先將大運河往北延伸，將中國的心臟地區和幽州連接在一起，以方便物資的運輸。到了609年，各種軍事準備都已經展開。大軍集結在今天北京地區的涿郡。但是一場發生在關東地區的水災打亂了計劃，真正的進攻在612年開始了。隋煬帝親自率領大軍從陸地進攻，水軍則從海上進攻。隋煬帝發佈討伐的檄文，嚴厲指責高句麗勾結契丹、靺鞨侵犯隋的領土。著名的建築家宇文愷順利地在遼河上架起了橋梁，但是隋軍在渡河之後遭到了遼河東岸諸城的頑強抵抗，迅速攻佔高句麗首都的計劃落空。到了夏末，大雨使得軍事行動無法繼續，8月份，隋煬帝撤軍回到了洛陽。

613年正月，隋煬帝再次發動對高句麗的遠征。對外的戰爭雖然打着維護帝國安全和恢復中華固有領土的旗號，但是因為負擔的增加，國內的局勢受到了影響，叛亂的次數顯著增加了。這一次，內政和外交的連環性體現出來了。當隋煬帝的大軍渡過遼河展開進攻的時候，隋朝的禮部尚書楊玄感（楊素之子）發動了叛亂。此時楊玄感在後方負責後勤供應，他的叛亂靠近帝國的東都洛陽，隋煬帝不得不派遣宇文述從東北戰場返回鎮壓叛亂。楊玄感戰敗被殺，但是隋煬帝的第二次遠征也宣告失敗（楊玄感陣營中的骨幹分子李密後來成為反隋的重要領袖）。楊玄感的叛亂，是內部關係高度緊張的反映，此時隋煬帝要做的應該是安撫國內各階層，尤其是舊的關隴貴族，但是他依然固執地發動了第三次對高句麗的戰爭，最終將自己陷入萬劫不復的境地。

　　我們不能簡單說隋煬帝的政策是不對的，他開鑿大運河，是基於連接分裂了三百年的南北中國的考慮；他營建的東都，在接下來的唐朝成為重要的政治中心，也是唐帝國控制關東地區的重要堡壘；他發動的對高句麗的戰爭，在隋朝滅亡之後被唐太宗和唐高宗繼承，半個世紀之後終於消滅了高句麗這一政權。不過隋煬帝推行這些政策的節奏太急，似乎「一萬年太久，只爭朝夕」，老百姓的負擔太重，而且統治階級中的很多成員不滿，尤其是隋煬帝偏向南方文化的做法，導致「北周─隋」系的舊貴族和大臣離心離德，最終將富強的大隋帝國在短暫的時間內葬送了。

　　614 年，隋煬帝決意第三次征伐高句麗，完全不顧王朝已經露出潰敗相的局勢，也許他是希望通過對外戰爭的勝利重新樹立自己的權威，進而達到安內的目的。從曆法上說，隋煬帝是上元甲子年（604）即位，從上臺之始就被賦予了特殊的政治意義。即便天下大亂，群雄並起，隋朝著名的術數家，同時也是隋煬帝重要政治顧問的太史令袁充依然極力為隋煬帝辯護，認為隋煬帝

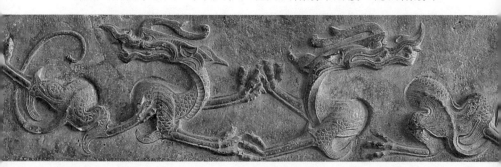

隋代河北趙州橋石欄板，浮雕雙龍

上符天命，其統治「永無所慮」[1]。在隋煬帝決議第三次討伐高句麗後，大臣們沒有敢提意見的。固執的煬帝為自己持續發動戰爭辯護，並且建立道場，為戰死的兵將追福。這一次進展較為順利，隋軍沒有再跟沿途的高句麗軍隊糾纏，直撲平壤，在這一年的下半年，高句麗王求降。隋軍有將領要求直接攻破平壤，但是被隋煬帝拒絕，他希望高句麗王能主動到隋廷表示敬意。結果可想而知，高句麗王並未前來。當隋煬帝要發動第四次對高句麗的戰爭時，國內的局勢徹底潰敗了，他不得不放棄了恢復漢帝國光輝事業的願望，將重心轉移到國內，但是國內的政治局勢急轉直下，隋朝在數年後就滅亡了。

拋開有關戰爭性質的各說各話，隋煬帝對高句麗的戰爭，實際上是從公元 598 年到 668 年長達七十年的隋唐帝國對高句麗王國戰爭的一部分。隋煬帝的失敗，除了國內並不穩固的統一之外，從戰略戰術上看，當時的東北亞，不論地形還是氣候，都易守難攻，夏季有傾盆大雨，雨季一過嚴冬就降臨，真正能作戰的季節只有四月到七月雨季開始之前。而且當時的技術手段也限制了軍事進攻的效率，高句麗沿着遼河河口的安市城往北連接堅固的城鎮，只要堅持到嚴冬的降臨，就會迫使隋朝大軍撤退。實際上，一直到唐高宗時代唐軍在朝鮮半島後方登陸開闢第二戰場之前，隋唐帝國的大軍都在鴨綠江邊望洋興歎，並未取得決定性的勝利。

---

1 《隋書》卷六九《袁充傳》。

類型	內容	成效
國內建設	開運河：通濟渠、邗溝、永濟渠、江南河。	溝通東南、東北富裕之地。
	築宮室：各水運上築宮室；建洛陽，建晉陽，下江都。	出巡休息，水運站；統中國，固北方，拓南方。
	築馳道、修長城：御道三千里。	防衛兩京，鞏固北方國防。
	廢諸州總管，始建進士科，詔天下均田，禁民間兵器。	改革體制。
對外經略	擊林邑（今越南中部）。	林邑進貢；兵失十之四五，主將病亡。
	攻流求（今臺灣島）。	至其都。
	使赤土（今馬來半島中部）。	入貢。
	北威突厥。	突厥領諸部落酋長朝拜；隋耀兵、耀富；胡人以為神。
	西略西域。	親征吐谷渾，破之；使波斯等國。
皇室情況	開皇二十年：秦王楊俊去世；廢太子勇為庶人；立楊廣為太子。	
	仁壽二年：廢蜀王楊秀為庶人。	
	仁壽四年：文帝崩，廣即位，廢太子勇及其眾子去世；漢王楊諒反，從者十九州，兵破，幽禁死。	

隋朝 600—610 年間的部分大事（參考《中國歷代戰爭史》）

唐前期東北亞政局的嬗變

唐朝建立之後，高句麗本身也還沒有從抵抗隋朝的戰爭中復原，唐朝的建立給高句麗改善與中原王朝的關係提供了契機。唐朝建立的第二年，高句麗就再度承認了中原王朝的宗主權並承擔象徵性的納貢義務。為了改善關係，高句麗此後遣返了約一萬名中原王朝戰俘。不過顯然高句麗並不敢大意，一面示好的同時，一面沿着遼河西岸花了大約十年的時間構建了一條堅固的防線，以防備唐朝的入侵。這條防線上有許多堅固的堡壘，在後來的戰爭中被證明是非常有效的防禦工事。高句麗實際上也是以農耕定居為主的文明體，組織嚴密，並非如突厥一樣不穩定，正因為如此，隋唐兩朝對高句麗的戰爭持續了七十年，這場戰爭牽動着整個東亞的局勢和歷史的走向。

高句麗和唐朝相安無事一直持續到唐太宗的統治後期。到了641 年，太宗已經下定決心對高句麗動武。就像太宗將大唐帝國的勢力拓展到中亞腹地之前讓玄奘撰寫《大唐西域記》一樣，太宗很可能在 641 年之前就開始為戰爭做準備。他派遣職方部郎中陳大德開始收集有關高句麗軍事防禦的情報，同時開始放言說高句麗在漢武帝時就是中國的一部分。到了第二年，高句麗的內亂為唐太宗發動戰爭提供了一個借口。這一年高句麗的大臣淵蓋蘇文（603—666）發動政變殺死了高句麗的榮留王，改立其弟侄寶藏王為高句麗君主，自己擔任大莫離支，獨攬大權。淵蓋蘇文對唐朝向來不友好，也正是他負責修建遼河防線防備唐軍，很顯

然，他當權後高句麗和唐朝的關係急轉直下。此時隋朝對高句麗的戰爭過去沒多久，唐朝也剛剛從長期的內戰中恢復元氣，但是戰亂造成的經濟破壞，使唐太宗不得不謹慎推行對高句麗作戰的計劃。

但是到了貞觀十七年（643），不論外部因素還是出於內政的考慮，都迫使太宗決心效法隋朝，攻滅高句麗。在外部，高句麗聯合百濟在幾條戰線上攻擊對唐朝友好的新羅，切斷了新羅貢使前往長安的路線。當太宗試圖用外交手段勸阻高句麗攻擊新羅時，高句麗不予理睬，甚至拘押了唐朝的使節。就內部而言，唐朝剛剛經歷了一場驚心動魄的宮廷政變，原先的太子李承乾因為造反的緣故被廢黜（一說被殺），而其競爭者、野心勃勃而能力超群的魏王李泰也被逐出長安，太宗只好立晉王李治為太子。然而在太宗看來，李治並不如自己那麼英武，擔心他不能駕馭自己死後的局面，那麼在自己生前剪除李唐帝國潛在的敵人就變成了一個看似理智的選擇。

太宗的戰爭計劃遭到了很多大臣的反對，其中包括長孫無忌和褚遂良，但是大將李勣堅決支持，主張用鐵血手段對付帝國的敵人。李勣同時也是新太子李治的頭號僚佐，在李治做晉王的時候就擔任晉王長史（幕僚長）。有了李勣的支持，太宗決定啟動戰爭計劃。

第二年秋天，唐朝的大軍開始往東北開拔，數百艘海船擔任運送軍糧的任務。稍後太宗自己也前往洛陽 —— 洛陽比長安更適合指揮戰爭，隋煬帝和稍後的高宗，在對高句麗作戰時都是

唐太宗書《兩度帖》，選自《淳化閣法帖》。這是太宗在親征高麗期間（貞觀十九年），給在東都洛陽主政的太子李治的一封戰場家書。「兩度得大內書，不見奴（太子小名稚奴）表，耶耶（爸爸）忌欲恆死（擔心得要死），少時間忽得奴手書，報娘子患，憂惶一時頓解，欲似死而更生，今日已後，但頭風發，信便即報。耶耶若少有疾患，即 —— 具報。今得遼東消息，錄狀送，憶奴欲死，不知何計使還，具。耶耶，敕。」

把前往洛陽作為第一個步驟。洛陽作為帝國東部堡壘的戰略意義極大，安史之亂之前唐帝國對洛陽的輕視造成的慘重後果，也佐證了唐帝國東西兩京互為犄角的戰略意義。在安史之亂前的數百年間，洛陽是帝國維護核心區域的軍事堡壘。高句麗跟突厥等遊牧民族不同，他們也是農耕民族，擅長以堅城防守，所以後勤供應對戰爭勝利與否非常關鍵。太宗對這一點有清晰的認識。在洛陽，太宗正式對高句麗宣戰，宣戰詔書將淵蓋蘇文作為主要攻擊對象，將其描述為弒君者，其對新羅的侵略也被唐朝當做發動戰爭的理由。

太宗在 645 年春天抵達東北前線,這時進入了最好的進攻的季節,雨季沒有來,而天氣也變得溫暖。唐軍兵分兩路,太宗和李勣率唐軍主力直撲遼東,而另一唐軍名將張亮則帥四萬多唐軍乘坐五百多艘船隻從海路襲擊高句麗的首都平壤。唐軍比之前的隋朝軍隊取得了更大的進展,李勣攻下蓋牟城(今遼寧撫順),進攻遼東城(今遼寧遼陽)。張亮襲取卑沙城(今遼寧金縣東),耀兵鴨綠江上。到了五月份,唐軍修築了一條橫穿遼河沼澤的堤道,攻克了高句麗重鎮遼東城。而之前隋軍從未攻克該城。但是唐朝大軍沒有及時直撲平壤,而是糾結於遼陽西南的安市城,結果在堅城之下兩個月毫無進展。雖然擊敗了高句麗大將薩延壽、高惠真率領的援軍,迫使其投降,但是隨着作戰季節時間耗盡,唐軍只好在嚴冬到來之前撤軍。太宗的這次對高句麗的戰爭雖然在軍事上取得了一些成果,包括攻佔堅城,斬殺大量高句麗生力軍,但是最終沒有達到滅亡高句麗的戰略目標。

唐朝撤軍後,高句麗更加傲慢,重新入侵新羅,並拘留唐朝使節。百濟也乘機襲取新羅二十餘城,並且在其後數年,與唐中斷往來。太宗則採取不斷發動小規模進襲的辦法,以圖讓高句麗疲於應對,耽誤農時,削弱其經濟基礎。實際上太宗所採取的這種戰術,是往常北亞遊牧民族對付中原農耕民族的辦法,高句麗也是組織嚴密的農耕社會。不過,這種不斷騷擾的做法到底起到了什麼作用,不得而知。647 年和 648 年,太宗都派遣數萬唐軍侵擾高句麗,其中 648 年薛萬徹帶領的三萬唐軍乘坐戰船進入鴨綠江,在今天遼寧丹東附近大敗高句麗軍。但是這些局部的軍事

勝利並不能改變整個局勢。太宗生命的最後兩年，依然將消滅高句麗作為自己最重要的任務。648年，太宗計劃在次年以三十萬大軍徹底滅亡高句麗。但是隨着太宗的突然去世，這一計劃並未得到實施。高句麗問題要到高宗時代才最終解決。

年份	高麗	百濟	新羅
武德二年 619	高句麗國王高建武遣使朝貢於唐。		
四年		其王璋遣使朝貢。	
五年	高祖致書高句麗，請因隋末戰時互虜獲兵民互釋，約成。		
七年	唐遣使封建武為上柱國、遼東郡王、高麗王。	遣使朝貢。高祖冊封其帶方郡王、百濟王。自是歲遣使朝貢。	冊封金真平為柱國、樂浪郡王、新羅王。
九年	新羅、百濟訟高麗侵掠、閉路，阻遏入朝。唐和解之。建武奉表謝罪，請與新羅對唐使者會盟。	訟高麗閉其入貢之道。和解之。	
貞觀元年 627		與新羅為世仇，相攻伐。太宗致書命和解。璋遣使陳謝。	
四年	建武賀唐擊破東突厥，並上分封域圖。		

（續上表）

年份	高麗	百濟	新羅
五年	唐遣使收高麗境內隋時陣亡骸骨，毀高麗所立京觀。建武舉國築長城以備唐。		遣使獻女樂二人，太宗送還之。真平卒，其女善德為王。
九年			冊封善德為柱國、樂浪王、新羅王。
十一年		遣使朝貢。	
十四年	遣太子朝唐，貢方物。		
十五年		璋卒，其子遣使告哀，太宗素服苦之。封其子義興為柱國、帶方郡王、百濟王。	
十六年	高麗蓋蘇文政變，改立高藏為王，攝政。殺建武及諸大臣。太宗為建武舉哀，遣使節弔祭。	義興伐新羅，克四十餘城據守之。與高麗通好，謀取党項城以絕新羅入朝之路。新羅求救。太宗致書兩蕃。	
十七年	冊封高藏為遼東郡主、高麗王。遣使令勿攻新羅。蓋蘇文拒命。於是，太宗宣蓋蘇文之罪，舉兵伐之。		被高麗、百濟合攻，求救於唐。

唐朝初期與高麗、百濟、新羅戰前的外交活動簡表（參考《中國歷代戰爭史》）

高句麗、百濟的滅亡和日本的戰敗

　　高宗夾在唐太宗和武則天兩個光輝形象中間，而且在其死後李唐的政權落入他人之手，他的形象向來被史書描述為平庸懦弱的。不過，這顯然不是事實的全部。不論如何低估高宗的統治，但是有一點無法否認，就是在他的統治之下，唐朝的外交和軍事取得了輝煌的勝利，可以說超越了唐太宗時代，唐朝的領土擴張和軍事征服達到一個頂峰。中國的影響深入到中亞腹地，也正是在這一時期，唐帝國在東亞摧毀了強大的高句麗和它的盟友百濟，並且徹底摧毀日本干預大陸政治事務的野心。反而是在稍後的武則天統治時期，不但突厥復興，唐朝在東北亞方向也遭到慘重的失敗，完全無法跟高宗時代的盛景相比。

　　高宗即位初年，唐朝國內政治局勢需要穩定，所以對高句麗、百濟不斷聯合靺鞨等攻擊唐朝盟國新羅的行為採取綏靖政策，希望以外交手段調解。在調解無效的情況下，唐朝軍隊發動對高句麗的攻擊，試圖圍魏救趙，減緩新羅的壓力。但是實際上這一策略並無效果。高句麗靠近亞洲大陸的部分易守難攻，隋文帝、煬帝、唐太宗屢屢發動攻擊都沒有達到效果。於是唐軍採取新戰略——從朝鮮半島後方登陸。

　　高宗勸諭百濟國王扶餘義慈的詔書中還聲稱「朕將發契丹諸國，度遼深入。王可思之，無後悔」，結果唐軍並沒有從遼東方向進攻，而是泛海偷襲。660 年，唐高宗任命左武衛大將軍蘇定方為神丘道行軍大總管，率領數萬大軍從山東半島渡海，但是這

次的打擊目標不是高句麗，而是百濟。這次攻擊非常突然、有效，達到閃擊的效果，百濟軍隊來不及狙擊唐軍的登陸，在熊津口遭到慘敗。在迅速消滅百濟軍主力之後，唐軍直撲百濟都城泗沘（今韓國大田西），不到十天，就將百濟王國滅國，百濟王扶餘義慈父子以及百濟豪酋五十八人全部押送長安。可以說，唐軍採用突然渡海閃擊的方式，讓百濟措不及防，一周多的時間就亡國，其三十七郡、三百城，都落入唐軍和新羅之手。從立國到亡國，百濟經歷了將近七百年的時間，歷經歷史滄桑而不倒，居然十天之內就被唐軍所滅。

百濟亡國之後，唐朝在其舊地設置熊津、馬韓等五個都督府，擇其酋長管治。唐朝為紀念這次軍事勝利，在現在的忠清南道扶餘縣南二里建立一座紀功碑，五層花崗石塔結構，高 35 尺，銘文為《大唐平百濟國碑銘》。之後，唐朝大軍撤回大陸，僅留下劉仁願以數千人鎮守百濟府城。百濟王室和貴族被帶到長安，百濟的遺民大量在唐朝做官，包括黑齒常之等後來成為唐軍的重要將領。扶餘義慈病死後，唐廷施恩，贈衛尉卿，允許其舊臣臨喪，後將其安葬在東吳孫皓和陳朝陳叔寶墓的旁邊。

因為唐軍攻滅百濟的速度太快，百濟很多部分尚未來得及反應，戰爭就結束了。但是這樣也帶來了隱患 —— 征服並不穩固。

在蘇定方大軍撤退之後，百濟王扶餘義慈的堂弟扶餘福信和僧人道琛率眾據周留城復叛，並派遣使者前往日本，迎接在日本當人質的百濟王子扶餘豐回國即位。有了扶餘豐作號召，百濟西部紛紛響應，百濟的叛軍反而將劉仁願的唐軍團團圍困在熊津

府城內。唐軍在百濟被困之時，主力正在大將蘇定方指揮下在遼東展開了對高句麗的大規模進攻，到七月份唐軍已經攻至平壤城下，但是又一次久攻不下，只好撤軍，但是檢校帶方州刺史劉仁軌自請留守。高宗此時有些擔心戰爭曠日持久，會引發國內危機，他詔令劉仁軌，圍困平壤的大軍撤回後，「一城不可獨固」，希望劉仁軌帶領所部兵將撤退到新羅，如果新羅接納則屯守當地，如果不接納，就渡海回國。但是劉仁軌則指出，既然高宗陛下想吞滅高句麗，就要先誅百濟，現在平壤大軍回國，百濟叛軍又起，如果我們就此撤退，則百濟不日就會復原，就要前功盡棄。於是劉仁軌帶領所部唐軍和新羅兵奔赴朝鮮半島南部救援被圍困的劉仁願。

而此時，一個新的力量出現在朝鮮半島角逐的戰場，這就是日本。

百濟與日本一直保持着良好的關係。中國的漢字、佛教、製陶技術和其他文化都通過百濟傳入日本。同時，百濟得到

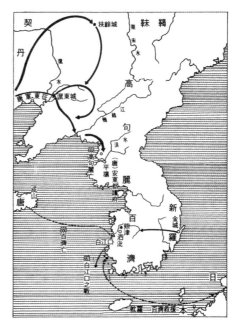

唐初「白江口戰役」示意圖（《中國歷史圖説》）

日本的物資和軍事援助。大量的日本皇族和學者來到百濟進行教育和文化交流。許多百濟王族和貴族成員與日本皇族通婚也是被廣泛承認的。

日本一方面將百濟王子扶餘豐送回百濟以領導對唐軍的抵抗，一方面也在積極籌備，準備直接進行軍事干預。660 年，齊明天皇就跟太子中大兄從內地的飛鳥京來到沿海的難波城。

次年一月，又將最高指揮部遷到九州西岸，在跟百濟隔海相望的盤瀨設置了行宮。

七月份，齊明天皇去世，中大兄即位為天智天皇。

八月份，天智天皇下令組成援助百濟的遠征軍。

九月，派遣五千日軍護送百濟王子扶餘豐返國即王位。

唐朝這邊也密切留意形勢的發展，除了劉仁軌和劉仁願的軍隊外，唐朝在 663 年再次增派右威衛將軍孫仁師率一支唐軍增援。受困之中的唐軍軍心大振。

之前唐軍已經在圍困之中攻克了真硯城，打通了跟新羅的糧道。而百濟一方則發生內訌，扶餘豐猜忌福信並且殺了他，百濟內部力量遭到削弱。

663 年 6 月，日軍毛野稚子等部近三萬人登陸並奪取了沙鼻歧、奴江二城，成功切斷唐軍和新羅的聯繫。

孫仁師部唐軍抵達後，唐軍確定了直接攻擊百濟抵抗勢力中心周留城的戰略計劃。劉仁願和孫仁師以及新羅王金法敏率軍從陸路進攻；劉仁軌、杜爽則率領唐水軍並新羅水軍由熊津江入白江口，溯江而上，從水上進攻。唐新聯軍將周留城外的軍事據點

一一拔除，百濟和日軍損失慘重。雖然三面被圍，但是水路仍暢通，日軍從海上沿着白江進行增援。

八月二十七日，劉仁軌所部唐軍與從海上抵達的日軍在白江江口遭遇，雙方兵力相差不大，日軍萬餘人，唐軍七千人，日軍艦船數百艘，而唐軍一百七十艘。但是唐朝軍隊專業化、技術化水平很高，作戰理論、後勤保障等方面都是日軍不能相比的。而且唐軍每年都在作戰，很多是老兵，非日軍可比。戰鬥的結果也就可想而知。連續四戰，日軍損失了四百多艘戰船，遭到大敗，日軍將領秦田來津等戰死，百濟王子扶餘豐脫身逃往高句麗[1]。

白江口戰役結束後，百濟復國無望，周留城守軍見大勢已去，開城投降。日軍為避免更大的損失，撤軍回國，「相謂之曰：『州柔（即周留）降矣，事無奈何。百濟之名絕於今日，丘墓之所，豈可復往？』」[2]

這是中日第一次大規模的戰爭，戰爭結束之後，一直到明朝後期，大約一千年中，日本再沒有嘗試將勢力擴展到亞洲大陸上來。這次戰敗也或多或少刺激了日本，對日本國內的改革以及跟中國更多的文化交流起到促進作用。在此後兩百年中，日本不斷有高僧學者來到大陸學習唐朝文化。對唐朝而言，百濟的滅亡，是為了最終滅亡高句麗所做的準備。百濟滅亡之後，從戰略上說，高句麗已經陷入南北兩線作戰，而唐朝軍隊不必再穿過遼東

---

1 《日本書記》卷二十七《天命開別天皇》。
2 《日本書記》卷二十七《天命開別天皇》。

漫長的泥濘陸路，可以更加容易地發動進攻。

乾封元年（666），淵男生繼為高句麗大莫離支（高句麗後期的官職，為權臣自設，具備篡奪王位的實權），高句麗統治階級內部發生爭亂，淵男生逃往保國內城（今吉林集安），其子淵獻誠向唐求援。唐王朝乘機以李勣為遼東行軍大總管，率眾出擊高句麗，新羅的一支大軍從南面配合進攻。

總章元年（668），唐將薛仁貴攻下扶餘城（在今吉林懷德一帶）。九月，唐朝的一系列勝利達到頂點。經過長達一個多月的圍城，李勣攻陷高句麗首都平壤，帶着二十萬俘虜（其中包括高句麗國王）返回唐朝。唐在平壤設安東都護府，分高句麗為九都督府、四十二州。

不過唐朝在朝鮮半島的統治並沒有持續太久，儀鳳元年（676），唐被迫把安東都護府撤到遼東（今遼寧遼陽）。此時武則天正忙於政治鬥爭，無暇理會朝鮮局勢，放任新羅逐漸吞食百濟和高句麗的舊地。

次數	情況	備註
第一次東征 644 年七月至九月	攻安市不能克，還軍。	親征
第二次東征 647 年三至七月 648 年正至四月	至平壤西境而還。	陸路
	進至平壤北而還。	水道
第三次東征 648 年六月	大備水軍，欲大舉征高麗。翌年五月太宗崩，罷。	備軍

（續上表）

次數	情況	備註
第四次東征 655 五月，658 六月，659 年 660 年八月，661 年正月至 662 年二月	攻至海城而還；攻至海城；攻至撫順而還。	進擾
	大舉攻百濟，滅之而還；圍平壤，不克而還。	大舉
第五次東征 666 六月至 668 八月	大舉東征，圍平壤，克之。高麗平。	大舉

唐太宗—高宗朝對遼東的五次東征（參考《中國歷代戰爭史》）

遺民、遣唐使和文化交流

高句麗和百濟滅亡之後，其遺民大量進入大唐，大唐以海納百川的精神容納了這些移民，並接納他們中的精英在帝國的政治、軍事、公共工程等領域擔任重要的職務。出身高句麗、百濟的唐朝名將就有泉獻誠（原名「淵獻誠」，入唐後為避唐高祖李淵諱改現名）、高仙芝、黑齒常之等，其中高仙芝更是在玄宗時代領導了唐朝軍隊對中亞的遠征，為捍衛大唐帝國的邊疆做出重要的貢獻。高句麗移民高足西在武則天上臺後扮演重要角色，參與了修建天樞的工程；百濟移民沙吒忠義長期在唐朝軍隊擔任重要職務，不但頻繁參與了對外作戰，而且也參與了 707 年太子李重俊發動的政變；在玄宗政變上臺以及開元早期政局中地位顯赫的王毛仲，也是高句麗人。另一方面，移民也給唐代文化增加

了新的元素，給大唐氣象增添新的亮色。唐朝宰相楊再思以擅長高句麗舞著稱，而李白更有讚美高句麗文化的詩歌。種族、文化的多樣性，是大唐之所以成為當時世界上最偉大的文明體的重要原因。

高句麗、百濟滅亡之後，新羅王金法敏逐漸統一朝鮮半島。新羅大體上跟唐朝保持良好的關係。新羅接受唐朝制度、文化極為廣泛，其官制、都城建制都模仿唐朝，文化典籍、佛教、唐詩也成為新羅文化的一部分。

白居易的詩歌在新羅流傳很廣，新羅國學裏，以儒家經典作為考試的項目，因此號稱君子之國。

新羅貴族屢屢派遣子弟來唐朝留學，開成五年（840），新羅留學生和其他人員一次回國的就有一百零五人。有的新羅人在唐應科舉，考試及第。其中如崔致遠十二歲入唐，十八歲中進士，他的《桂苑筆耕集》，直到現在還在中朝兩國留傳。

唐朝時期中國的天文、曆法和醫書傳入朝鮮半島，朝鮮半島的繪畫、雕塑和音樂也受到中國的影響。現存韓國慶州石窟庵的石佛和菩薩像，與唐的石刻造像風格十分相近。漢晉之間，佛教來自西域，月氏、于闐、龜茲為其時重鎮。此後，多因中國僧人冒萬苦西行求法，得佛教之真傳，中土也逐漸為傳法之中心。高句麗、日本遂常來求法，唐代最為興盛。早在南北朝時，就有新羅僧人來華求法，比如圓光，先後經歷南朝到隋朝，最後回到自己國家傳法。隋代時有曇育等來到中土。雖然也有新羅僧人加入西行求法的隊伍，比如義淨記載的新羅僧人慧業、阿離耶跋摩、

玄太、玄恪、慧輪等在印度學習，但是朝鮮半島的佛法，主要仍傳自中土。比如新羅僧人玄光，曾跟隨南嶽慧思學習；玄奘的弟子中眾多新羅僧人，比如圓測、元曉、順憬等；跟元曉一起來到長安的義湘，跟隨智儼學習，深得華嚴學的精髓，另有慈藏在貞觀十二年（638）來到唐朝，貞觀十七年攜藏經一部回國。[1] 到了唐代中後期，禪宗、密宗也逐漸傳入朝鮮半島。

9 世紀中葉，朝鮮半島居民在大唐沿海及內地經商。其商人所至，北起登州、萊州，南到江南沿岸，登州城有新羅館，楚州、泗州有新羅坊。新羅坊是新羅僑民聚居的地方。僑居中國的朝鮮半島居民有的經營水運，有的務農力作，他們對中國東部沿海的經濟、文化發展，有所貢獻。新羅商人的船隻來往於今山東、江蘇沿海之間，並常常航行到日本。唐朝後期，由於中國水手掌握了季候風的規律，中日之間的海上交通也日益發達。中國商

半跏思惟佛像。韓國國立中央博物館藏，朝鮮半島三國時代，7 世紀前期，韓國國寶 83 號，高 93.5cm，重 112.2kg

1 《三國遺事》卷三。

船可以直航日本，新羅的船隻也時時往來於中國、朝鮮半島和日本之間。由於新羅與唐朝民間交往密切，甚至產生了像張保皋（790—846）這樣的縱橫東海的人物。

張保皋出生於新羅清海鎮（今韓國全羅南道莞島），出身平民家庭，曾在唐朝徐州任「武寧軍小將」，擅長戰技。張保皋以兵力掃蕩海盜，確保新羅的安全與制海權，而且也使清海鎮成為新羅的貿易要地，被封為「清海鎮大使」，打擊販賣新羅人口到大陸為奴的活動。張保皋還在今天的山東榮成修建了赤山法華院。日本高僧圓仁隨遣唐使藤原常嗣等一行西渡求法時，於839年先後三次客居赤山法華院長達兩年九個月，得當地官吏、居民和法華院僧侶之助，西去五臺山、長安等地求法巡禮。[1] 隨着勢力的增長，張保皋試圖干預新羅朝政，結果在內鬥中死去。晚唐詩人杜牧寫有《張保皋傳》，讚揚張保皋的功績。

中國佛法的傳佈，最為重要的是日本，至今佛法依然在日本非常昌盛。

日本佛教最早或由百濟傳入，佛法在日本初興，引起朝臣貴族的分裂，由於對西來宗教的態度不同，引發兩黨政爭，以至於在公元585年敏達天皇下敕禁止佛教，兩年後用明天皇又解禁。到了推古天皇元年（593），聖德太子攝政，獎勵佛法，調和日本本土宗教、儒家和佛教三派，日本佛教由此奠定。推古天皇十五年，聖德太子遣小野妹子等人入隋，當時是隋煬帝在位。之

1　圓仁《入唐求法巡禮行記》卷一、卷二。

後日本便有敕遣僧人入華學佛運動的展開。

到了唐代，日本僧人來求法達到頂峰。從隋代到唐末，日本先後遣入華使十六次，加上數量更多的私人求法，使得日本佛教昌隆。舉凡廟宇建築、僧伽組織等，均取法於唐人。如日本國分寺之設立，就是模仿隋文帝分舍利建塔；日本東大寺之大佛，也是取法唐白馬阪大像。奈良時代（710—794）的古京六宗，全是傳自中土。齊明天皇時（655—662），日本僧人道昭入唐受教於玄奘，其後又有日本僧人智通、智達跟隨玄奘、窺基學習；華嚴法藏的弟子中也有日本僧人審祥；更有唐朝僧人東渡日本傳

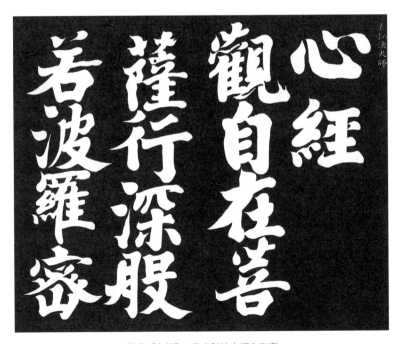

楷書《心經》，日本弘法大師空海寫

法，比如鑒真，前後七次東渡日本，跟隨的僧人十餘位，日人號之為東征和尚。[1]

平安朝入唐求法之風極盛，歸國攜去經典極多，為一特色。被稱為入唐八大家的日本僧人，都帶回大量佛教典籍。比如：

最澄帶回二百三十部四百六十卷，多係天台章疏；

空海則帶回二百十六部四百六十一卷，多係密宗典籍；

其他如常曉、圓行、圓仁、惠運、圓珍、宗睿等都帶回大量佛教典籍。

桓武天皇遷都平安京，與舊京貴族勢力和佛教宗派拉開距離，同時也大力資助僧人往中土求取新的佛法。在這種背景下，最澄於 804 年來到唐，回去之後提倡天台圓頓之旨，批評南都六宗。最澄在日本佛教史上地位非常重要，號傳教大師。

與最澄並稱的，是著名的日本僧人空海。他與最澄一起來到唐朝，但是學習的方向不同。空海在長安青龍寺跟隨慧果，授以金剛界、胎藏界兩部大法，兼從天竺般若三藏學悉曇，回國之後大力宣揚密宗，在高野山創金剛峰寺，至今都是日本真言宗最有名的道場。空海被稱為弘法大師。

自空海和最澄入唐求法之後，日本佛教的局面發生革命性的變化。空海更賦予日本皇權新的意涵，在日本政治和思想上也扮演重要的角色。

必須指出的是，佛法東傳，一方面是日本積極的迎取，另一

---

1 《唐大和尚東征記》。

方面的原因是隨着佛教在中國的衰落，佛教高僧有強烈的危機意識和末法精神，希望能夠把佛光傳播到新的土地上去。除了日本僧人前來學習，也包括中國僧人主動東渡傳法。最有名的是鑒真（688—763），鑒真於天寶十三年（754）到達日本。這時他已雙目失明，年近七旬。鑒真把戒律傳到日本，同時還把佛寺建築、佛像雕塑的藝術介紹過去。日本現存的唐招提寺及盧舍那佛，就是鑒真及其弟子在天平寶字三年（759）創建的。

除了佛教，日本的政治、思想、文化、建築、曆法等方面都受到唐朝的影響和塑造。日本在相當長的時期內直接行用中國曆法，如《元嘉曆》、《麟德曆》、《大衍曆》和《宣明曆》等。大量遣唐使來到唐朝，玄宗開元二十年（732）多治比廣成一行竟多達五百九十四人。整個唐代，日本前後共派遣十九次遣唐使，都挑選博通經史、嫻習文藝和熟悉唐朝情況的人擔任。遣唐使的隨行人員中還有一些醫師、陰陽師、樂師等，是為了進一步深造和求解疑難而被派來中國的。遣唐使、留學生、學問僧帶來綵帛、香藥、珍寶等，帶回樂器、書籍、經卷、佛像等。

日本著名的「大化改新」，就是在高向玄理等留學生的協助下進行的。所頒行的班田制、租庸調制簡直就是受唐朝的直接影響，其後形成的從中央到地方的完整官制系統也大體依照唐制而成。

武則天長安三年（703），日本朝臣真人（相當於唐朝戶部尚書）粟田來唐，武則天宴於麟德殿。玄宗初年，粟田再次來唐，「盡市文籍，泛海而還」。

其副使朝臣仲滿,「慕中國之風,因留不去,改姓名為朝衡,仕歷左補闕、儀王友」[1]。朝衡又作晁衡,本名阿倍仲麻呂,居唐朝京師數十年,與詩人王維、李白交往頗深,王維、李白都有詩作贈別晁衡。日本人還利用草體漢字表示聲音,創造平假名;利用楷體漢字偏旁表示聲音,創造片假名;這種字母一直沿用到今天。

鑒真乾漆夾苧坐像,藏日本奈良唐招提寺御影堂。這件日本國寶是鑒真弟子台州開元寺思托和尚跟隨鑒真東渡日本後,按照鑒真圓寂前容貌,用台州乾漆夾苧法所製

日本正倉院現存的文具、衣飾、屏風、樂器等唐代文物,見證唐代中國和日本的文化交流。在唐代,中國在日本的影響達到頂點。

到了唐末,中國的影響已牢固和長期地把日本納入其文化圈內。

大量的中國典籍、文物保留在日本,隨着這些典籍在中國本土的散佚,日本保留的這些文化遺產,實際上對研究中國自身具有重要的價值。比如藏在日本的大量古代佛教寫經,可以彌補很

1 《舊唐書》卷一九九《日本傳》。

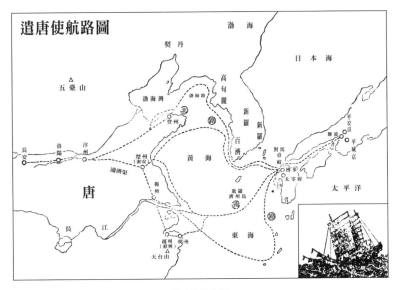

遣唐使航路圖

多中國佛教的記憶；中國古代的陰陽五行術數類的書籍，在本土遭到禁毀，但是其文本和某些條目、思想元素，也在日本保存下來，這些文化遺產不但是理解日本古代文化的珍貴資料，同時也對理解整個東亞世界有學術意義。畢竟，在整個唐代，整個東亞世界實際上是沐浴在同一個文明之中，雖然樣式稍有不同，但是精神非常相類。

10 寬容而燦爛的精神世界

　　唐代是一個佛光照耀的時代，但是除了佛教之外，其他宗教比如道教、祆教、景教、摩尼教、伊斯蘭教等，都可以得到寬容的對待。各種宗教之間也並沒有出現像世界其他地方那樣的宗教戰爭，而是能夠和諧地共同發展繁榮。在長安、洛陽、涼州、沙州等地的波斯和中亞商人建立祆祠；景教也能夠「法流十道」、「寺滿百城」[1]；而摩尼教在唐中期一度非常昌盛。信仰的寬容，給知識創新創造良好的條件。在各種文明的交匯融合下，唐代的物質文化、藝術創造、科技發明都取得令人讚歎的成就。佛教的流行推動印刷術的發明與推廣，雕塑、繪畫、音樂、舞蹈更為絢爛的唐代文明增添亮色。在一個有創造力和想象力的環境下，社會的進步往往呈現百花齊放的形態，並在各個領域表現出來。

---

1 《大秦景教流行中國碑》。

西行求法運動和佛教的本土化

「觀夫自古神州之地，輕生殉法之賓，顯法師則創闢新途，奘法師乃中開王路」[1]，這是義淨對法顯、玄奘功績的評價。佛教從公元前 2 世紀左右傳到中國的新疆地區，東漢時傳入內地，此後數百年中，到中土傳播佛教的僧人都是來自古印度和中亞各國，還沒有內地僧人主動出國求取佛教經典。從三國時期的朱士行開始，漢地僧人或自發結伴，或受官方派遣西行求法取經，這就是中國僧侶的西行求法運動。西行求法運動綿延千年，是中國歷史和亞洲歷史上最為重要的事件之一。它不斷給中國輸入外來的知識、信仰和精神元素，而且也促進東方世界不同文化的交流與融合。隨着佛教在印度本地的衰落，中國逐漸成為佛教的中心，佛教成為中國傳統的一部分。

西行求法運動的高潮在東晉時期，隋唐時代中國佛教日漸自信，但是西行求法依然是連接各處佛教的重要途徑。而且唐朝誕生玄奘、義淨等西行求法的高僧，對文化交流和佛教發展做出了重要貢獻。唐朝之後，佛教在印度和中亞徹底衰落，雖然仍有零星的求法僧人，但是已經對中國文明沒有太大的影響。

玄奘（600—664），河南緱氏人，俗家姓陳。貞觀三年（629），他離開長安，踏上西行求法之路。他的西行並未取得官方的批准，所以可以說是一次偷渡行為。最初他跟一群商人一

---

1 《大唐西域求法高僧傳》卷上。

起上路，到達涼州。涼州都督李大亮不同意他西去，最後在當地高僧的幫助下，他晝伏夜行，經過張掖抵達瓜洲。雖然朝廷命令玄奘返回的訪牒已經抵達瓜洲，但是瓜州刺史為玄奘的精神所打動，放他西行。唐初西行之路出玉門關後分南北二路，北路由天山南麓過蔥嶺。南路由昆侖山北麓向西過蔥嶺，玄奘選擇了北路。靠着駝馬糞和骸骨的痕跡，他穿過了上無飛鳥、下無走獸的莫賀

唐代行腳僧圖。敦煌絹畫，藏法國吉美博物館

延磧。如果不是中途找到水源，也許玄奘也就葬身黃沙之下。出了大沙漠，玄奘經過今天的哈密抵達高昌國，得到高昌國王麴文泰的熱情挽留。最後玄奘以絕食相要挾才獲得放行，玄奘許諾取經返回之後在高昌講經三年。從高昌國經過大大小小二十多個國家，玄奘終於在離開長安一年之後到達北印度。

進入印度後，玄奘到處瞻仰佛教聖跡並隨處求學。貞觀五年（631）玄奘進入著名的佛教中心那爛陀寺學習。這座寺院是當時世界上最重要的佛教大學，在那裏學習的僧徒經常在萬人以上。主持者戒賢法師為玄奘的宗教精神所感動，破例為他講授《瑜伽論》。玄奘的語言能力在這一時期也得到極大提高。數年後，玄

奘的佛學造詣已經達到很高水平，可以在那爛陀寺為全體僧眾講授《攝大乘論》、《唯識決擇論》等。雖然不斷有師子光等高僧對玄奘的學問進行挑戰，但是都沒有挫敗玄奘，反而使玄奘的聲譽更加遠播。根據玄奘自己的描述，他刻苦鑽研佛教，受到印度各界的尊敬和重視，甚至東印度的迦摩縷波國國王鳩摩羅遣使來邀請他去該國講授佛經，被拒絕後甚至以武力相威脅。北印度羯若鞠闍國雄主戒日王也請玄奘去該國講學。兩國相持不下，最後決定在曲女城召開學術辯論大會，請玄奘主講。根據玄奘自己的講述，他在這次學術盛會上取得極大成功，其博學名聲，折服了整個印度。

雖然玄奘在印度取得極高的聲譽，他還是選擇回國。貞觀十七年（643），玄奘攜帶收集的佛經佛像踏上歸國之路。他的回國受到戒日王和印度高僧的挽留，並指出印度是佛土，而唐朝處於邊地，為何要捨棄佛土而去邊地。

這種觀點確實有一定吸引力。當初法顯西行求法時，同去的道整法師就羨慕印度僧團的威儀盛況，發誓留在印度不再返回中土，法顯則毅然決定獨自返回。

玄奘回到唐朝，成為當時的一件盛事。玄奘帶回佛經五百二十夾、六百五十七部，在太宗的支持下於長安弘福寺進行翻譯。十九年間，玄奘孜孜不倦地譯出梵文經典七十四部，一千三百多卷。玄奘精通梵漢文，所以翻譯質量較高，並且對漢語產生一些影響，比如「印度」，原先翻譯為「身毒」或「賢豆」，玄奘修正為「印度」。玄奘也奉太宗的命令把《道德經》、《大乘起信論》

從漢語翻譯為梵語。

在玄奘返回時，唐朝正在計劃把勢力深入到中亞腹地。玄奘的到來，為唐朝收集相關情報資料提供了方便。唐太宗在洛陽召見玄奘的時候，就敦促他將自己在西域、印度的見聞撰寫成書。於是由玄奘口述，弟子辯機執筆，於貞觀二十年（664）七月完成《大唐西域記》一書。《大唐西域記》分為十二卷，十餘萬字，詳細記述玄奘親身經歷的一百餘國和得之傳聞的二十八國的情況，描述其國名、地理形勢、幅員廣狹、都邑大小、曆時計演算法、國王、族姓、宮室、農業、物產、貨幣、食物、衣飾、語言、文字、禮儀、兵刑、風俗、宗教信仰以及佛教聖跡、寺數、僧數、大小乘教的流行情況等內容。這些記載成為研究這些地方和國家古代歷史以及當時中西交通的寶貴資料。

玄奘的西行求法，直接溝通唐朝與南亞的聯繫，促進唐朝跟天竺各國的交往。玄奘不愧是一位鑿空而中開王路的先驅，在宗教、交通、翻譯、撰述各個領域都有傑出的貢獻。

玄奘在政治上也頗有建樹，他曾試圖樹立高宗之子李顯，也就是後來的中宗為佛教領袖。中宗即位後追述他與玄奘的關係，繼續將佛教作為支持自己統治的主要意識形態之一。

玄奘不但在給太宗、高宗的上表中將中土的天子描述為轉輪王，而且在給印度的舊識寫信時，也將唐朝皇帝的統治賦予轉輪王的特點。永徽五年（654）春，法長（Dharmavardhana）返回印度，玄奘寫信給中印度摩揭陀國三藏智光法師（Jñānaprabha）。在信中，玄奘講道：

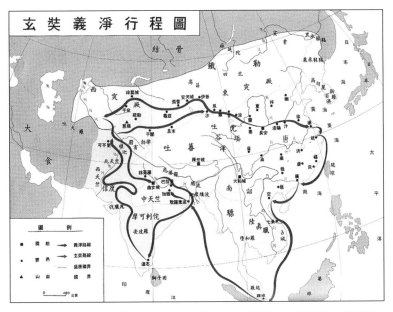

唐玄奘三藏法師和義淨三藏法師行程圖。經藏、律藏、論藏合名佛門三藏。經藏闡明定學，律藏闡明戒學，論藏闡明慧學，三藏總攝佛教的總綱。精通三藏教義者，名為三藏法師，如鳩摩羅什三藏法師、玄奘三藏法師等

> 　　即日大唐天子聖躬萬福，率土安寧，以輪王之慈，敷
> 法王之化，所出經論，並蒙神筆製序，令所司抄寫，國內
> 流行，爰至鄰邦，亦俱遵習。雖居像運之末，而法教光
> 華，邕邕穆穆，亦不異室羅筏誓多林之化也，伏願照知。[1]

也就是說，玄奘給自己在印度的師友講，大唐的佛教已經跟印度本地的佛教並無高下之分，而且唐朝皇帝有佛教理想君主轉輪王

---

1 《大唐大慈恩寺三藏法師傳》卷七。

的仁慈，其統治也如轉輪王一般無二。儘管晚年的玄奘因為捲入黨派鬥爭而有些落寞，但是麟德元年（644）當他在長安郊外的玉華寺院去世時，仍得到高宗的追念。

玄奘以後，又有義淨（635—713）前往印度求法。義淨是唐代僅次於玄奘的重要求法高僧。與玄奘不同，義淨選擇從海路前往印度。高宗咸亨二年（671），義淨從今天的廣州乘波斯商船前往印度。途經室利佛逝國（今蘇門答臘島境內信奉佛教的文明古國），居留半年學習佛法。然後再乘船抵達印度。與玄奘一樣，義淨在那爛陀寺學習了十年，而且在印度瞻仰聖跡、拜訪高僧。685 年，他離開印度再次回到室利佛逝，在那裏居住了七年。

義淨在武周政權宣揚符命過程中扮演極其重要的角色。

690 年，武則天正式改唐為周，改元天授，並極力宣揚自己佛教轉輪王的神聖地位時，義淨請在室利佛逝國結識的來自澧州的大律法師攜帶他的著作（包括《南海寄歸內法傳》）和所譯經文十卷到洛陽呈給武則天。也就是在這一年，沙門懷義、法明進《大雲經疏》言武則天為彌勒下生，當做閻浮提主。武則天對義淨此舉相當嘉許，證聖元年（695），已經六十歲的義淨啟程北上，並於次年五月抵達洛陽。武則天對義淨的到來給予充分重視，「親迎於上東門外，諸寺緇伍具幡蓋歌樂前導，敕於佛授記寺安置」，可謂前所未有之禮遇。義淨帶回的是「梵本經律論近

四百部,合五十萬頌,金剛座真容一鋪,舍利三百粒」[1]。

武則天得到一本玉冊,上面有十二個字,無人能識,義淨將其釋讀為「天冊神皇萬歲忠輔聖母長安」,於是武則天上尊號「天冊金輪聖神皇帝」[2]。

儘管義淨參與政治宣傳,但是他最大的貢獻仍是佛經的翻譯和相關著述。他先後在洛陽和長安兩地翻譯出經典六十八部二百八十九卷,大部分都是戒律方面的典籍。另外他撰寫的《南海寄歸內法傳》,記載了所見所聞的印度和南海諸國佛教的情形,包括寺院生活、僧團制度等等,對於了解印度和東南亞古代的歷史以及佛教的傳播具有重要意義。另外他撰寫的《大唐西域求法高僧傳》,記述從貞觀十五年(641)到天授二年(691)五十六位求法高僧的事跡,具有很高的文獻價值。

絢爛的文化和藝術

一個自由開放的社會,在藝術創造上也更有創造性和想象力。唐代在燦爛的宗教文明發達的同時,與之相關的雕塑、繪畫、建築等,都取得了令後人讚歎的成就。

雖然大多數氣勢恢宏的佛教建築,經過政治起伏和連綿戰火的洗禮,已經徹底毀掉,但是只要看一看同一時期甚至較晚的

---

1 《宋高僧傳》卷一《唐京兆大薦福寺義淨傳》。
2 趙明誠撰《宋本金石錄》記述《聖教序》。

日本佛教建築，就知道唐朝的佛教建築是多麼驚人。隋唐時代，與佛教緊密相關的寺塔、石窟、佛寺、佛塔等大量出現，有一些是具有紀念碑性的宗教建築。留存至今的大、小雁塔就是唐代建造的。前者建造於高宗永徽三年（625），是高僧玄奘親自設計，武周長安年間被毀，但是隨後又重建。這座七層高達六十四米的密簷樓閣式建築，經過一千三百年，仍然堅韌地矗立在那裏。可以想象，當時世界

西安小雁塔。位於唐代長安城安仁坊（今陝西省西安市南郊）薦福寺內，又稱「薦福寺塔」，傳為存放高僧義淨從天竺帶回來的佛教經卷、佛圖等而建

之都長安城的天際線，被像大雁塔這樣恢宏的佛塔裝點着，俯視着來來往往的商旅、高僧、官員和普通市民，遠眺着胡商駝隊從西域往返，帶來豐富多彩的舶來品。而這些來自亞洲各個角落的異鄉人，尚未走進長安的城門，就遠遠看到星羅棋佈的高層建築，目瞪口呆之餘該是多麼羨慕盛唐的氣象和風度。唐中宗這位可以說是唐朝歷史上最為崇佛的君主，在短短的任內，又修建了小雁塔。為了修建這座塔，宮女們紛紛募捐，很快就讓這座十五層的寶塔建立起來。走進長安城，佛光照耀之處，就能看到佛塔的身影，詮釋着大唐帝國在信仰世界的地位。

　　開鑿石窟，從佛教傳入中國之初就已經成為中國人表達自己信仰的方式。隋唐的石窟藝術在前代的基礎上又有了顯著的發展。東都洛陽附近的龍門，到今天仍有一千三百多個佛教石窟，大多數都是隋唐時代開鑿。作為天后的都市，洛陽在武則天時代取代長安成為帝國的首都，也因此成為東方世界的中心。則天武后在神都修建了前所未有的建築──明堂和天堂。這兩座帶有鮮明佛教色彩的建築，使整個洛陽城的空間層次異常鮮明。與之配套的天樞，是中國古代少見的一座紀念碑，可以與羅馬帝國修建的圖拉真紀功柱（Trajan's Column）相媲美。天樞為銅鐵鑄成，由來自朝鮮半島的毛婆羅造模，來自波斯的阿羅撼召集諸藩王籌資修建，來自高句麗的高足酉也參與修建。在當時語境下，天樞是武周政權合法性的標誌。

　　位於敦煌的莫高窟，保存了大量的壁畫、雕塑，是世界上現存規模最大、內容最豐富的佛教藝術中心。莫高窟融繪畫、雕塑和建築藝術於一體，最大的第 16 窟達 268 平方米。其壁畫內容博大精深，有佛像、佛教故事、佛教史跡、經變、神怪、供養人、裝飾圖案等等題材，還表現了當時狩獵、耕作、紡織、交通、戰爭、建設、舞蹈、婚喪嫁娶等社會生活各方面的情景。莫高窟壁畫為中國美術史研究提供了重要實物，也為研究中國古代文明提供了極有價值的形象和圖樣。最高的第 96 窟，附岩修建了佛塔，內儲高達 30 多米的彌勒佛坐像，與崖頂等高，巍峨壯觀。雖然武則天的天堂焚毀，敦煌的這座建築為我們提供可參照的樣品。

敦煌飛天圖，1952 年 7 月 1 日郵票。敦煌飛天為多種文化的複合體，它是由印度佛教天人、中國道教羽人、西域飛天和中原飛天長期交流融合為一的獨特藝術形象

　　1900 年，王道士在莫高窟現在編號第 16 窟的石窟發現一個長寬各 2.6 米、高 3 米的方形窟室，裏面居然保存着從 4—11 世紀的文書和紙畫、絹畫、刺繡等文物五萬多件。藏經洞出土的文書除了漢文文獻，還有用古代藏文、梵文、齊盧文、粟特文、和闐文、回紇文、龜茲文撰寫的文書，內容主要是佛經，另有道經、儒家經典、小說、詩賦、史籍、地籍、賬冊、曆本、契據、信札、狀牒等，為研究中國乃至中亞文明提供重要史料，補充了大量信息，保存重要的人類文明的記憶。

　　唐代的木結構建築工藝達到了很高的水平。五臺山南禪寺和佛光東大殿是目前中國保存最為古老的木結構建築。長安和洛陽的大量木結構建築已經徹底毀滅了。但是從南禪寺大殿（修建於

782 年）和佛光寺（857
年重修）來看，其建築
規模宏大，技術高超。
雕塑也形成了新的風格
和特色，不論是石雕還
是泥塑，都氣勢宏偉、
形象生動。四川樂山大
佛，是唐代的作品，高
達 71 米，是目前最大的
石佛像。這些雕塑藝術
品，是中國文化的瑰寶。

樂山大佛

　　佛教推動紙的使用
和傳播，推動印刷術的發明和更新，在藝術上，也推動繪畫的發
展。敦煌莫高窟中大量以佛教為題材的壁畫，深富獨創精神和超
凡的想象力。唐代的三彩陶俑製作精美，能夠刻畫出人物的精神
狀態和感情思想，而動物俑以馬和駱駝為多，形態逼真，生動地
反映唐帝國開放的時代精神。唐代著名的塑像家活躍在長安和洛
陽等大城市，為數量眾多的寺院和普通民眾塑像。長安各大寺院
的壁畫，俱出名家之手，主要仍是以佛教畫為主。吳道子擅長
佛道畫，號為「畫聖」，他在傳統的蘭葉描和從西域傳來的鐵線
描之外，別創出一種圓潤的「蓴菜條」，又吸取梁代張僧繇和西
域畫派的暈染法，使其畫作富有立體感。其所畫人物，「虯鬚雲
鬢，數尺飛動，毛根出肉，力健有餘」，是盛唐時代宗教畫的代

《八十七神仙圖卷（局部）》，（傳）吳道子繪製的道教
畫，藏徐悲鴻紀念館。這段是描繪行進中的仙女奏樂部
分。蘇軾曾說：「畫至吳道子，古今之變，天下之能畢
矣。」其繪畫後人評為「吳帶當風」

表人物。擅長人物故實的閻立德和閻立本兄弟、擅長仕女畫的張
萱和周昉、發展了山水畫的展子虔、善畫金碧山水的李思訓等，
都在中國繪畫史佔有重要地位。受佛教文化熏陶至深的唐代大詩
人王維，首創中國水墨山水畫，被稱為山水畫南派之祖，對後世
的水墨山水畫影響深遠。敦煌等地壁畫中的經變畫，內容紛繁、
構圖緊密，展現了當時畫工們的高超水平。從這些經變畫中，可
以一窺唐代繪畫的風采。

　　隋唐時代，音樂世界發生翻天覆地的變化。中國傳統的五音
音階、絲竹鐘磬的樂器，在域外傳入的新的樂理和樂器衝擊下，

出現了融合。大量胡人創作的樂曲在唐帝國內廣泛流行。唐代《十部樂》包括《燕樂》、《清樂》、《西涼樂》、《天竺樂》、《高句麗樂》、《龜茲樂》、《安國樂》、《疏勒樂》、《康國樂》、《高昌樂》。唐代的音樂中加入了中亞、印度等地的音樂元素，融合造就了唐代的新音樂。這是中國音樂史上的一個高峰。而且可以說，西域音樂在唐代音樂體系中佔據重要的位置。唐玄宗非常喜歡羯鼓，這從側面反映出西域音樂在當時社會中的地位。唐人記載：

> 上性俊邁，酷不好琴，曾聽彈琴，正弄未及畢，叱琴者出曰：「待詔出去。」謂內官曰：「速召花奴，將羯鼓來，為我解穢！」[1]

正是因為唐朝寬容開放的心態，海納百川的氣度，才能夠持續推動音樂體系的革新。除了音樂，唐代的舞蹈也是吸收多種文明的精華，氣度恢宏。隋唐舞蹈分為軟舞和健舞，軟舞有烏夜啼、涼州、迴波樂等；健舞有劍器、胡旋、胡騰等。胡旋舞、柘枝舞等，都是來自中亞昭武九姓的舞蹈，在唐朝非常流行。唐代的大曲都是舞曲，每一曲分為十二大段，結構複雜。具有故事情節的戲，比如《蘭陵王》等，在唐代非常流行。木偶戲也出現了。唐代的雜技表演也很活躍，從唐代的壁畫中就可以看到表演雜技的場景。

1　南卓《羯鼓錄》。

唐詩的世界

唐代歷來被視為中國詩歌水平最高的黃金時期，因此有唐詩之說。中國自《詩經》、《楚辭》、《漢賦》、《樂府》以來一直有作詩的傳統。隋唐除了承襲古體詩的體裁，亦同時發展出結構更為工整的近體詩，如四句的絕句和八句的律詩，對押韻、平仄等有更嚴格的要求。留存到今天仍有兩千兩百多個詩人創作的近五萬首作品，是中國文學的瑰寶。唐代湧現了大量傑出的詩人，突破舊有的文學形式，使唐代詩歌發展到高度成熟的階段。唐代前半期是中國文明的開拓時期，疆域遼闊，經濟繁榮，交通發達，思想包容，各種文明的交匯，給唐詩的發展提供良好的環境。從某種程度上說，不同文明的融合造就唐詩的成就。

唐詩大致可分作四個階段：初唐、盛唐、中唐和晚唐。初唐通常指唐朝建國至唐玄宗之前的約一百年，盛唐指唐玄宗至代宗的約五十年，中唐是德宗至文宗的約五十年，而晚唐則是文宗後期至唐朝滅亡的約七十年。實際上階段之間並無嚴格的分界。隋代和唐初的詩人，大多出身貴族，風格承襲南朝餘緒。到了高宗時代，詩壇出現了一個小小的高潮，初唐四傑的王勃、楊炯、盧照鄰、駱賓王成為詩壇的佼佼者。從選題上看，他們開始描寫城市和邊塞的生活，有的作品帶有鮮明的政治意涵。

陳子昂（661—702）排斥南朝齊、梁彩麗競繁的風格，主張恢復詩歌反映現實生活的傳統。他的詩剛健素樸，一掃齊、梁以來綺靡、頹廢的遺風。但是並不是說齊梁舊風就此消失，實際

分 期	年 代	大事件	關鍵詞
初唐	玄宗即位（712）前	高祖建國 貞觀之治 武周代唐	上官體（宮廷應制）、初唐四傑、沈宋、陳子昂
盛唐	玄宗朝至代宗永泰年間（765）	詩賦科舉	李杜、王孟、高岑、王昌齡
中唐	代宗即位至敬宗朝	安史之亂 永貞革新 元和中興 宦官擅權 鎮藩割據	大曆十才子、新樂府、元白、韓孟、李賀
晚唐	（826）剩下為晚唐	甘露政變 黃巢之亂	小李杜、溫庭筠

唐詩四分期表。「四唐」分法年限無定論，這裏分期僅為唐詩的大概演變過程的一般分法

上各種風格仍能同存。比如沈佺期和宋之問就能創做出不同於陳子昂風格的佳作。從某種意義上說，陳子昂是復古派，追求的是漢魏風骨，但是卻以復古而開拓。此時律詩體制漸次完成，格式固定下來，五七言絕句地位亦提高。

開元、天寶時期是大家追憶的盛唐時期。不但文明發展到新的高度，而且唐朝對外處於開拓攻勢，同時也是中外文化交流的黃金時代。這時的詩人發展了詩歌的各種風格和形式，流派眾多，繽紛燦爛。

隨着唐朝拓邊，邊塞詩興起。唐代「寧為百夫長，不為一書生」的價值取向在中國文明的前期並不稀見。宋代之後卻轉換為「好男不當兵，好鐵不打釘」。拓展與收斂之區別一目了然。

唐代著名詩人畫像。分別為詩仙李白、詩聖杜甫、詩佛王維、詩魔白居易

邊塞詩代表人物王翰、岑參、高適、王昌齡和王之渙，作品多描寫邊塞瑰奇風光和軍旅戰爭生活，表現征人離婦的思想感情，詩風奔放雄偉，富於浪漫氣質，氣象雄渾。王翰的《涼州詞》描述長征戰士的豪邁與不懼生死：「葡萄美酒夜光杯，欲飲琵琶馬上催。醉臥沙場君莫笑，古來征戰幾人回？」王昌齡描寫唐朝軍隊的氣勢與戰鬥力：「黃沙百戰穿金甲，不破樓蘭終不還。」「但使龍城飛將在，不教胡馬渡陰山。」從某種意義上說，都是對當時唐朝開拓疆域的描述。宋代的詩歌中，就較少出現戰馬、邊塞、戰爭的內容。

有邊塞的安全，就有隱逸的生活。山水田園派的王維、孟浩然和儲光羲，描繪了恬靜的田園和幽寂的山水，作品以五言為主，描寫出人們追求清靜閒適的精神生活。但是也有像高適這樣

描寫農民疾苦、關心家國命運的現實主義詩人。高適還創作了不少著名的邊塞詩。盛唐時期的李白和杜甫則是浪漫主義和現實主義詩歌藝術的集大成者。

李白能夠汲取魏晉以來優秀的詩歌傳統，又能採擷各種文明因素開拓創新，其作品雄放無比，線條大刀闊斧，手法變幻莫測，並不屑於精雕細琢，但是卻最貼近自然。從他的詩歌中，可以讀出唐代不同宗教、文化的影響，反映當時人們思想的豐富與自由。

與李白相比，杜甫（712—770）卻是典型的現實主義風格，多取材政治興亡、百姓疾苦、社會動亂等等，詩歌中帶有深厚的儒家色彩，悲天憫人，被稱為「詩聖」。杜甫律詩注重聲律對仗，語言錘煉，為歷代典範之作。風格多樣，或雄渾奔放，或清

新細膩，主要風格為沉鬱頓挫。杜甫還開創「即事名篇」的新樂府詩，描寫民生疾苦，下啟中唐新樂府運動。杜甫的一生，大部分在憂傷和痛苦中度過，生活的體驗反映在他的詩歌之中。尤其是安史之亂後造成的社會摧殘，讓他寫出《悲陳陶》、《春望》、《北征》、《羌村》，組詩《三吏》、《三別》等一系列傑出詩篇。

不過，雖然杜甫被認為是「純儒」，把倫理綱常，特別是忠君視作立身的最高準則。但是，即便是像杜甫這樣的士人，二元世界觀的心靈結構在他身上也彰顯得非常清楚，其思想裏面有着深厚的佛道成分。在杜甫身上，既有佛道自認追求超越的存在境界（道，方外，出世間），也存在儒家的影響（世俗，塵網，區中）。在三教盛行的唐代前期，士人入仕則言儒，在野則歸宗佛道，是普遍的現象。從表面看，杜甫既有深厚的儒者意識，又有佛道思想，好像他的心靈還屬於東晉南北朝以來典型的「外儒內道」、「外儒內佛」形態。

中唐以後，唐詩發生轉折，浪漫主義精神衰頹，現實主義進一步發展與成熟。貞元、元和時期，唐朝出現中興氣象。詩界提出了「文章合為時而著、詩歌合為事而作」的主張，發起新樂府運動。白居易和元稹成為主要的代表人物，新樂府運動為主要潮流。

白居易的《秦中吟》十首和《新樂府》五十首，是這些詩的代表作品。元稹的豔體詩和白居易的雜律詩反映了當時的都市生活。而韓愈、孟郊和李賀為奇險派詩人，比較偏重藝術技巧的新創，奇險冷僻。韋應物、劉長卿、柳宗元則是山水田園派詩人，

柳宗元山水詩尤峻潔清麗。

到了晚唐，唐詩風格也發生變化，杜牧、李商隱、溫庭筠是其代表人物。皮日休和陸龜蒙是社會派詩人則以詩歌諷刺現實。唐詩對後代的詩歌創作有重大的影響，至今古體詩和近體詩仍然流行。唐詩中的典故也頻繁為人所引用。

唐詩的高度繁榮，跟唐朝開放自由的文化、思想環境有直接的關係。當時佛教的繁榮和思想的變遷，加上當時書法、音樂、舞蹈、雕塑、繪畫等藝術形式都處於一個繁榮期，彼此影響，進而開拓了一個唐詩的時代。唐詩傳入日本、韓國，對當地文化發展和文明的塑造發揮一定作用。

除了唐詩，唐代佛教昌盛，佛經大量翻譯，在寺院中時常開展俗講，俗講的話本叫做變文。從印度等地傳入的梵唄、唱導也傳入中國，運用佛曲和中國民間曲調歌唱讚偈，又用通俗的語言，夾敍夾唱，來宣傳佛教教義。唐代長安的一些寺院，俗講非常有名，乃至皇帝都去聽講。俗講僧文淑以「其聲宛暢」而享有盛名，「聽者填咽寺舍，瞻禮崇奉，呼為和尚，教坊效其聲調以為歌曲」。這既是一種宗教活動，又是文化活動，豐富了長安的日常生活。變文除了演繹佛經故事，比如《維摩詰經變文》、《降魔變文》和《大目乾連冥間救母變文》等等以外，還有《伍子胥變文》、《秋胡變文》、《孟姜女變文》、《王昭君變文》、《張義潮變文》等多種。這些都是以古代歷史故事、民間傳說或當代人物作為題材的。變文對於傳奇小說以及後來的民間說唱文學有很大影響。

科技發達的時代

　　唐代除了人文發達，科技也處於黃金的發展時期。科技發展的成果不但推動中國社會進步，而且對周邊文明體也有重要促進作用。

　　隋唐時期，作為文化載體的書籍，因為雕版印刷術的發明，從寫本時代開始逐漸向印本時代過渡。這個過程非常漫長，是人類文明史上一大事件。中國秦漢時期有石刻印刷，但並不是真正意義上的雕版印刷。雕版印刷術的發明和推廣，佛教的傳播起到至關重要的作用。隨着文化的繁榮、佛教的傳播，寫本已經不能滿足需要。最晚到隋代，已經產生佛教雕版印刷術，但屬於覆印而非仰印。唐代出現仰印。玄奘西行回國曾大量印刷佛像。到了唐代中後期，雕版印刷已經非常普及，元稹和白居易的詩歌已經被大量印賣於市，雕版印刷的日書也在民間廣泛使用。唐末，成都大量印書，成為全國的印書業中心之一。現存的最早的雕版印刷品，是咸通九年（868）王階印造的《金剛經》。經卷高約三十公分，長約五公尺，由七個印頁粘結而成。卷首是一幅佛教畫，後跟《金剛經》正文，畫和文字都刻得很精美。刀法純熟、印刷清晰，可見當時刻印技術已經很成熟。現存中國較早的印刷品還有乾符四年（877）曆書和中和二年（882）曆書等，尤其是 1953 年出土於成都東門外晚唐墓的龍池坊卞家印賣《陀羅尼經》，也屬精品。從出土的印刷品性質也可看出，佛教在印刷術推廣中起到重要作用，大量出土的印刷品都是佛經。

唐四神銅鏡。背作四神形（青龍、白虎、朱雀、玄武），中央獸鼻鈕，外重輪四道：第一輪內具十二屬，次具八卦間以寶相花，又次具二十八宿，又次為銘文（《西清古鑒》）

　　隋唐與亞洲各國（如日本、朝鮮、印度、伊朗等）的經濟文化交流，大多以佛教為連接線。唐朝末年，印刷術更加普及，廣泛見於唐朝各地。出版的書種類也開始增多，除了佛經，還有曆書、文學、咒本、陰陽雜記、占夢、相宅、九宮五緯之類的術數

書。印刷術在中國發明後，逐漸傳播到世界其他地區，促進了當
地文明的進步。天寶十載（751），杜環跟隨高仙芝在怛邏斯與
阿拉伯作戰被俘，送到庫法，受到優待，使他得以周遊西亞，並
隨着阿拉伯使團經過埃及、蘇丹而到埃塞俄比亞的摩鄰國。寶應
初年（762）乘商船回國，寫了《經行記》一書，惜已失傳，惟
杜佑的《通典》引用此書，有一千五百餘字保留至今。根據《經
行記》的記載，在大食國都亞俱羅，唐朝被俘的工匠有金銀匠、
畫匠、綾絹織工、造紙匠等，唐朝工匠高超的技藝和科技水平，
對阿拉伯世界的進步有一定作用。造紙術也至遲在此時傳入阿拉
伯世界。

　　唐代在天文、數學、曆法、星占、氣象、儀器製造等各個領
域都取得極高成就。日本採用唐朝曆法後，很快就廢掉之前自
己的古曆。日本留學生吉備真備從唐朝回國時攜帶的東西包括：
「入唐留學生從八位下下道朝臣真備獻《唐禮》一百三十卷、《太
衍曆經》一卷、《太衍曆立成》十二卷、測影尺一枚、《樂書要錄》
十卷、馬上飲水漆角弓一張，並種種書籍、藥物等。留學之間歷
十九年，凡所傳學，三史五經、名、刑、算術、陰陽、曆道、
天文、漏刻、漢音、書道、祕術、雜占一十三道。」[1] 由此可見，
唐朝的禮制、曆法、天文測量、音律等，對日本知識精英極具吸
引力。

　　唐前期天文曆法集大成者為李淳風。李淳風長期擔任太史

---

1 《扶桑略記》「天平七年四月」條。

令，其學術研究涉及多個重要領域。他制定的《麟德曆》在曆法改進中佔據重要位置，其東傳日本，並於天武天皇五年（667）被採用，改稱為《儀鳳曆》。他撰寫《晉書》、《隋書》中的天文志、律曆志和五行志；他還是《乙巳占》等重要著作的作者。

《乙巳占》全面總結唐貞觀以前各派星占學說，介紹甘德、唐昧、梓慎、裨灶、箕子、張衡、陳卓、劉表、郄萌、庾季才、袁充、郭璞等近三十位星占家的觀點。經過綜合之後，保留各派較一致的星占術，擯棄相互矛盾部分，建立一個非常系統的星占體系，對唐代和唐代以後的星占學產生很大影響。

另外，唐代《開元占經》是唐代收集古代天文星占文獻資料的集大成之作。作者瞿曇悉達是來自天竺的移民，其家族長期在唐朝為官，在天文星占方面取得極大成果。其父瞿曇羅曾向唐太宗獻上《經緯曆》，武周聖曆元年（698）又獻上自編新曆《光宅曆》。《開元占經》這部自開元二年（714）開始編纂的巨著，對宇宙理論、天文、氣象、曆法、星圖、雜占等都有詳細論述。[1] 而且它直接節錄原文，保存大量原始資料。

玄宗時僧一行根據南北各地實測北極高度和冬至夏至日影短長的結果，推翻過去「王畿千里，影差一寸」的說法，證明影差和距離的比例並不固定；創製能夠直接測量黃道座標的黃道遊

1　中古以前天文和氣象（雲氣、光象）是連在一起的知識，古人並不知道大氣層的存在，所以統稱為天文氣象。而官修天文志以及傳統陰陽五行類的知識，均是天文氣象並稱，或簡稱天文。敦煌文獻也不例外，敦煌 S.3326 也是將星占和氣象放在一起的。

儀，用它測量二十八宿距天球北極的度數，在世界上第一次發現了恆星位置變動的現象。而且他主持了世界上第一次對子午線的測量，從現代測量學的理論看，他已經測量了地球子午線一度的弧長。若再往前推導一步，即可得出地球是圓的這一結論。

仰觀天文圖（《周易》語，《三才圖會》）

　　隋唐時期，對氣象氣候不論在實際觀測，還是在理論方面都有所進步。保留大量涉及雨、雪、雹、霜、霧、氣溫異常、大風、乾旱等天氣現象的記錄。李淳風《乙巳占》中記述候風法、占風遠近法、推風聲五音法等。其中候風法專門介紹相風旗、羽葆和木鳥等測風儀器。甚至已經初步提出風力分級法。邵諤的《望氣經》則對雲有深入的觀察和分析。黃子發的《相雨書》可說是一部關於降雨的氣象學專著，具有重要的科學價值和思想價值。

　　唐代，數學在前代成就的基礎上繼續向前發展。《隋書·經籍志》著錄數學著作二十七種。王孝通《緝古算經》關於三次方程的工作、二次內插法的創立、實用算術的發展和計算技術的革新都標誌着唐代數學方面達到的高度。李淳風編定和注釋的十部算經（《周髀算經》、《九章算術》、《海島算經》、《孫子算經》、《夏侯陽算經》、《張丘建算經》、《綴術》、《五曹算經》、《五經

俯察地理圖（《周易》語，《三才圖會》）

算術》、《緝古算術》），已經作為唐代國子監算學館的數學教材。此外，唐朝在建築、堪輿等領域也取得極大成就。唐太宗時，呂才奉旨主持刊定陰陽書。另外，李淳風有《九星龍穴圖》，丘延翰有《天機素書》四卷。

唐代的醫學也非常發達。孫思邈吸收佛教典籍中關於印度醫學的內容，而且注重實踐，取得傑出成就。他於永徽三年（652）撰成的《備急千金要方》三十卷，系統地論述傳統中國醫學的學術成就。他特別重視藥物的研究和採集，被後人稱為「藥王」。

此外，隋代巢元方等人撰寫的《諸病源候論》、唐代王燾撰《外臺祕要》四十卷，都是當時重要的醫學成果。

高宗時，蘇敬等人受命重修《本草》，共五十三卷，記錄藥物八百四十四種，在新增加的一百十四種藥物中，有不少是從波斯和南海傳來的。這是世界上第一部由國家編定頒行的藥典。

隋唐醫學已有體療（內科）、瘡腫（外科）、少小（小兒科）、耳目口齒科，還有針科和按摩科等，在分科治療上有明顯進展。

11 思想轉型與世界帝國的終結

　　唐朝世界帝國的地位逐步喪失，導致思想、信仰世界的變遷。與唐朝明顯不同的是，宋朝詩中很少出現邊塞、駿馬和戰爭。武宗滅佛之後，佛教在中國遭遇重創，從政治和官方學術體系退出。隨後興起的回歸中國古典的思想運動，也同時把佛教等信仰體系排擠到社會下層和邊緣。佛教作為政治意識形態的角色基本被消除，中國丟棄了作為佛教世界中心的地位。在東方，佛教傳入日本，成為日本文化的重要組成部分。雖然長安的那些令人震撼的大寺院被日本各宗派認為祖庭，但是隨着長安和唐帝國的衰落，已經不可能再對日本等周邊世界有精神上的號召力。隨之興起的新的儒家思想運動，重塑了中國人的精神世界，整個歷史的面貌也因之發生重大的變化。

回歸古典的儒家思想運動

　　將佛教視為外來宗教，是中古時代反佛者的慣用論述。到了唐朝中後期，佛教已經跟中國文明緊密結合在一起，成為中國文

明的一部分。但是道教、儒家依然常常以此為打擊佛教的借口。受到儒家思想影響的歷史撰述，往往把佛教的形象扭曲，甚至把佛教的聲音消除。比如《舊唐書》等正史，即使我們仔細閱讀這些史書，也不會找到太多關於佛教的描述，基本就是幾個政治和尚「擾亂」政局的記載。但是這並不是歷史的全部真相。在隋唐時代，佛教是信仰世界的主流，對政治乃至日常生活有非常大的影響。這些影響，從《續高僧傳》等佛教文獻中能看出端倪。

在佛道針鋒相對的同時，儒學對佛道的排斥和責難也從未間斷。在唐代中後期儒家思想運動之前，攻擊佛教、道教的人多從國計民生的考慮出發，並沒有從理論上根本否定，比如姚崇認為，「自神龍以來，公主及外戚皆奏請度人，亦出私財造寺者，每一出敕，因為奸濫，富戶強丁皆經營避役」。到了韓愈的時代，持儒家立場的知識分子開始從維護儒家思想正統地位的角度，從理論的高度去排斥佛道。這一時期興起的古文運動，也可以在這種脈絡裏理解。齊梁以來柔靡浮豔的形式僵化的駢體文，日益成為文學發展的障礙。開元、天寶以後，很多文士提倡用散文取代駢體文。散文是周、秦、兩漢通行的文體，唐人稱之為古文。文體的改革實際上是當時政治思想鬥爭的反映。韓愈、柳宗元等人把「道」也就是儒家的道德倫理拔高到信仰的高度，強調文章寫作要為弘道服務，所謂「文以明道」。這既是一個改革文風的運動，又是一個改革文學語言的運動，在思想上，更是儒學復興運動的一部分。

年份	概況
貞觀五年（631）	太宗。下詔開啟法門寺地宮，在法門寺原地祭拜佛骨，京城內外居民前來膜拜。
顯慶五年（660）—龍朔二年（662）	高宗。開啟地宮，奉迎佛骨入東都洛陽，兩年後回長安法門寺，為舍利造九重金棺銀槨入地宮。
長安四年（704）—景龍二年（708）	武后、中宗。開啟地宮給朝野供奉。次年迎至洛陽，城內有豪華迎接隊伍，送至明堂。次年武后去世，佛骨仍在洛陽明堂。新登基的中宗和韋后割髮與佛指骨一起埋入地宮。
上元二年（761）	肅宗。安史之亂結束後，新登基的肅宗染病，佛指骨迎入皇宮。歷時兩月餘。
貞元六年（790）	德宗。鎮藩割據勢力戰亂，屆三十年開啟地宮年份，禮拜佛指流程：法門寺—皇宮—各大寺院—地宮。
元和十四年（819）	憲宗。「元和中興」，削藩有好轉。「憲宗啟塔，親奉佛燈」，流程同上次。韓愈上奏摺《論佛骨表》，反對迎佛骨大型皇家活動，被貶潮州。
咸通十四年（873）	懿宗、僖宗。皇帝重病。隆重的唐朝國家大典。懿宗去世，年幼僖宗登基，將大典所有普通民眾和王宮大臣所捐珍寶一起埋入法門寺地宮，隨之封閉地宮。唐朝禮迎佛指法事結束。

唐皇禮迎佛指骨舍利法事簡表。一般慣例，當時的李唐皇家佛寺法門寺地宮，每三十年一開，禮迎佛陀指骨出來供奉，朝野信徒爭相捨家供奉

　　站在儒家正統思想的立場上，從理論高度排斥佛道，首推韓愈。韓愈是古文運動的推動者，也是始終反佛的標誌性人物。這兩者並行不悖。在他看來，文化、政治、經濟、倫理等一切社會秩序，皆需是儒家仁義的體現。維繫秩序的，說到底是儒家的「道」。他認為：「天道亂，而日月星辰不得其行；地道亂，而草

木山川不得其平；人道亂，而夷狄禽獸不得其情。」韓愈將夷狄視同禽獸，認為是人應該主宰的對象。在他看來，佛教的教義，是要求背棄君臣、父子，禁生養之道，不是真正的道。他提倡的是先王之道。韓愈提出一個儒家的「道統」：「堯以是傳之舜，舜以是傳之禹，禹以是傳之湯，湯以是傳之文、武、周公，文、武、周公傳入孔子，孔子傳之孟軻。軻之死，不得其傳焉。」在韓愈架構的這個儒家道統裏，將儒家道統追溯到傳說中的堯，當然就早於佛教傳入中國的時代。這種譜系化的做法，說到底是把儒家思想發展成為一種帶有宗教信仰色彩的意識形態和倫理體系，從而取代佛教和道教進入人的心靈之中。

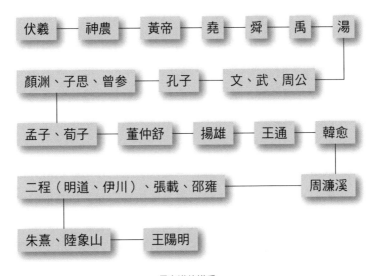

儒家道統譜系

　　元和十四年（819），唐憲宗迎取法門寺所藏佛指舍利入宮供養，遭到韓愈的激烈批評。他上表表示反對，抨擊佛本是夷狄之人，口不能言先王之道，身不能穿先王之服，不知道君臣之義和父子之情，「事佛求福乃更得禍」。他甚至建議將佛骨舍利「付之有司，投諸水火」，加以毀壞，永絕根本，徹底斷絕人們對佛教的念想。這樣的論調激怒了唐憲宗，大怒之下將韓愈貶為潮州刺史。韓愈之後的李翱也極力反佛，希望重新樹立儒家的正統地位。他撰寫的《復性書》明顯帶有抵制佛教思想流傳的意圖。

　　在佛教的興盛時期，唐代儒學幾乎變為潛流，佛教思想的繁榮和複雜壓倒了儒學的光芒。但是中唐以後，儒學一方面打着回歸古典的旗號，以先王之道質疑佛教教義；另一方面，儒學也吸收了佛教的一些元素，重新改造了自身的理論和信仰體系，所以重新煥發出生命力。比如韓愈所謂的「道統說」明顯源自佛教的「祖統」。佛學的一些思想元素甚至基本概念，也被儒家思想所吸收。李翱《復性書》的性善情惡論，無疑是佛性論的產物。佛教把「清淨」看做人的本性，主張消滅人欲，以恢復清淨本性。李翱的性善情邪論亦是如此。

　　從政治意識形態來說，真正對天人感應、五德終始的天命說提出挑戰的，主要發生在中唐以後，比如柳宗元就是其中的典型代表。柳宗元將批判矛頭對準當時幾乎所有主要類型的對更高存在物的設想：流行的超自然觀念、道教對長生不老的追求、儒家關於「天」的概念等。現代理性主義者所說的「迷信」全部都是當時柳宗元批判的對象。

柳宗元對儒家關於「天」的觀念的批判，正是對儒家神學化的反動，可謂代表了古文運動及宋代的新理學運動的方向。古文運動強調回到原典，不單單是想跳過外來的佛教，回歸中華的傳統，還在於排除超自然、「迷信」的成分，回歸人心和道德——學者們大多認為這種潮流具有某種人文主義的思想特色。柳宗元批判儒家關於「天」的概念，中心正是漢代以來形成的儒學與陰陽五行宇宙論結合的情況。在這種儒學體系中，儒家的「道」和陰陽五行論所詮釋的「天」是等同的。

在柳宗元看來，漢代儒學對陰陽宇宙觀的接受和採用，是對儒家基本教義的嚴重侵犯。他有五篇文章專門批駁漢代儒學的這一「倒退」，對董仲舒、劉向、班彪等人大加撻伐，認為他們是誣亂後代。陳弱水認為，從風格上說，柳宗元的批評讓我們想到伏爾泰在《哲學辭典》、《五十人講道書》等作品中對《聖經》及其基督教義的抨擊——儘管伏爾泰的評論要複雜得多。其實，如果我們對比歐陽修、柳宗元等人的政治思想，會發現其與馬基雅維利的意識形態非常相近，他們都強調政治應該從神回到人身上，政治是人的事情，上天（教會）不應干涉。

宋代新的儒學潮流興起，將佛、道、讖緯等帶有神祕色彩的怪力亂神都排擠出正統學術體系，我之道為道，他之道為邪道，是偽道學。歐陽修作《論刪去九經正義中讖緯札子》、南宋魏了翁作《九經要義》刪去讖緯之說，讖緯才最終衰絕。反映到其他知識領域，歐陽修作《新五代史》，取消自漢朝以來諸史相沿的《五行志》，代之以《司天考》，專記天象而不載事應；《新唐書》

①慧能（638—713）畫像，禪宗六祖。②韓愈（768—824）畫像。③呂洞賓（789—？）畫像。呂喦，字洞賓，唐末道士，道教全真派北派（王重陽）、南派（張紫陽）、東派（陸潛虛）、西派（李涵虛），還有各地民間的道門教外別傳，皆稱源自呂祖。他也是流傳廣泛的八仙之一

雖有《五行志》也僅僅着其災異而削其事應。從政治思想方面說，宋代以後，五德終始學說逐漸退出歷史舞臺。經歷了儒學復興運動，在北宋中期以後士大夫的論說中，五德終始說、讖緯、封禪、傳國璽等傳統政治文化、政治符號都走向了末路，神祕論在儒學當中逐漸被擯棄了。

武宗滅佛及其影響

　　思想和信仰環境的變遷，最終以很極端的方式反映在政治領域。唐朝的宗教寬容政策不斷受到挑戰，到了武宗時代，終於出現大規模的滅佛——包括鎮壓摩尼教、景教等宗教的活動。武宗滅佛對唐朝世界帝國的定位是一個巨大的破壞。此時，亞歐大陸的東段，最為系統、最為有影響的信仰體系就是佛教。經過數

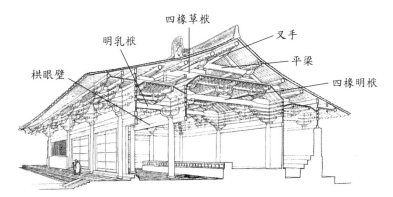

山西省五臺山佛光寺大殿（《中國古代建築技術史》）。佛光寺建於北魏，其大殿是中國現存排名第二早的木結構建築。唐武宗會昌五年（845），會昌滅佛，除幾座墓塔，其餘被毀。宣宗繼位，女弟子寧公遇和高僧願誠主持重建大殿等

百年的演進，佛教文明已經跟中國文明融合在一起。唐都長安成為佛教的中心，各國的僧人、使者往返於本國和長安之間，把相對先進的思想和教義帶回本國。後來日本出現的佛教諸宗，其祖庭大多都在長安。但是武宗滅佛及其後中國思想轉向古典主義，使中國實際上放棄了作為佛教世界領導者的地位。

　　武宗的滅佛動機比較複雜，除了思想背景和政治考慮之外，學界也往往提到財政困難說，認為唐武宗時代，佛教寺院成為國家財政的重要負擔，給經濟造成嚴重的破壞。[1] 其時，全國的大中型寺院將近五千座，僧尼三十多萬，而寺院靠出租土地收取地租和發放高利貸作為經濟來源。隨着寺院經濟的膨脹，逐漸形成宗教僧團同世俗權力衝突的局面。武宗的滅佛，從事實上說，確實在經濟上獲得巨大的好處。

———

1 「凡道士給田三十畝，女冠二十畝；僧尼一如之。」（《唐會典》）此外，僧道不用納稅。

在武宗滅佛之前，佛教受到刻意抑制已有端倪。武宗之前，穆宗、敬宗、文宗皇帝仍循例作佛事，白居易等唐朝士人也多與僧人交往。到了唐代中後期，中國的思想形勢發生了微妙的變化。敬宗已酷通道教，文宗時代開始有毀法之議，認為「古者三人共食一農人，今加兵、佛……其間吾民尤困於佛」[1]。武宗會昌五年（845）開始的毀法運動將打擊佛教推到極致。當時日本僧人圓仁恰好到唐朝求法，親眼目睹滅佛的種種情形，記載在他的《入唐求法巡禮行記》中。

中國歷史上有多次滅佛，但最為慘烈的當屬這次武宗鎮壓佛教的運動。

會昌元年（841），聞到空氣中彌漫的不祥氣氛，外國僧人紛紛請求離開唐朝回國。南天竺三藏寶月入朝，不先咨開府，從懷中突然拔出表呈給武宗，請許歸國，因犯越官罪收禁。寶月弟子三人各決七棒，通事僧決十棒，不放寶月歸國。

這一年的八月七日，圓仁也上表請求回日本，照樣未獲准許。此時執政的李德裕也支持武宗的滅佛政策。

到了會昌二年（842）三月，李德裕上奏，發遣保外無名僧，又不許置童子沙彌，至此，武宗滅佛已顯露端倪。五月二十五日，武宗使人發牒勘問外國僧藝業。

五月二十九日，敕停供奉大德、兩街各二十員。

到了秋天，武宗於十月九日下敕：天下所有僧尼解燒煉、

1 杜牧《杭州新造難亭子記》，《全唐文》卷七五三。

咒術、禁氣，背軍身上杖痕鳥文，雜工巧，曾犯淫、養妻、不修戒行者，並勒還俗。若僧尼有錢穀田地，應收納入官。如惜錢財，情願還

主持皇帝	持續時間
北魏太武帝拓跋燾	438—452
北周武帝宇文邕	574—578
唐武宗李炎	842—845
後周世宗柴榮	955—959

中國古代史上四次著名滅佛運動，合稱「三武一宗滅佛」

俗，並勒還俗，充入兩稅徭役。後左街功德使奏，准敕條疏僧尼除年老及戒行精進者外，其愛惜資財還俗者一千兩百三十二人。右街功德使同此，還俗者二千二百五十九人。在地方上，也遵照執行。所蓄奴婢，僧許留奴一人，尼許留婢二人，其餘任本家收管，無本家者由官府出面貨賣。

會昌三年（843）五月二十五日，勘問諸寺外國僧來由。

六月份，武宗又下敕斥佛本西戎人，佛經典籍為胡書。但是圓仁前後求歸國百餘次，均不獲准。

武宗的滅佛相當全面，會昌四年，他下敕不准供養佛舍利，違者嚴厲懲處。種種抑制佛教的行為伴隨着謠言紛起，據傳道士奏云：孔子言黑衣繼十八子為天子。黑衣者，僧人；十八子者，李氏。而武宗為唐第十八代。凡此種種說法，更加堅定了武宗滅佛的決心。

到了這一年的七八月份，法難發生了。武宗下令拆毀全國的山房、蘭若、普通佛堂、義井、村邑齋堂等，未滿二百間、不入寺額者，其僧尼等盡勒還俗。據圓仁記載，長安城坊佛堂被毀三百餘所，全國範圍內拆毀的更多。同時天下尊勝石幢、僧墓塔

等也被下敕拆毀。

十月，又下敕拆毀天下小寺，經佛移入大寺，鐘送道觀。其被拆寺僧尼，不依戒行者，不論老少盡敕還俗，長安城中於是又拆毀小寺三十三所。會昌五年（845）三月，武宗下敕不許天下寺置莊園，又令勘檢天下寺舍奴婢多少，並及財物。令都中諸寺由兩軍中尉勘檢，諸州府寺舍委中書門下檢勘。並分城中寺舍奴婢為三等，分別收遣。差不多在同時，又敕令天下諸寺僧年四十以下盡勒還俗，遞歸本籍，後又擴大到五十歲以下的僧尼還俗。

到了五月末，長安已經沒有僧尼了，寺院只留下三綱檢理財物，結束後也要還俗。外國僧人沒有祠部牒的，也必須還俗，送歸本國。

秋七月「敕上都、東都兩街各留二寺，每寺留僧三十人；天下節度、觀察使治所及同、華、商、汝州各留一寺，分為三等：上等留僧二十一人，中等留十人，下等五人。餘僧及尼並大秦穆護、祆僧皆敕還俗。寺非應留者，立期令所在毀撤，仍遣御史分道督之。財貨田產併沒官，寺材惟葺公廨驛舍，銅像、鐘磬以鑄錢」[1]。又將僧尼改隸鴻臚寺。

寺院原先有悲田院，救濟貧困者，僧尼還俗後，這項社會慈善事業也歸政府安置。李德裕建議將悲田坊改名養病坊，於鄉閭中選人主持[2]。圓仁記載，唐國僧尼本來貧窮，盡令還俗後，無衣

1 《資治通鑒》卷二四八。

2 《舊唐書》卷一七四《李德裕傳》。

可穿，無食可吃，引起社會動盪。

武宗滅佛雖然得到了李德裕等大臣、儒家、道士的支持，但是在統治集團內部並未達成共識。比如代表宦官集團的仇士良就對這一政策頗不贊同。根據圓仁的記載，會昌三年（843）正月十八日，仇士良有帖，喚長安城中的外國僧人第二天見面，包括青龍寺南天竺三藏寶月等五人，興善寺北天竺三藏難陀一人，慈恩寺獅子國僧一人，資聖寺日本僧圓仁及弟子惟正、惟曉等三人，諸寺新羅僧等，更有龜茲國僧共二十一人。仇士良本身信佛，所以對這些人多加撫慰。另外，唐朝中央推行的滅佛政策，在黃河以北鎮、幽、魏、潞等藩鎮並未得到認真推行，所以佛教得以部分保存。

儘管如此，唐武宗滅佛對佛教的打擊仍屬歷史上最為酷烈的[1]。北魏太武帝拓跋燾和北周武帝宇文邕都曾採取暴力強硬手段滅佛，但是在當時的歷史背景下，佛教仍在蒸蒸日上，雖然佛教受到暫時的挫折，但是其作為中國人主要信仰的地位並未喪失，在當時仍有不少僧人挺身而出，捨身護法。遭到迫害的佛教也博得了更多人的同情和信仰。所以在滅佛的君主死後，佛教就捲土重來，出現更加蓬勃向上的勢頭。比如北周滅佛時的慧遠，與北周武帝激烈辯論；到了隋代，在隋文帝的支持下，他已經成為佛

---

1 「敕祠部奏括檢天下寺及僧尼人數，大凡寺四千六百，蘭若四萬，僧尼二十六萬五百」，「拆寺四千六百餘所，還俗僧尼二十六萬五百人，收充兩稅戶，拆招提、蘭若四萬餘所，收膏腴上田數千萬頃，收奴婢為兩稅戶十五萬人。」（《舊唐書》卷一九《武宗紀》）

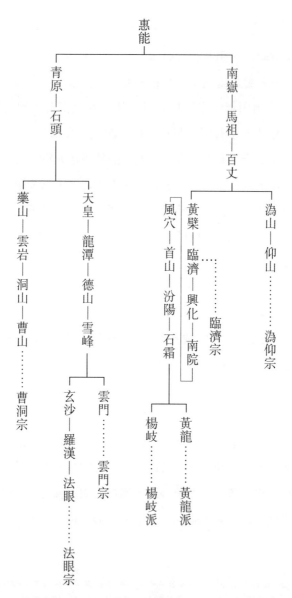

中國禪宗譜系。禪宗是中國本土化的佛教，倡導佛性人人皆有、頓悟成佛，中國士人往往喜修禪佛。唐武宗滅法後，禪宗逐漸成為中國佛教的主流，分支主要有唐宋「五家七宗禪」

教的重要精神領袖。但是，唐武宗的滅佛，發生在中國人心靈結
構產生重大變化的背景下。此時回到古典時代、排除佛教因素的
思想運動愈演愈烈，中國主流的知識分子越來越認為，「三代已
前，未嘗言佛，魏晉之後，像教寢興。是逢季時，傳此異俗，因
緣染習，蔓衍滋多。以至於耗蠹國風，而漸不覺」[1]。所以在武宗
滅佛的時候，我們沒有看到僧人的激烈抗議，也沒有看到朝臣士
人的反對聲音。佛教作為一個龐大的思想、信仰體系，到了武宗
滅佛的時刻，似乎已經失去之前朝氣蓬勃的氣勢，社會大眾也似
乎接受佛教不可避免地衰落的事實。

　　武宗滅佛，對中國佛教來說可謂是滅頂之災，寺院經濟遭到
打擊，寺廟被毀，經籍散佚，佛像被銷，佛教失去繁榮的客觀條
件。加上思想世界的變化，曾經處於知識、思想、文化、政治舞
臺中心位置的佛教從此走向衰落，一蹶不振，走向世俗化道路。
這一事件的影響是深遠的，比如從最小的層面上說，由於拆毀
佛教建築，導致留存到今天的唐代建築非常少。而日本的京都等
地，氣勢恢宏、令人讚歎的佛教古建築，就是模仿唐朝而建造
的。如果當時長安、洛陽的那些偉大的寺院能夠保存的話，將是
多麼偉大的遺產！

　　武宗死後，宣宗即位後即復興佛教。但是大勢已去，此後佛
教已然衰落。咸通十四年（873）懿宗迎佛骨，不久去世。即位
的僖宗下詔將佛指舍利送歸法門寺，儀式非常簡單。所在香剎，

---

1 《唐會要》卷四七。

也下詔鏟除。當時已知的世界文明，包括佛教世界、伊斯蘭世界和基督教世界，基督教世界逐漸在歐洲站穩腳跟，在此後的一千年中，都籠罩着歐洲大陸；伊斯蘭世界則從阿拉伯拓展，往西進入非洲、土耳其、西班牙，往東進入波斯、中亞，沿着絲綢之路一路到達中國的陝西、甘肅；佛教世界則從西北印度、中亞逐步萎縮，乃至在中原也失去根據。中國作為佛教世界主導者的角色，在武宗滅佛後已然放棄。雖然日本佛教諸宗仍認同長安的寺院是其祖庭，但是對中原來說，已經沒有太大意義。此後，儒家思想重新煥發活力，改頭換面，成為主導的倫理和思想體系。

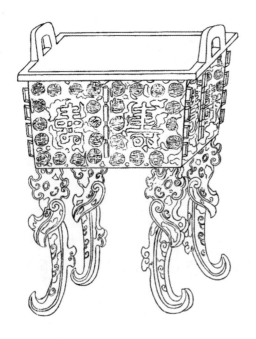

唐塗金方鼎（《寧壽古鑒》）。式樣同西周禮器「周公東征方鼎」

年份	事件
會昌元年 （841）	六月十一日聖誕日，與大內設齋（中略），釋門大德均不得着。
二年	不許置童子沙彌。
	僧尼有錢穀田地應收納入官，如惜錢財情願還俗，充入兩税徭役。
三年	摩尼寺併廢入官。
	焚宮內佛經，埋佛、菩薩並天王像等。
	兩街講説絕。
四年	禁供養佛牙。禁法門寺等處不許供佛指。
	拆天下普通佛堂等，其僧尼等勒還俗。
	毀拆天下小寺，不依戒行者勒回本貫，經佛、年老僧尼等歸大寺。
五年	不許天下寺置莊園。
	分批勒僧尼還俗，五月終長安僧尼盡。
	外國僧人無祠牒須還俗，送歸本國。
	兩都各留二寺及僧各三十人，天下寺分三等及三級僧數。
	天下所拆寺四千六百餘所，還俗僧二十六萬餘人，收充兩税戶，拆招提、蘭若四萬餘所，收膏腴上田數千萬頃，收奴婢為兩税戶十五萬人。
	宰相李德裕請改悲田坊為養病坊，收養殘疾。

唐武宗會昌滅佛大事件（湯用彤《隋唐佛教史稿》）

對其他宗教的迫害和宗教寬容政策的結束

武宗滅佛的同時，也打擊了其他外來宗教，包括瑣羅亞斯德教、摩尼教、景教等。此後，唐朝一直執行的宗教寬容政策從實際上結束了。即便在儒學內部，帶有神祕主義色彩的緯學也被逐漸從儒家知識體系中排除出去。一方面，這是中國社會走向世俗主義的體現；另一方面，也伴隨着自我本位的興起，夷夏之防變得更加重要。

粟特胡人多信仰祆教，也就是瑣羅亞斯德教。這一宗教是基督教誕生之前中東和西亞最具影響力的宗教。瑣羅亞斯德教曾是阿契美尼德帝國的國教，但是隨着阿拉伯帝國征服波斯，伊斯蘭教往東拓展，瑣羅亞斯德教受到排斥，被斥為「拜火教」。在這種情況下，瑣羅亞斯德教往東發展，最終通過西域到達中原。瑣羅亞斯德教跟粟特人關係密切，「從大食國以東，並是胡國，即安國、曹國、史國、石騾國、米國、康國……總事火祆」[1]，對中國歷史和文明的發展做出過重要貢獻。

火祆教崇奉之神在北魏、南梁時被稱為天神、火天神、火神天神或天神火神；到隋末唐初才稱火祆。祆教受到北魏、北齊、北周、南梁等統治階級的支持。北魏的靈太后率領宮廷大臣及眷屬幾百人奉祀火天神。北齊後主「躬自鼓儛，以事胡天」，因此，在京都（鄴，今河北臨漳）出現了很多奉祀火祆的神廟，一

---

1 慧超《往五天竺國傳》。

時蔚然成風氣。北周的皇帝也曾親自「拜胡天」、「從事夷俗」。從北魏開始，北齊、北周相繼在鴻臚寺中設置火祆教的祀官。唐朝在東西兩京都建立祆祠，東京有兩所，西京有四所，「商胡祈福」，唐朝祠部還設有管理火祆教的祀官薩寶府官，由波斯人或新疆地區少數民族的信徒擔任，主持祭祀。祆教在中國寬容的環境下，獲得蓬勃的發展。唐朝的世界帝國屬性，吸引很多外國僑民在唐朝居住。尤其粟特胡人在商業貿易中居於重要地位，很多粟特人更在政治、軍事上扮演重要角色，所以建立祆祠方便胡商祈福之用，並維持胡人對唐朝的向心力，具有重要作用。若不是帶有粟特和祆教元素的安祿山叛亂，或許中國文明的走向會有所不同。

　　天寶之後，留居長安的蕃客曾被唐王朝編入左右神策軍，其中就有大批波斯祆教信徒。至德三年（758），廣州的大食人和波斯人舉行暴動，其中也有不少祆教徒。會昌五年（845）唐武

祆教祭祀拜火石刻，隋代虞弘墓石槨，藏山西博物院。這裏的兩個西域祭司，人首鷹足，手持火壇

宗敕令滅佛時，祆教也在被禁止之列，受到的衝擊較大，許多祠廟都被拆毀，僧侶被勒令還俗，有的祆教徒被趕回波斯或西域本籍。黃巢進入廣州，大肆屠殺外來宗教信徒，其中也有許多祆教信徒。此後，祆教逐漸在中國內地絕跡，其某些元素滲入民族宗教活動之中，再也沒能獲得如唐朝那樣的官方地位，甚至在宋代以後就不再見於文獻記載。

摩尼教，又稱做牟尼教、明教，是一個源自古代波斯宗教祆教的宗教，為公元3世紀中葉波斯人摩尼所創立。這是一種將基督教與伊朗阿胡拉·馬自達教義混合而成的哲學體系。摩尼教在武則天時代從西域傳入中原，但是其傳教並不順利，往往託佛教之名傳教，而且唐朝君主如玄宗等認為摩尼教所傳是邪見，下令禁止中國人信仰該教。摩尼教在唐朝的命運發生轉折，在於它傳入回紇並成為回紇的國教。唐朝發生安史之亂後，藉助回紇之兵平定叛亂，回紇因此崛起，並在唐朝取得了特殊地位，回紇使者甚至在唐朝耀武揚威。藉着回紇的支持，摩尼教得以在唐朝傳教。大曆三年（768）六月，唐代宗敕准回紇摩尼教徒在長安建摩尼寺——大雲光明寺。其後，又應回紇之請，於荊州、揚州、越州等州，各設置「大雲光明寺」一所。德宗貞元十五年（799），天久旱無雨，曾請摩尼師施法祈雨。元和三年（807）正月，唐憲宗應回紇使節的請求，在河南府和太原府設立三座摩尼寺。摩尼教徒經常由回紇至唐，並得唐皇室禮待。可以說，摩尼教得以在唐朝傳播，與回紇跟唐朝的特殊關係是綁在一起的，從一開始就帶有強烈的政治和外交的考慮。也正是因為這種原

因，摩尼教先於祆教、景教被禁。而其被禁，跟唐朝和回紇的關係變化存在關聯性。

長慶元年（821），唐穆宗初立，將自己的親妹妹、憲宗之女太和公主出嫁回紇可汗，此後太和公主在回紇生活了長達二十二年。唐武宗會昌元年（841），回紇被的黠戛斯擊敗，國勢衰落，唐廷對回紇和摩尼教的態度發生改變。會昌三年（843），唐武宗採納宰相李德裕的意見，進攻已經四分五裂的回紇汗國。唐軍大敗回紇，並搶回了太和公主。此後，回紇汗國亡國，眾部族離散。唐回兩國的百年恩怨，終於了斷。

回紇的亡國，對摩尼教是一次沉重的打擊。與進攻回紇相配合，武宗在會昌三年即下令對唐朝境內的摩尼教徒和寺院實行抄檢，沒收摩尼教資產與書像等物。由於一些摩尼教徒反抗，致令長安女摩尼教徒死者達七十二人。「會昌三年四月中旬，敕天下殺摩尼師，剃髮令着袈裟，作沙門形而殺之。」「其回紇及摩尼寺莊宅、錢物等，並委功德使與御史臺及京兆府各差官點檢收抽。」[1]

回紇貴族夫妻合像（《北庭高昌回紇佛寺遺址》）。自唐肅宗開始至回紇滅國，李唐皇室和回紇王室互向和親，沙州（敦煌）歸義軍曹氏家族也和回紇王室多代聯姻

---

1 圓仁《入唐求法巡禮行記》卷三。

會昌五年（845）滅佛，摩尼教再次受到重創，從此，摩尼教在中國一蹶不振，再不能在社會公開傳教，轉而在民間祕密流傳，並漸與其他宗教結合。

基督教的一個支派聶斯脫里派，也在會昌滅佛中受到重創。聶斯脫里派在唐朝被稱為景教。景教起源於今日敍利亞，是從希臘正教（東正教）分裂出來的基督教教派，由敍利亞教士君士坦丁堡牧首聶斯脫里於5世紀上半葉創立，在波斯建立教會。根據出土的《大秦景教流行中國碑》記載，唐貞觀九年（635），大秦國有大德阿羅本帶來經書到長安，由房玄齡迎接，獲唐太宗接見。從此以後，景教在中國順利發展了一個半世紀，與祆教及摩尼教並稱唐代「三夷教」。在唐朝的首都建有景教寺院波斯寺。高宗時，景教發展已經具備一定規模。高宗下詔於諸州建立景寺。武則天時代，景教教士參與武則天集資修建「大周頌德天樞」的活動。唐玄宗時，曾邀請景教教士在興慶宮講法，派遣寧王等親王到景寺禮拜，還邀請十七名景教教士一起做禮拜。

安史之亂爆發後，肅宗倉皇即位，對景教繼續扶持，在靈武等五郡修建景教寺院。景教徒伊斯隨回紇軍隊到達靈武，被任命為朔方節度副使，協助郭子儀平叛。代宗繼位後，繼續推崇景教，在耶穌誕辰日送香賜饌。這一態度也被後來的德宗繼承。會昌五年（845），武宗滅佛，景教也難逃此劫。武宗下令「勒大秦穆護祆二千餘人還俗」[1]，景教遭到重創。隨之而來的黃巢起

---

1 《唐會要》卷四九。

兵，廣州等地的景教徒又遭屠殺，景教在中國也隨即銷聲匿跡。

伊斯蘭教在唐朝也來到中國，但是在信仰世界並未造成太大的影響。但是留居中國的西亞商旅蕃客很多，其僑居的地區被稱為「蕃坊」或「蕃市」。至德三年（758），廣州大食人和波斯人曾舉行暴動，趕走了廣州刺史韋利見。由此可見，來華的蕃客數量之多已經形成了強大的族群力量。安史之亂中，也有大食的僱傭軍參加平叛，很多被編入神策軍。隨着中亞陸路交通的斷絕，中唐以後，海路興起，南方蕃客數量集聚增多，將伊斯蘭教傳入中國。另外，中亞地區，原先信仰摩尼教、景教、

大秦景教流行中國碑頂部拓本（局部），原件藏西安碑林。這塊碑是波斯傳教士受唐政府資助，在國都長安義寧坊大秦寺修建的一塊記述景教在唐朝流傳情況的碑刻

祆教、薩滿教、佛教的族群，逐漸改宗伊斯蘭教，形成了數量眾多的穆斯林。唐朝之後，伊斯蘭教逐漸成為中國西北地區的主流宗教。

東亞信仰世界的重構

作為東亞文明核心的唐帝國走向封閉之後，產生的後果並不局限於中國自身，而是帶來整個東亞思想、信仰實際的變遷、重組和再造。重組和再造後的格局持續很長時間，對歷史的走向產生深遠影響。

從 6 世紀開始，佛教即傳入日本。經過長期與日本本土信仰的衝突與融合 ── 其間伴隨着激烈的政治對抗 ── 到了 7 世紀，佛教已經基本成為日本主導性的宗教，並被官方認定為國家宗教。日本的佛教植根於從中國輸入的佛教文獻與教義。根據輸入時間的順序，形成不同的教派，尤其是平安朝前期，最澄和空海傳入的天台宗和真言宗。這些教派跟日本本土文化相融合，形成日本特色的本土文化。但是一直到唐朝中期，日本佛教仍視中國佛教為其母本。長安的著名大寺院被日本各宗派視為祖庭，而唐朝的一些大和尚被樹立為其宗派的祖師，比如日本淨土宗視曾經活躍在長安城的善導為祖師。隨着唐朝宗教寬容政策消失，中國佛教的一些高僧也越來越感到佛教生存環境的惡化，希望能夠開拓新的佛土，將佛法永遠傳播下去。正是在這種背景下，唐朝的高僧不斷東渡日本，將佛法傳到日本列島。一方面，佛教東渡日本是中國文明對日本文明的感染與影響，另一方面，也是佛教保存法脈，拓展佛土的運動。

武宗滅佛之後，作為體系化的、官方意識形態化的佛教在中國一蹶不振，衰落了下去。但是有關教義傳入新羅、日本。尤其

是在日本，佛教反而昌盛起來，在重塑日本文明的過程中扮演了重要角色，也進而變為日本文化傳統的一部分。至今，佛教仍是日本最大的宗教，保存了七萬多座寺院，三十萬尊佛像。世界最古老的木造寺院法隆寺，最古老的佛典古文書都在日本。國民中的大多數也是佛教徒。而曾經作為日本佛教母體的中國佛教，反而徹底衰落下去，開始走向世俗化和民眾化。與佛教一樣，曾在

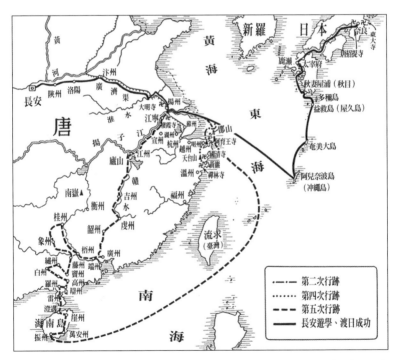

鑒真傳教行跡示意圖。受在唐日本留學僧邀請，唐代高僧鑒真大師歷時十二年六次東渡，在唐玄宗天寶十二年（753）和眾多知識淵博的弟子到達日本，傳播唐朝佛教、醫學、藝術、建築等

儒家知識體系中佔據重要地位的緯學，在唐宋之際也不斷被排斥出儒家正統知識體系，反而在日本，與陰陽五行相關的知識得到保存，跟日本文化融合後，在日本發展出陰陽道的傳統。

有趣的是，在唐朝本土佛教去體系化、教會化、意識形態化的同時，佛教在吐蕃逐漸取得了主導地位。在與苯教等本地元素融合後，佛教在西藏發展出獨特的風格，形成了藏傳佛教。雖然有多次的波折和起伏，但大體上在此後的一千多年中，藏傳佛教成為西藏民眾的主要信仰，也主導了西藏的政治生活。吐蕃王朝在隋末唐初興起，與尼泊爾和唐朝聯姻，佛教也由南北兩路傳入藏區。佛經，以及有關天文、曆算、醫藥等書籍也被介紹到西藏。8 世紀後半期，藏人開始出家為僧。佛教譯經事業的發展，也促進了藏文的改革，藏文詞彙更加豐富，拼寫規則更加規範，語法結構也更為完善。

9 世紀初，佛教上升為吐蕃王朝的國教，取得意識形態的主導地位。松贊干布、赤松德贊與赤祖德贊在藏文史籍中合稱為「三大法王」。赤祖德贊大興佛教，並在王朝中重用僧人，甚至把國家大權都交給僧人，引發了有關吐蕃貴族的反對，在其暴死後，朗達瑪（838—842 年在位）即位。朗達瑪原名「達瑪」，又叫「朗達日瑪」，《新唐書》作「達磨」，是吐蕃末代贊普。當時吐蕃經常發生霜、雹、瘟疫等天災人禍，朗達瑪遂於 840 年聲稱是由於推行佛法而觸怒了天神，下令禁止佛教，並強制推行苯教。佛教遭到大規模的鎮壓裁抑。

842 年，佛教僧侶貝吉多吉刺殺了朗達瑪。隨後吐蕃王朝陷

拉薩大昭寺佛陀十二歲等身像。當世佛陀等身像有三尊：
印度菩提迦耶的二十五歲等身像、中國西藏拉薩大昭寺的
十二歲等身像、拉薩小昭寺的八歲等身像。這尊佛像為唐
太宗時期文成公主和親時帶入西藏

入爭奪王位的內戰，地方軍閥紛紛割據，臣服於吐蕃的各部族獨
立，吐蕃王朝終結。朗達瑪禁佛以後，一度被壓下去的苯教，又
開始復興。

　　直至 10 世紀後期，整個西藏地區社會逐漸穩定下來，佛教
方復興和發展，成為西藏地區佔據絕對主導地位的宗教信仰。

結束語

　　隋唐時代是中國歷史上的一個黃金時代。不論在政治、軍事、經濟、科技、物質文明等領域，還是在宗教、信仰、藝術、文學等精神世界，都取得令後人讚歎的成就。如果非要總結唐朝繁榮富強的原因，可能離不開「世界主義」這個關鍵詞。杜希德（Denis Twitchett，1925—2006）在總結盛唐的精神氣質時，用了「世界主義」（Cosmopolitanism）這個詞彙。我們不能說盛唐的氣質只有這麼一個層面，但是至少它可以歸納盛唐之盛的某些原因。

　　盛唐時代，沿着絲綢之路而來的粟特胡商，活躍於帝國的各個角落，帶來了琳琅滿目的異域物品，正如薛愛華（Edward H. Schafer，1913—1991）在其名著《撒馬爾罕的金桃：唐朝的舶來品研究》中描述的那樣，外來物品極大豐富了中國自身的物質世界。由於唐朝的高度包容和繁榮，來自印度、中亞、波斯等地的佛教、摩尼教、基督教聶斯脱里派、瑣羅亞斯德教的傳教士們跨越流沙而來，在中國傳教。東方最大的都市長安中寺院遍佈，各種宗教都得到一定的尊重和寬容。唐朝制度、文化、技術的優

越性，吸引日本、新羅留學生泛海而來，就算九死一生都要來大陸學習，唐朝文明的各種成果也被移植到世界的其他地區，生根發芽。長安一度成為整個佛教世界的中心和聖地，日本幾乎所有的宗派都把自己的祖庭設定為長安的某個寺院。從西域等其他文明來的音樂理論、新的樂器，豐富了盛唐的樂壇，繪畫、雕塑、建築等無不受到影響。幾乎所有領域的成就，都離不開文化融合這一現象。可以説，唐代是一個開放的時代，一個開放的帝國，它的核心文明體不是固步自封的，而是兼收並蓄的，正是由於它的兼收並蓄，才造就了盛唐氣象。

除了世界主義的氣質，唐代文明臻於盛的原因，還在於它的制度創新，它在政治制度上遠遠走在其他文明前面，權力制衡的三省六部制、文官考試制度等等，都被日本等其他文明所學習。這一切造就了唐朝積極向上、樂觀、浪漫的精神氣質，而這種氣質又反映在它的文學、藝術上。

附
錄

附錄一
隋唐五代大事記

開皇元年（581）

二月，楊堅即位，建立隋朝。宣佈恢復「漢魏之舊」，任命高熲為尚書左僕射。十月制定《開皇律》。

開皇元年（582）

繼續施行均田制。

開皇三年（583）

遷都大興城，即唐代的長安城，此後隋唐長安城成為7—9世紀世界主要的都市，也是當時亞洲的政治、文化中心。是歲，下詔撤郡，改州郡縣三級制為州縣二級制。突厥分裂為東西兩部。

開皇四年（584）

隋為與突厥沙缽略可汗睦和，將千金公主改封為大義公主。是歲，開鑿廣通渠。

開皇五年（585）

五月設置義倉。

開皇九年（589）

隋朝攻滅陳朝，結束長達三百年的南北分裂局面，中國重新進入統一帝國時期。南朝的傳統都城金陵遭到毀滅性破壞，此後數百年間失去與北方對抗的條件。

開皇十四年（594）

三階教名僧信行去世，年五十五。信行撰《三階集錄》。

開皇十五年（595）

祠泰山，望祭五嶽海瀆。

開皇十八年（598）

高句麗聯合靺鞨侵遼西。漢王楊諒領軍三十萬往伐，遇疫，兵亡大半。高句麗遣使謝罪。

開皇二十年（600）

十月廢皇太子楊勇，十一月立楊廣為太子，十二月禁止毀佛。奠定佛教在唐朝進一步輝煌的基礎。下詔崇敬佛、道，在五嶽四鎮諸海瀆建廟祭祀。

仁壽元年（601）

分舍利於天下三十州，並分建舍利塔。

仁壽二年（602）

舉行第二批五十三州舍利入塔儀式。

仁壽四年（604）

文帝崩，煬帝即位。

大業元年（605）

開始修建東都、開鑿大運河的通濟渠等大規模公共工程建設，並試圖通過大規模戰爭恢復昔日漢朝的疆域，最終導致強盛的新王朝迅速瓦解。

大業四年（608）

開永濟渠。

大業六年（610）

開江南河。中國最早的以內科為主各科病病因和症候的醫學專著，巢元方《諸病源候論》（《巢氏病源》）成書。

大業八年（612）

煬帝初征高句麗，軍敗。
是歲，玄奘法師在洛陽淨土寺出家。

大業九年（613）

煬帝二征高句麗。楊玄感叛，引兵回。

大業十年（614）

煬帝三征高句麗。高句麗遣使請降，引兵回。

大業十三（617）

七月李淵在太原起兵，十一月李淵攻進長安，擁立恭帝楊侑。

大業十四（618）

三月隋煬帝死於宇文化及之亂。五月李淵接受其所立的隋恭帝的禪讓稱帝，建立唐朝，定都長安，並逐步消滅各地割據勢力，統一天下。

武德九年（626）

秦王李世民發動玄武門政變，殺死太子李建成，並迫使高祖退位，唐朝此後的皇位繼承模式多以宮廷政變的形式完成。

貞觀三年（629）

開始重修五朝史（後梁、後陳、北齊、北周、隋），由魏徵主編。

貞觀十一年（637）

一月頒佈《貞觀律》。此律係對《武德律》的修訂，其中包括廢除斬趾酷刑、縮小了族刑、連坐的範圍以及對死刑覆奏等基本原則和制度。

貞觀十六年（642）

顏師古奉詔與諸博士撰成《五經正義》:《周易正義》、《尚書正義》、《毛詩正義》、《禮記正義》、《春秋左傳正義》。

貞觀十九年（645）

正月二十四日玄奘抵達長安，帶回經論五百二十夾、六百五十七部。太宗命其撰《大唐西域記》。

永徽六年（655）

高宗廢王皇后，封武氏為皇后（武后）。
是歲，李延壽歷時三十年獨立完成了《南史》、《北史》。

顯慶五年（660）

唐軍渡海在朝鮮半島登陸，迅速攻陷百濟首都泗沘，百濟滅亡。百濟部分王族被帶往洛陽。此後數年日本軍事干涉，在白江口遭到唐軍挫敗，奠定了之後東亞的政治格局。

垂拱二年（686）

武太后在廢中宗之後親政，又在頒佈《垂拱律令格式》之後，依靠酷吏及告密等來排除異己。

載初二年（天授元年，690）

七月，沙門懷義、法明等進《大雲經疏》，利用讖緯和佛教為武則天上臺提供理論依據。

九月，武則天在作為唐中宗的皇太后臨朝稱制後，又廢睿宗即帝位，改國號為周。上尊號金輪聖神皇帝，並頒《大雲經疏》於各州，令兩京諸州置大雲寺。封懷義等九人為縣公，皆賜紫袈裟銀魚袋，沙門封爵賜紫始於此。

神龍元年（705）

張柬之等擁中宗發動政變，迫使武則天下臺，李唐復辟。史稱「神龍政變」。因中宗跟佛教特殊的關係，並沒有改變武則天崇佛的政策，其多營佛寺，導致財政危機。

景龍四年（710，唐少帝唐隆元年）

臨淄王李隆基和太平公主發起宮廷政變，殺韋后、安樂公主，滅韋后集團。唐少帝李重茂退位，李旦登基為睿宗，李隆基立為皇太子。史稱「唐隆政變」。

是歲，劉知幾《史通》成書。

先天二年（即開元元年，713）

玄宗發動政變，消滅太平公主集團，並迫使其父睿宗退居虛位，之後玄宗真正掌握權力，此後四十餘年唐朝進入相對穩定的繁盛時期。

開元八年（720）

南天竺沙門金剛智到達長安，所住寺院必建大曼陀羅灌頂道場以度四眾。玄宗時代，密宗逐漸成為佛教的重要流派。

開元二十一年（733）

日本僧人榮叡、普照隨遣唐使抵達揚州，遇見大雲寺沙門鑒真。此後在他們的堅請下，鑒真屢次東渡，最終於天寶十三年（754）抵達日本，天皇親迎其入住東大寺。鑒真東渡對日本佛教產生重要影響。

天寶十二年（753）

殷璠《河嶽英靈集》（盛唐詩選集）成書。

天寶十四年（756）

安祿山率近三分之一唐邊防軍叛變，迅速渡過黃河攻陷洛陽。此後長安也被攻陷，唐朝陷入長達八年的戰亂之中，國勢由極盛轉衰。

大曆二年（767）

四月在安史之戰結束後，唐代宗派宦官魚朝恩和吐蕃會盟。據查，唐朝和吐蕃有八次會盟，由於唐朝文成公主、金城公主先後嫁給吐蕃贊普，所以唐蕃關係又稱舅甥之盟。

貞元十七年（801）

杜佑《通典》成書。被譽為中國第一部典章制度的百科全書。

貞元二十年（804）

日本遣唐使遭遇暴風，大使藤葛野麻呂漂至福州，副使石川道益的船舶漂到明州。後來日本歷史上重要的佛教大師空海、最澄都在這次遣唐使團中。回國之後，空海創真言宗，最澄弘揚天台宗，對日本佛教等領域都有重要影響。

元和八年（813）

李吉甫《元和郡縣圖志》成書。中國現存最早的地理總志。

元和十年（815）

六月三日凌晨，宰相武元衡在上朝途中被藩鎮所派刺客刺殺於靖安坊東門，御史中丞裴度亦被襲幾死。此後憲宗對藩鎮的鬥爭取得明顯的成績。

元和十五年（820）

正月迎法門寺佛骨入京師，刑部侍郎韓愈上《諫迎佛骨表》，遭到憲宗貶逐。這是中國思想轉型的重要事件。

是歲，古文運動興起。

大和九年（835）

文宗謀殺宦官，被神策軍頭領、宦官仇士良發覺，盡屠預謀的大臣，朝列一空。

開成二年（837）

鑿刻《開成石經》，唐代有十二經刻石。又稱唐石經。始刻於文宗大和七年（833），開成二年（837）完成。包括儒家十二部典籍：《周易》、《尚書》、《詩經》、《周禮》、《儀禮》、《禮記》、《春秋左氏傳》、《春秋公羊傳》、《穀梁傳》、《論語》、《孝經》、《爾雅》。

會昌元年至五年（841—845）

武宗即位。實行反佛政策，引發唐代歷史上最大規模的排佛浪潮，以至於長安城內不再有佛教俗講的存在。其他外來宗教也受到殃及，摩尼寺併廢入官。武宗並令外國僧人無祠部牒者送歸本國。

大中元年（847）

牛僧孺病故，李德裕被貶（850年病故），持續四十年多年的牛李黨爭結束。

咸通九年（868）

桂林龐勛民變開始。

乾符七年（879）

黃巢攻陷廣州，大肆屠殺。此後中外貿易斷絕。後黃巢攻陷長安，大規模屠殺導致長安徹底破敗，此後長安再也沒有恢復中國政治中心的地位。

中和二年（882）

九月黃巢部屬朱溫降唐，唐僖宗下詔任命朱溫為左金吾大將軍、河中行營招討副使。還賜給朱溫「全忠」之名。

中和三年（883）

李克用率軍攻破黃巢軍，收復長安。

大順二年（891）

王建有全蜀之地。907 年改號蜀，史稱前蜀。

景福元年（892）

楊行密據江淮地區，昭宗任命他為淮南節度使。其四子楊溥於 927 年稱帝，史稱南吳。

景福二年（893）

王潮據有七閩，昭宗任命他為福建觀察使。909 年後梁冊封其弟王審知為閩王，為閩國。是歲，昭宗任命錢鏐為鎮海軍節度使，據有浙西。907，後梁冊封他為吳越王，為吳越國。

乾寧三年（896）

昭宗任命馬殷為潭州刺史。馬楚國來源。907 年後梁封馬殷為楚王。

天祐二年（905）

哀帝冊封劉隱為清海節度使。南漢政權前身。

後梁開平元年（907）

朱溫廢唐帝哀帝李柷，自行稱帝，改名為朱晃，建都開封，國號為「大梁」，史稱「後梁」，後人稱其為梁太祖。唐亡國。
是歲，後梁高季興出任荊南節度使，南平政權前身。

貞明三年（917）

七月，劉龑即位，國號大越，都番禺，次年改稱漢，史稱南漢。

後唐同光元年（923）

十月，後唐莊宗李存勖佔汴州，後梁滅。定都洛陽，史稱後唐。

同光三年（925）

九月，後唐郭崇韜佔成都，前蜀滅。

天成元年（926）

莊宗亡於兵變亂箭。明宗李嗣源即位。

後晉天福元年（936）

後唐大將石敬瑭自立，後唐軍圍太原，石敬瑭與契丹聯軍攻佔洛陽，後唐末帝李從珂自焚，後唐亡。石敬瑭立國號晉，史稱後晉、石晉，初都河南府，後遷大梁。

天福二年（937）

七月，徐知誥稱帝，受南吳禪讓建齊國，都江寧。隔一年（939），恢復李姓，改名昇，改國號曰唐，史稱南唐。

天福三年（938）

石敬瑭割燕雲十六州給契丹。

天福五年（940）

後蜀趙崇祚《花間集》成書。

開運二年（945）

南唐滅閩國。
後晉劉昫等撰《舊唐書》成書。

開運三年（946）

十一月，契丹攻後晉，杜威帥主力軍投降，引契丹軍南下。十二月入開封，虜少帝石重貴，後晉亡。

後漢天福十二年（947）

契丹主耶律德光至大梁。二月，兼中原主，劉知遠太原稱帝，號漢，史稱後漢。四月耶律德光北歸途中病亡。

乾祐三年（950）

十一月，郭威攻下大梁，隱帝被害。權歸郭威。

後周光順元年（951）

正月，郭威稱帝，國號周，史稱後周，都汴梁。是歲，後蜀「廣政石經」雕刻完畢。十月，南唐滅馬楚。是歲，後漢高祖劉知遠之弟劉崇據太原府稱帝，史稱北漢。

光順三年（953）

監本《九經》雕版刻成。

顯德元年（954）

正月，郭威去世，世宗柴榮即位。

顯德二年（955）

周世宗滅佛。

宋太祖建隆元年（960）

後周恭帝禪位於趙匡胤，建都汴梁，國號宋。

建隆四年（963）

宋滅南平。

乾德三年（965）

宋滅後蜀。

開寶四年（971）

宋滅南漢。

開寶八年（975）

宋滅南唐。

太平興國三年（978）

吳越歸附宋。

太平興國四年（979）

宋滅北漢。

（參考王壽南《隋唐史》、王仲犖《隋唐五代史》）

附錄二

隋唐五代帝王紀年表

姓名	年號	起迄
隋，楊氏，581—618 年		
堅（文帝）	開皇（20） 仁壽（4）	581—600 601—604
廣（煬帝）	大業（14）	605—618
侑（恭帝）	義寧（2）	617—618
唐，李氏，618—907 年		
淵（高祖）	武德（9）	618—626
世民（太宗）	貞觀（23）	627—649
治（高宗）	永徽（6） 顯慶（6） 龍朔（3） 麟德（2） 乾封（3） 總章（3） 咸亨（5） 上元（3） 儀鳳（4） 調露（2） 永隆（2） 開耀（2） 永淳（2） 弘道（1）	650—655 656—661 661—663 664—665 666—668 668—670 670—674 674—676 676—679 679—680 680—681 681—682 682—683 683
賢（中宗）	嗣聖（1）	684
旦（睿宗）	文明（1） 光宅（1） 垂拱（4） 永昌（1） 載初（1）	684 684 685—688 689 690

（續上表）

姓名	年號	起迄
武后（武曌）	天授（3） 如意（1） 長壽（3） 延載（1） 證聖（1） 天冊萬歲（2） 萬歲登封（1） 萬歲通天（2） 神功（1） 聖曆（3） 久視（1） 大足（1） 長安（4）	690─692 692 692─694 694 695 695 696 696─697 697 698─700 700 701 701─704
顯（中宗）	神龍（3） 景龍（4）	705─707 707─710
重茂（恭宗）	唐隆（1）	710
旦（睿宗）	景雲（2） 太極（1） 延和（1）	710─711 712 712
隆基（玄宗）	先天（2） 開元（29） 天寶（15）	712─713 713─741 742─756
亨（肅宗）	至德（3） 乾元（3） 上元（2）	756─758 758─760 760─762
豫（代宗）	寶應（2） 廣德（2） 永泰（2） 大曆（14）	762─763 763─764 765─766 766─779
适（德宗）	建中（4） 興元（1） 貞元（21）	780─783 784 785─805
誦（順宗）	永貞（1）	805

（續上表）

姓名	年號	起迄
純（憲宗）	元和（15）	806—820
恆（穆宗）	長慶（4）	821—824
湛（敬宗）	寶曆（3）	825
昂（文宗）	寶曆 大和（9） 開成（5）	826—827 827—835 836—840
炎（武宗）	會昌（6）	841—846
忱（宣宗）	大中（14）	847—859
漼（懿宗）	大中 咸通（15）	859—860 860—873
儇（僖宗）	咸通 乾符（6） 廣明（2） 中和（5） 光啟（4） 文德（1）	873—874 874—879 880—881 881—885 885—888 888
曄（昭宗）	龍紀（1） 大順（2） 景福（2） 乾寧（5） 光化（4） 天復（4） 天祐（4）	889 890—891 892—893 894—898 898—901 901—904 904
枳（哀帝）	天祐	905—907
五代・後梁，朱氏，907—923 年		
溫（太祖）	開平（5） 乾化（2）	907—911 911—912
友珪（郢王）	鳳曆（1）	912
友貞（末帝）	乾化（3） 貞明（7） 龍德（3）	913—915 915—921 921—923

（續上表）

姓名	年號	起迄
五代・後唐，李氏，923—936年		
存勖（莊宗）	同光（4）	923—926
嗣源（明宗）	天成（5） 長興（4）	926—930 930—933
從厚（閔帝）	應順（1）	934
從珂（末帝）	清泰（3）	934—936
五代・後晉，石氏，936—946年		
敬瑭（高祖）	天福（9）	936—942
重貴（出帝）	天福 開運（4）	943—944 944—946
五代・後漢，劉氏，947—950年		
知遠（高祖）	天福 乾祐（3）	947 948
承祐（隱帝）	乾祐	948—950
五代・後周，郭、柴氏，951—960年		
郭威（太祖）	廣順（3） 顯德（7）	951—953 954
柴榮（世宗）	顯德	955—959
宗訓（恭帝）	顯德	960

附錄三
唐末五代時期的十國和其他政權興衰表

政權名	創建者	年限	首都	滅於何政權
吳	楊行密	902—937	江都（揚州）	南唐
南唐	李昇（徐知誥）	937—975	江寧（南京）	宋
吳越	錢鏐	907—978	西府（杭州）	宋
楚	馬殷	927—951	潭州（長沙）	南唐
閩	王審知	909—945	長樂（福州）	南唐
南漢	劉龑	917—971	興王府（廣州）	宋
前蜀	王建	907—925	成都府	後唐
後蜀	孟知祥	934—965	成都府	宋
荊南（南平）	高季興	924—963	江陵（荊州）	宋
北漢	劉旻	951—979	太原府	宋
遼	耶律阿保機	907—1125	五京：上（臨潢府，內蒙古巴林左旗）、中（大定府，內蒙古寧城）、東（遼陽府，遼寧遼陽）、南（幽州府，北京）、西（大同府，山西大同）	金
桀燕	劉守光	911—913	幽州（北京）	後唐

（續上表）

政權名	創建者	年限	首都	滅於何政權
岐	李茂貞	887－923	鳳翔 （陝西鳳翔）	後唐
趙	王鎔	907－921	鎮州 （河北正定）	後唐
北平	王處存	907－929	定州 （河北定州）	後唐
夏州	拓跋思恭	881－982	夏州 （陝西靖邊）	宋
歸義軍	張義潮	851－1036	沙州 （敦煌）	西夏
大長和	鄭買嗣	902－928	羊苴咩城 （大理）	大天興
大天興	趙善政	928－929	羊苴咩城 （大理）	大義寧
大義寧	楊幹貞	929－937	羊苴咩城 （大理）	大理
大理	段思平	937－1253	羊苴咩城 （大理）	蒙古

（參考方詩銘《中國歷史紀年表》）

附錄四
主要參考書目

包弼德（Peter Bol）：《斯文：唐宋思想的轉型》，江蘇人民出版社 2001 年版。

岑仲勉：《隋唐史》，中華書局 1982 年版。

陳弱水：《唐代文士與中國思想的轉型》，廣西師範大學出版社 2009 年版。

陳寅恪：《唐代政治史述論稿》上篇《統治階級之氏族及其升降》，上海古籍出版社 1982 年版。

陳寅恪：《隋唐制度淵源略論稿（外一種）》，河北教育出版社 2002 年版。

杜希德（Denis Twitchett）主編：《劍橋中國隋唐史》，中國社會科學院歷史研究所譯，中國社會科學出版社 1990 年版。

馮友蘭：《中國哲學史新編》，人民出版社 2001 年版。

Antonino Forte, *Political Propaganda and Ideology in China at the End of the Seventh Century*, Italian School of East Asian Studies, 2005.

韓國磐：《隋唐五代史綱》（修訂本），人民出版社 1983 年版。

黃永年：《唐史十二講》，中華書局 2007 年版。

黃永年：《六至九世紀中國政治史》，上海書店出版社 2004 年版。

霍巍：《〈大唐天竺使出銘〉及其相關問題的研究》，《東方學報》第 66 冊，1994 年版。

呂思勉：《隋唐五代史》，中華書局 1959 年版。

毛漢光：《中國中古社會史論》，上海書店出版社 2002 年版。

全漢升：《唐宋帝國與運河》，上海商務印書館 1946 年版。

榮新江：《中古中國與外來文明》，生活·讀書·新知三聯書店 2001 年版。

湯用彤：《隋唐佛教史稿》，武漢大學出版社 2008 年版。

唐長孺：《魏晉南北朝隋唐史三論》，北京大學出版社 2011 年版。

王小甫：《唐、吐蕃、大食政治關係史》，北京大學出版社 1992 年版。

王仲犖：《隋唐五代史》，上海人民出版社 2003 年版。

汪籛：《汪籛隋唐史論稿》，中國社會科學出版社 1981 年版。

【隋唐五代】

細講中國歷史叢書（捌）

燦爛大帝國

主編　　李學勤　郭志坤

著者　　孫英剛

出版　　中華書局（香港）有限公司

　　　　香港北角英皇道 499 號北角工業大廈一樓 B

　　　　電話：（852）2137 2338　　傳真：（852）2713 8202

　　　　電子郵件：info@chunghwabook.com.hk

　　　　網址：http://www.chunghwabook.com.hk

發行　　香港聯合書刊物流有限公司

　　　　香港新界大埔汀麗路 36 號

　　　　中華商務印刷大廈 3 字樓

　　　　電話：（852）2150 2100　　傳真：（852）2407 3062

　　　　電子郵件：info@suplogistics.com.hk

印刷　　美雅印刷製本有限公司

　　　　香港觀塘榮業街 6 號 海濱工業大廈 4 樓 A 室

版次　　2018 年 3 月初版

　　　　© 2018 中華書局（香港）有限公司

規格　　32 開（210mm×148mm）

ISBN　　978-988-8489-94-7

此書繁體字版由上海人民出版社授權出版，
部分圖片、表格由本局另行增補。